Im »Report Globale Flucht« beleuchten über 30 Autorinnen und Autoren aus unterschiedlichen Wissenschaftsbereichen wichtige Aspekte rund um eines der drängendsten Themen unserer Zeit. Schwerpunkt des Reports 2023 ist die Flucht infolge des Ukraine-Kriegs.

Britta Behrendt, Leiterin des Stabes Aufnahme Ukraine im BMI, gibt im Gespräch Auskunft über die Aufnahme ukrainischer Geflüchteter in Deutschland. Frank Düvell und Marcel Berlinghoff reflektieren darüber, welche Lehren sich aus dem Umgang mit der Flucht aus der Ukraine ziehen lassen. Jochen Oltmer untersucht die Entstehung des Begriffs »Flüchtling« sowie seine unterschiedlichen Bedeutungen. Helen Schwenken und Johanna Ullmann setzen sich kritisch mit Projekten auseinander, die geflüchteten Frauen den Arbeitsmarktzugang erleichtern sollen. Albert Scherr fragt nach den Perspektiven des Zugangs zum Bildungssystem für Schutzsuchende. Außerdem berichten Autor:innen über das regionale Fluchtgeschehen in Afghanistan, Syrien, Äthiopien und Venezuela, u. v. m.

Jochen Oltmer (Hg.)
Marcel Berlinghoff (Hg.)
Franck Düvell (Hg.)
Ulrike Krause (Hg.)
Andreas Pott (Hg.)

REPORT GLOBALE FLUCHT 2023

Im Auftrag des Projekts »Flucht- und Flüchtlingsforschung: Vernetzung und Transfer« (FFVT)

FISCHER Taschenbuch

Aus Verantwortung für die Umwelt hat sich der S. Fischer Verlag zu einer nachhaltigen Buchproduktion verpflichtet. Der bewusste Umgang mit unseren Ressourcen, der Schutz unseres Klimas und der Natur gehören zu unseren obersten Unternehmenszielen.
Gemeinsam mit unseren Partnern und Lieferanten setzen wir uns für eine klimaneutrale Buchproduktion ein, die den Erwerb von Klimazertifikaten zur Kompensation des CO_2-Ausstoßes einschließt.
Weitere Informationen finden Sie unter:
www.klimaneutralerverlag.de

Das Projekt »Flucht- und Flüchtlingsforschung: Vernetzung und Transfer« (FFVT) wird gefördert durch das Bundesministerium für Bildung und Forschung (BMBF).
Die folgenden Institute führen das Projekt durch:
Bonn International Centre for Conflict Studies (BICC)
Centre for Human Rights Erlangen-Nürnberg (CHREN, Universität Erlangen-Nürnberg)
German Institute of Development and Sustainability (IDOS, Bonn)
Institut für Migrationsforschung und Interkulturelle Studien (IMIS, Universität Osnabrück)

FSC www.fsc.org MIX Papier | Fördert gute Waldnutzung FSC® C083411

Originalausgabe
Erschienen bei FISCHER Taschenbuch
Frankfurt am Main, Mai 2023

Satz: Dörlemann Satz, Lemförde
Druck und Bindung: CPI books GmbH, Leck
Printed in Germany
ISBN 978-3-596-70890-1

Inhalt

Fluchtziel Bundesrepublik Deutschland

Kultur im Exil

Vorwort

Flucht ist eine globale Herausforderung. Schon das 20. Jahrhundert galt als »Jahrhundert der Flüchtlinge«. Vor allem die beiden Weltkriege sowie der nachfolgende »Kalte Krieg« bildeten elementare Katalysatoren in der Geschichte gewaltbedingter Migration in der Neuzeit. Die Zahl der Flüchtlinge, Vertriebenen und Deportierten wird allein für das Europa des Zweiten Weltkriegs auf 60 Millionen geschätzt – also auf mehr als 10 % der Bevölkerung des Kontinents. Die Nachkriegszeit beider Weltkriege war zudem durch millionenfache Folgewanderungen gekennzeichnet. Aber auch der langwährende und weitreichende Prozess der Dekolonisation brachte insbesondere von den späten 1940er bis zu den frühen 1970er Jahren weltweit umfangreiche Fluchtbewegungen und Vertreibungen mit sich.

Sie verloren auch im späten 20. und frühen 21. Jahrhundert nicht an Bedeutung – weder in Europa (zum Beispiel Ex-Jugoslawien, Ukraine), im Nahen Osten (zum Beispiel Libanon, Iran, Irak, Syrien, Jemen), in Ostafrika (zum Beispiel Äthiopien, Somalia, Sudan/Südsudan), in Westafrika (zum Beispiel Kongo, Elfenbeinküste, Mali, Nigeria) noch in Südasien (zum Beispiel Afghanistan, Sri Lanka, Myanmar) oder in Lateinamerika (zum Beispiel Kolumbien, Venezuela). Dazu trugen und tragen langandauernde militärische Auseinandersetzungen und bewaffnete Konflikte ebenso bei wie der Zerfall von Staaten und autoritäre politische Systeme, die oppositionelle Äußerungen und Handlungen sowie Nonkonformität im eigenen Land nicht dulden. Auch Klima- und Umweltkatastrophen oder Effekte globaler Ungleichheit werden in politischen, medialen, öffentlichen und wissenschaftlichen Debatten als Hintergründe von Fluchtbewegungen ausgemacht.

Flucht ist selten ein linearer Prozess, vielmehr bewegen sich Schutzsuchende meist in Etappen: Sie brechen häufig überstürzt auf und weichen in einen als sicher erscheinenden Zufluchtsort in der unmittelbaren Nähe aus. Oft wandern sie dann weiter zu Verwandten und Bekannten in einer benachbarten Region beziehungsweise einem Nachbarstaat oder müssen ein informelles oder reguläres Lager aufsuchen, das sie vor dem Hintergrund »langandauernder Flüchtlingssituationen« nicht selten nie wieder verlassen können. Muster von (mehrfacher) Rückkehr und erneuter Flucht finden sich ebenfalls oft. Hintergründe können dabei nicht nur die Dynamik der sich stets verändernden und verschiebenden Konfliktlinien sein, sondern auch die Schwierigkeit, an einem Fluchtort Sicherheit oder Erwerbs- beziehungsweise Versorgungsmöglichkeiten zu finden. Aufgrund der häufig extrem beschränkten Handlungsmacht der Schutzsuchenden ist Flucht oft durch Immobilisierung gekennzeichnet: Menschen sind vor Grenzen oder unüberwindlichen natürlichen Hindernissen gefangen – infolge des Mangels an (finanziellen) Ressourcen, aufgrund von migrationspolitischen Maßnahmen oder wegen fehlender Netzwerke.

Der jährlich erscheinende »Report Globale Flucht« dient dazu, forschungsbasiertes Wissen zum Thema Flucht als weltweite Herausforderung bereitzustellen, über die in der Bundesrepublik in der Regel nur ad hoc und nicht selten aus einer eurozentrischen und damit sehr einseitigen Sicht berichtet wird. Er vereinigt Beiträge aus verschiedenen Wissenschaften und verfolgt eine reflexive Perspektive, will also geläufige Daten, Begriffe, Abläufe, Konzepte, Standpunkte und Narrative, die die politischen, medialen, öffentlichen und wissenschaftlichen Debatten prägen, kritisch hinterfragen. Auf diese Weise soll ein Perspektivwechsel gelingen, der für ein lokal wie global verantwortliches Handeln essenziell ist. Jede der Ausgaben widmet sich einem Themenschwerpunkt. Der erste »Report Globale Flucht« 2023 greift als Fokusthema die millionenfachen Fluchtbewegungen in der Folge des im Februar 2022 begonnenen russischen Kriegs gegen die Ukraine auf und blickt auf die weitreichenden Folgen für die europäischen Fluchtverhältnisse.

Herausgegeben wird der Report aus dem Projekt »Flucht- und Flüchtlingsforschung: Vernetzung und Transfer« (FFVT) heraus, das aus Mitteln des Bundesministeriums für Bildung und Forschung (BMBF) finanziert wird. Das Projekt bildet ein

Verbundvorhaben von vier Forschungsinstituten: dem Bonn International Centre for Conflict Studies (BICC), dem Centre for Human Rights Erlangen-Nürnberg (CHREN) der Universität Erlangen-Nürnberg, dem German Institute of Development and Sustainability (IDOS, Bonn) und dem Institut für Migrationsforschung und Interkulturelle Studien (IMIS) der Universität Osnabrück. FFVT ist darauf ausgerichtet, zur Etablierung einer nachhaltigen Infrastruktur der Flucht- und Flüchtlingsforschung in Deutschland beizutragen und die Vernetzung der zum Themenkomplex Flucht arbeitenden Einrichtungen und Forschenden zu fördern. Dazu führt es Veranstaltungen unterschiedlichen Formats durch, bereitet unter anderem akademische Lehrprogramme zur Fluchtforschung vor und bietet ein weltweites Fellowship-Programm an. Der kritische Dialog zwischen Wissenschaft, Praxis, Medien und Politik ist ein weiteres Ziel seiner Arbeit.

Wir danken den Autor:innen sowie dem S. Fischer Verlag und hier insbesondere unserer Lektorin Luca Homburg für die reibungslose Kooperation. Unser Dank gilt zugleich dem Bundesministerium für Bildung und Forschung, das diese Publikation im Rahmen der Förderung des Projekts FFVT ermöglichte.

Fokusthema:
Der Krieg in der Ukraine und die neuen europäischen Fluchtverhältnisse

Franck Düvell und Iryna Lapshyna

Ukraine: Krieg und Flucht – ein Sonderfall

Der Krieg in der Ukraine war ein Krieg mit Ansage. Am 24. Februar 2022 fiel die russische Armee mit rund 150 000 Soldaten von Norden, Osten und Süden in die Ukraine ein. Es sollte ein Blitzkrieg werden. Seit 2008 modernisierte Russland seine Streitkräfte, 2021 war dieser Prozess weitgehend abgeschlossen. Bereits 2014 intervenierte Russland erstmals militärisch in der Ukraine, konkret auf der Krim und im Donbass; tatsächlich kam es seither nahezu täglich zu Feuerwechseln. Im April 2021 ließ Russland dann erneut große Armeen an der ukrainischen Grenze aufmarschieren, eine vorbereitende Übung für den Einmarsch. Bereits seit November 2021 machten verschiedene Regierungsstellen, vor allem in den USA und in Großbritannien, darauf aufmerksam, dass ein Angriff bevorstehe. Die Autor:innen dieses Beitrags hatten vor diesem Hintergrund seit Dezember 2021 vor der Flucht von vielen Millionen Menschen aufgrund des bevorstehenden Überfalls gewarnt.

Das World Population Review, eine unabhängige Datenwebseite, verzeichnete im September 2022 weltweit 31 militärische Auseinandersetzungen. Davon sind 30 innerstaatliche Konflikte, und nur einer, der zwischen Russland und der Ukraine, ist ein zwischenstaatlicher Krieg. Es handelt sich um die militärische Auseinandersetzung mit der mit Abstand größten Anzahl an Kombattant:innen und Opfern sowie die einzige, die in Europa stattfindet. Mit Blick auf die aktuelle Situation weltweit ist demnach der Krieg zwischen Russland und der Ukraine in mehrfacher Hinsicht ein Sonderfall, der in Europa auch besondere Formen von Flucht erzeugt.

Vor 2022 waren, bis auf wenige Ausnahmen, Geflüchtete, Vertriebene und Binnenflüchtlinge in den Staaten östlich der Europäischen Union kaum Thema in Forschung und Medien. Auch die jüngere Rolle der Sowjetunion und Russlands als bedeutende Triebkraft im globalen Fluchtgeschehen – etwa die

Invasion in Afghanistan 1978, die Besetzung von Teilen Georgiens und Moldaus sowie der Konflikt zwischen Armenien und Aserbaidschan – wurde in der jüngeren Fluchtforschung kaum gewürdigt. Dies hat, so der US-Historiker Timothy Snyder, sowohl mit einem »imperialen Dreh« der Wissensproduktion zu tun, der den russischen Kolonialismus sowie die Gewalt ausblendete, als auch mit der langanhaltenden Wirkung des sogenannten Eisernen Vorhangs. Diese Verzerrungen und Wissensdefizite gilt es nun anzugehen. Dazu möchte dieser Aufsatz beitragen.

Der erste Abschnitt stellt den Krieg in einen (post-)kolonialen Kontext und beschreibt kurz die Zerstörungen. Der zweite Abschnitt setzt sich kritisch mit der Datenlage zur Flucht innerhalb und aus der Ukraine sowie deren Besonderheiten auseinander. Im dritten Abschnitt zeigen wir, dass es unpassend ist, von »den Ukrainer:innen« zu sprechen, da es sich um eine auch in der Kolonisierungsgeschichte begründete, sehr diverse Gesellschaft handelt. Der vierte Teil betrachtet die besonderen Bedingungen der Aufnahme von Geflüchteten aus der Ukraine. Anschließend reflektieren wir im fünften Abschnitt einige Kontroversen um Evakuierung und Aufnahme der Geflüchteten. Der Schlussteil fasst die Besonderheiten zusammen, bietet eine Erklärung für den solidarischen Umgang der EU-Staaten und deren Bevölkerungen mit den Geflüchteten und fragt, ob die Politik in mancherlei Hinsicht nicht auch anders und besser hätte reagieren können.

Der Krieg

Seit dem 15. Jahrhundert wurde das Gebiet, welches heute als Ukraine bezeichnet wird, von anderen Mächten in der Region – Russland, Litauen, Polen, dem Osmanischen Reich, Österreich-Ungarn, dem nationalsozialistischen Deutschland, der Sowjetunion – besetzt oder kolonisiert. Teile sind zeitweilig auch Ungarn oder der Tschechoslowakei zugeschlagen worden. Zwar gab es zahlreiche Befreiungskämpfe und kurze Perioden der Unabhängigkeit, doch erst 1991 wurde die Ukraine ein souveräner Staat. Historiker wie Timothy Snyder betrachten den

Überfall Russlands auf die Ukraine 2022 deshalb auch als einen Kolonialkrieg, der das Ziel verfolge, die Ukraine als Nation zu zerstören.

Der russische Angriff zielte anfänglich direkt auf die Hauptstadt Kiew/Kyjiw sowie den Nordosten. Betroffen sind darüber hinaus vor allem das dichtbesiedelte wirtschaftliche Herz der Ukraine im Osten mit der zweitgrößten Stadt Charkiw, den meisten weiteren Groß- und Industriestädten mit den großen Kraftwerken und wichtigen Rohstoffen, insbesondere Erdgas, Kohle und Seltene Erden, sowie der Südosten mit seinen Flussmündungen, Häfen und bedeutenden Weizenanbaugebieten. Odessa im Süden bedrohten russische Truppen ebenfalls. Das Schwarze Meer ist teilweise vermint, dadurch wurden die meisten Ausfuhren, beispielsweise von Getreide, über See ganz oder teilweise unterbrochen. Bis Juli 2022 besetzte Russland ein Gebiet so groß wie Belgien, die Niederlande und Luxemburg und annektierte dieses teils auch im Herbst 2022. Das waren 20 % der Ukraine mit 2630 Städten und Dörfern. Durch ukrainische Gegenoffensiven im Sommer und Herbst 2022 ist allerdings etwa die Hälfte dieses Gebietes wieder befreit worden.

Bis Juni 2022 zerstörten die Kämpfe und Bombardements etwa 15 Millionen Quadratmeter Wohnraum, so dass 800 000 Ukrainer:innen ihre Wohnungen verloren. Rund 1900 Schulen gelten als beschädigt und rund 10 % als gänzlich zerstört. Auch ein Drittel bis zur Hälfte aller Unternehmen haben ihre Tätigkeit eingestellt, so dass die Wirtschaftsleistung 2022 im Vergleich zum Vorjahr um bis zu 45 % sank. Ein Viertel der Bevölkerung ist in die Armut abgerutscht, bis 2023 wird sich dieser Wert noch einmal verdoppeln, so die Weltbank. In absehbarer Zeit werden die Geflüchteten nicht in die besetzten Gebiete oder zerstörten Städte und Wohnungen zurückkehren wollen und können.

Dynamische Fluchtbewegungen

Der erste russische Angriff 2014 auf die Ukraine hatte zur Flucht von rund 2,7 Millionen Menschen geführt – mehrheitlich innerhalb des Landes, aber bis zu einer Million auch nach Russland.

Noch Anfang 2022 gab es rund 1,4 Millionen Binnenflüchtlinge in der Ukraine. Der seit 2014 besetzte Donbass war ebenso wie die von Russland besetzten Teile Moldaus und Georgiens halb entvölkert. Unterdrückung, Terror und Vertreibung der nicht-russischen beziehungsweise nicht-loyalen Bevölkerungen sowie die Nötigung zur Flucht ließen sich bei der Übernahme dieser Gebiete durch russische Truppen als ein Muster erkennen. Es wiederholte sich 2022.

Die Flucht aus der Ukraine war von Beginn an sehr dynamisch und verlief in verschiedene Richtungen. Bereits am ersten Tag der Invasion flüchteten rund 79 000 Menschen, überwiegend aus dem Westen des Landes. Die Zahl der Grenzübertritte stieg dann auf rund 200 000 pro Tag an, auch weil die Fluchtwege aus den unter Beschuss stehenden Städten im Osten länger sind und ein bis zwei Tage beanspruchen. Innerhalb von zwei Monaten sollen rund 5,2 Millionen Einreisen in die Nachbarländer der Ukraine registriert worden sein. Bis Mitte Mai wurde von 6,5 Millionen Geflüchteten berichtet. Mit diesen Zahlen informierte das UN-Hochkommissariat für Flüchtlinge (UNHCR) die Öffentlichkeit. Allerdings waren sie irreführend. Denn tatsächlich spiegelten diese Statistiken zunächst nur die Anzahl der Grenzübertritte und nicht die der geflohenen Personen wider. So umfassten sie mutmaßlich Hunderttausende Doppelzählungen, etwa von Menschen, die mehrmals ein- und wieder ausreisten, oder von Personen, die wiederholt gezählt wurden, weil sie im Verlaufe ihrer Flucht die Grenzen mehrerer EU-Mitgliedstaaten überschritten. Erst ab Mai 2022 war von zunehmenden Rückreisen in die Ukraine die Rede, obgleich diese bereits von Beginn an registriert wurden: So gab es innerhalb des ersten Kriegsmonats bereits 340 000 Rückreisen, eine Million innerhalb von zwei Monaten.

Die ungefähre Nettowanderung in die EU lag im Oktober 2022 bei 4,6 Millionen Menschen. Von diesen verfügten 4,4 Millionen über einen Schutzstatus, viele andere, die sich zum Beispiel nur kurzfristig in der EU aufgehalten hatten, haben einen solchen gar nicht beantragt. Nach Russland flüchteten anfänglich nur vergleichsweise wenige Menschen aus der Ukraine, die Zahlen gingen erst ab dem dritten Kriegsmonat hoch, es ist von etwa 2,8 Millionen Einreisen von Ukrainer:innen die Rede, Angaben über Ausreisen liegen demgegenüber kaum vor. Mutmaßlich die Hälfte der Ukrainer:innen hat es allerdings unfreiwillig nach Russland verschlagen, weil sie deportiert wurden oder Fluchtkorridoren ohne Alternative folgen mussten. Eine bislang unbekannte Anzahl ist vorübergehend und zum Teil auch dauerhaft und oft unter menschenunwürdigen Bedingungen in sogenannten Filtrationslagern festgehalten worden. Dort werden teils unter Folter »Gesinnungschecks« durchgeführt.

Die größere Zahl der Geflüchteten blieb – wie im Weltmaßstab die Regel – innerhalb des Landes. Schon vor Beginn der Invasion hatte es eine inländische Absetzbewegung nach Westen gegeben. Lviv war Anfang 2022 voller Fahrzeuge mit Charkiwer Kennzeichen, und selbst im Umland waren alle Hotels und Ferienwohnungen ausgebucht. Nach Kriegsausbruch flohen viele weitere Menschen teils aufs Land in die Wochenendhäuschen oder in die Städte im Zentrum und im Westen des Landes. Während die ukrainische Demographin Ella Libanova von rund 4,5 Millionen Binnenflüchtlingen ausgeht, gibt die Internationale Organisation für Migration (IOM) anhand einer Umfrage und Hochrechnungen eine Zahl von 7,2 Millionen an. Die niedrigere Zahl ist plausibel, unter anderem deshalb, weil trotz Kriegsgefahr und Beschuss einige Millionen Menschen allein in den Großstädten Kiew/Kyjiw und Charkiw blieben. Insgesamt flüchteten somit bis zu 12 Millionen Menschen – nahezu ein Drittel der Bevölkerung der Ukraine – zumindest zeitweise innerhalb des Landes oder ins Ausland.

Im ersten Kriegsmonat kamen die meisten Flüchtenden zunächst in den Nachbarstaaten an, in Polen, der Slowakei, Ungarn, Moldau und Rumänien. Aus Polen wurde zeitweilig von mehreren Millionen Ukrainer:innen berichtet, ungeachtet der Tatsache, dass viele wieder zurück- oder mehrfach einreisten sowie in andere EU-Staaten weiterreisten. Ab dem zweiten Monat begann anschließend die Weitermigration aus den Erstaufnahmestaaten in andere Mitgliedstaaten der EU oder in Nicht-EU-Staaten. Zum Teil erfolgte diese Migration über mehrere Etappen, etwa über Moldau und Rumänien nach Spanien oder aus

Polen nach Deutschland und weiter in die Niederlande, in die baltischen Staaten oder nach Irland. Bis Oktober 2022 hatten beispielsweise 1,5 Millionen Ukrainer:innen in Polen, 750 000 in Deutschland und 160 000 in Italien einen befristeten Schutzstatus erhalten oder diesen zumindest beantragt, und auch in der Türkei wurden 145 000 Ukrainer:innen gezählt. Ab Juni 2022 mehrten sich zudem die Zeichen einer Weiterflucht der nach Russland geflüchteten oder verbrachten Ukrainer:innen in die EU, nach Georgien und teils auf Umwegen zurück in die nicht besetzten Gebiete der Ukraine. Von bis zu 250 000 Menschen war im September 2022 die Rede. Ein diskretes Netzwerk innerhalb Russlands unterstützte sie dabei. Schließlich hatten die Ausreisebeschränkungen für ukrainische Männer (siehe unten) zur Folge, dass Ausreisewillige versuchten, dass Land irregulär zu verlassen: Bis Juli 2022 sind nach Angaben der ukrainischen Behörden 45 »illegale Migrationskanäle beseitigt« worden. Nahezu täglich berichtet der ukrainische Grenzschutz von derartigen Fluchtversuchen, allein im Oktober 2022 wurden im Bezirk Mukachevo an der rumänischen Grenze 330 ukrainische Männer beim Versuch der unerlaubten Ausreise festgenommen. Solche Kanäle sind im Grenzgebiet der Ukraine zur EU mindestens seit Mitte der 1990er Jahre aktiv, dienten bislang aber überwiegend Drittstaatler:innen auf dem Weg in die EU.

Merkmale und Besonderheiten der Flucht

Die ukrainische Regierung hatte mit Beginn des russischen Angriffs die Generalmobilmachung ausgerufen. Demnach durften Männer zwischen 18 und 60 Jahren weder ihren Wohnort noch das Land verlassen. Deshalb waren es vor allem Frauen, Kinder und Ältere, die außer Landes flohen. Dies ist eine Besonderheit im globalen Migrationsgeschehen, denn in der Regel setzen sich Fluchtbewegungen weltweit etwa zu gleichen Teilen aus Männern und Frauen zusammen. Die Schutzsuchenden, die bis nach Europa und in die EU gelangen, sind sogar zu etwa zwei Dritteln Männer.

Menschen aus der Ukraine flüchteten teils aus den angegriffenen und besetzten Gebieten und Städten, teils aber auch in Erwartung eines Angriffes. Diese Unterscheidung ist relevant, weil die, die Bombardements erlebt haben, auf andere Weise traumatisiert sind als jene, die dem entgingen. Auch beeinflusst dies das weitere Migrationsverhalten, insbesondere die Möglichkeit der Rückkehr. Zudem flohen 2022 nicht wenige der Ukrainer:innen bereits zum zweiten Mal – und zwar jene, die bereits 2014 vor der russischen Aggression geflohen waren (etwa 1,5 Millionen) und sich überwiegend nahe ihrer früheren Heimat und damit in jenen Gebieten niedergelassen hatten, die 2022 angegriffen wurden.

Bereits vor dem Krieg waren Migrationsaspirationen unter der ukrainischen Bevölkerung weit verbreitet, allerdings mit abnehmender Tendenz. Befragungen ergaben, dass noch 2010 bis zu 49 % der Bevölkerung die Ukraine verlassen wollten, dieser Anteil ging aber nach den positiven Entwicklungen ab 2014 auf etwa 25 % im Jahr 2020 zurück. Vor Kriegsbeginn lebten bereits mindestens 2 Millionen Ukrainer:innen in der EU, mit ca. 1,2 Millionen die meisten davon in Polen. Zuzüglich der irregulären Migrant:innen dürften es aber sogar noch mehr gewesen sein. In Deutschland lebten offiziell 150 000, geschätzt aber bis zu 250 000 Ukrainer:innen, darüber hinaus auch noch einige hunderttausend Aussiedler:innen mit teilweise ukrainischem Hintergrund. Es ist anzunehmen, dass die meisten der ukrainischen Migrant:innen Angehörige in der Ukraine hatten und haben, seien es (Ehe-)Partner, Kinder, Eltern oder Geschwister. Insofern stellten sie ein großes Migrationsnetzwerk dar. Aus der Forschung ist bekannt, dass solche Netzwerke sowohl die Wahrscheinlichkeit von Migration steigern als auch die Zielorte von Migration beeinflussen. Erste Forschungsergebnisse des Bundesamtes für Migration und Flüchtlinge zeigen, dass 61 % der ukrainischen Geflüchteten des Jahres 2022 angaben, an den Befragungsort in Deutschland gekommen zu sein, weil sie dort Bekannte oder Angehörige hätten.

Bislang kaum angemessen gewürdigt wurde die relativ geordnete Evakuierung von Millionen von Menschen. Insbesondere die ukrainische Staatsbahn transportierte, unterstützt von Sicherheitskräften auf den Bahnhöfen, innerhalb weniger Wochen nach Kriegsbeginn 3,5 Millionen Menschen aus den Kampfzonen und anderen bedrohten Gebieten im Osten des

Landes in die westlichen Landesteile und teils bis nach Polen. Diese Evakuierungen durch die Bahn wurden im Verlaufe des Krieges fortgesetzt. Ab dem dritten Kriegstag bis etwa Juli 2022 setzten außerdem viele nationale Eisenbahngesellschaften in der EU die Ticketpflicht für ukrainische Staatsbürger:innen aus. Zudem wurden viele Sonderzüge eingesetzt. Auf diese Weise war ein kostenloser Weitertransport aus der Ukraine etwa nach Warschau, Budapest und Prag oder Berlin, Hamburg und München möglich. Eine osteuropäische Fluggesellschaft bot sogar 100 000 Freiflüge für Ukrainer:innen an, damit sie nach Irland oder Spanien gelangen konnten. Daneben sind Hunderttausende mit Bussen und Kleintransportern evakuiert worden. Weitere Hunderttausende setzten sich mit dem eigenen Auto ab. Und auch wenn die Menschen teils 40 Stunden mit dem Bus, 24 Stunden mit der Bahn oder drei, vier Tage mit dem Auto unterwegs waren, so konnten sie doch relativ schnell an einen sicheren Ort gelangen.

Dass sich die massenhafte Flucht nicht zu einem humanitären Drama auswuchs wie etwa 2015 auf den griechischen Inseln oder entlang der Fluchtroute durch den Balkan, lag vor allem an drei Umständen: Aufgrund der geographischen Nähe war die Fahrt in das nächste sichere Land relativ kurz, maximal 1400 Kilometer von der Ostukraine nach Polen. Es fand zudem eine geordnete Evakuierung statt. Die Reise erfolgte über Land und war ohne großes Risiko, anders als im Falle von Fahrten über das Mittelmeer. Zudem war die Einreise in die EU visumsfrei möglich, irreguläre Grenzübertritte und / oder der Rückgriff auf irreguläre Fluchthelfer:innen fanden nur selten statt. Deshalb konnte eine Schutzlücke während der Flucht wie in 2015 verhindert werden.

Rückkehrmigration und zirkuläre Flucht

Schon vom ersten Tag des Krieges an sah man Personen auch in die Ukraine einreisen, zum Beispiel solche, die sich vor Kriegsausbruch in der EU aufgehalten hatten und nach Hause wollten. Zudem begannen Geflüchtete schon nach wenigen Wochen zurückzukehren, überwiegend in die Westukraine sowie nach Kiew / Kyjiw und Odessa: Teils wollten Frauen ihre zwangsweise zurückgebliebenen (Ehe-)Männer oder Eltern besuchen, teils wollten sie nach ihren Wohnungen oder Geschäften sehen. Angestellte des öffentlichen Dienstes oder Beschäftigte von Unternehmen, die weiterhin produzierten, wurden in einigen Fällen zur Rückkehr aufgefordert. Auch der Beginn des neuen Schuljahres und insbesondere die Einschulung von Erstklässler:innen im September 2022 bildeten einen weiteren Rückkehrgrund. Andere Ukrainer:innen, dies betrifft insbesondere auch Roma, schreckten eher die fehlenden Perspektiven in den Ankunftsländern. Manche Menschen hatten schlicht Heimweh. Die Rückkehr konnte auf Probe oder auf Zeit erfolgen, aber auch dauerhaft. Sie hing unter anderem davon ab, aus welchem Landesteil die Geflüchteten kamen, dem angegriffenen Osten oder dem vergleichsweise sicheren Westen, ob sie Familie in der Ukraine hatten und ob es Einkommensmöglichkeiten gab. Im weiteren Verlauf nahm das Migrationsgeschehen dann eine in Europa seltene Form an: die wiederholte beziehungsweise zirkuläre Flucht oder die Flucht als Pendelbewegung. Es kann gemutmaßt werden, dass diese Mobilität in Zukunft die Form von dauerhafter transnationaler Migration annimmt, bei der Migrierende sowohl im Herkunfts- als auch im Aufnahmeland multiple Verbindungen aufrechterhalten. Dies ermöglichen vor allem die geographische Nähe, die intakten Transportwege sowie die visumfreie Einreise. Allerdings dürfte ein gewisser Anteil der Geflüchteten bereits vor Kriegsausbruch Migrations- und deshalb geringere Rückkehraspirationen gehabt haben (siehe oben).

Ukrainer:innen sind eine diverse Bevölkerung

Bedingt durch die komplexe und wechselhafte Kolonialgeschichte sowie durch eine jahrhundertelange Migrations- und Siedlungsgeschichte hat sich rund um das Schwarze Meer eine kulturell, religiös und sprachlich sehr diverse Bevölkerung herausgebildet. In der Ukraine gibt es 130 anerkannte ethnische Minderheiten, im (post-)sowjetischen Kontext Nationalitäten genannt. Die größte Gruppe bilden mit 8 Millionen Menschen und einem Bevölkerungsanteil von 14,2 % Russ:innen. Seit

2001 nimmt ihr Anteil ab, denn immer weniger Ukrainer:innen geben an, russisch zu sein. Sie stellten, außer auf der Krim, in keinem Landesteil eine Mehrheit dar. Allein in Donezk und Luhansk bildeten sie mit rund 39 % eine große Gruppe. Daneben gibt es 2 Millionen Angehörige weiterer Minderheiten, 18 davon haben jeweils mehr als 30 000 Angehörige, darunter als größte Gruppen Belarus:innen, Moldauer:innen, Tatar:innen, Bulgar:innen, Ungar:innen, Rumän:innen, Pol:innen, Jüdinnen und Juden, Armenier:innen, Griech:innen, Roma, Gagaus:innen und sogar 33 000 Deutsche. Viele sprechen noch ihre eigene Sprache, nicht nur Ukrainisch und Russisch, sondern auch Ungarisch, Romanes oder Polnisch. Zudem gibt es viele religiöse Gruppen, ukrainisch, russisch, griechisch und armenisch Orthodoxe, Katholik:innen, Protestant:innen, Juden und Jüdinnen sowie Musliminnen und Muslime. Schließlich besteht eine in letzter Zeit wiederbelebte kosakische Tradition, vor allem in der Zentral- und Südukraine. Alle diese Gruppen sind nicht gleichmäßig über das Land verteilt, sondern konzentrieren sich in bestimmten Verwaltungseinheiten, Städten oder Dörfern, wo sie dementsprechend sichtbarer sind.

Eingewanderte und Geflüchtete in der Ukraine

Trotz der verschiedenen wirtschaftlichen, politischen und militärischen Krisen, die die Ukraine seit ihrer Unabhängigkeit durchgemacht hat, ist sie auch Ziel von Einwanderung gewesen. Im Februar 2022 lebten um die 400 000 Immigrant:innen im Land. Davon hatten 285 000 Ausländer:innen eine Aufenthaltserlaubnis. Nicht wenige dieser Immigrant:innen kamen aus dem Westen, der EU, den USA und Kanada, wie etwa Botschaftsangehörige und deren Familien, Geschäftsleute einschließlich Landwirt:innen, Mitarbeiter:innen von Hilfsorganisationen, Sprachlehrer:innen, Fußballspieler und andere. Hinzu traten Eheleute ukrainischer Bürger:innen. Schließlich waren auch ausländische Seeleute im Land, keine Immigranten im engeren Sinne, sondern eher global agierende mobile Beschäftigte.

Die größte Gruppe ausländischer Staatsangehöriger stellten Studierende, ungefähr 75 000, darunter 15 000 Inder:innen, 6000 Marokkaner:innen, 5000 Aserbaidschaner:innen, 3300 Nigerianer:innen. Sie studierten vor allem Medizin und technische Berufe, in der Regel auf Englisch. Attraktiv war die Ukraine aufgrund der im Vergleich zu Westeuropa oder den USA niedrigeren Studiengebühren und Lebenshaltungskosten und damit als Zielland für Studierende aus weniger wohlhabenden Familien. Die Städte, die die größten Gruppen ausländischer Studierender beherbergten, waren ausgerechnet jene, die am stärksten von den Kämpfen und Bombardierungen betroffen waren. Zudem lebten auch zahlreiche Arbeitsmigrant:innen in der Ukraine, überwiegend Fachkräfte, 16 000 besaßen eine Arbeitserlaubnis, die größte Gruppe kam aus der Türkei. Außerdem gab es Kaufleute aus vielen Teilen der Welt, China, Vietnam oder Nigeria. Und schließlich hielten sich Migrant:innen aus vielen Ländern Afrikas und Asiens irregulär in der Ukraine auf, oft handelte es sich um vormalige Studierende und abgelehnte Asylsuchende, die nach Ablauf ihrer Visa nicht ausgereist waren.

Darüber hinaus bildete die Ukraine eines der freieren, demokratischeren und damit sichereren Länder für politisch Verfolgte in der Region, wenngleich wiederholt von Auslieferungen an Verfolgerregime berichtet wurde. Dementsprechend lebten dort bei Kriegsausbruch 2218 Personen mit einem Schutzstatus und 2800 Asylsuchende aus rund 60 Ländern, 23 % waren Frauen und Mädchen. Unter diesen Geflüchteten befanden sich auch einige hundert Afghan:innen, die nach der Machtübernahme der Taliban 2021 evakuiert worden waren. Vor der Pandemie lag die Zahl der Asylanträge bei durchschnittlich etwa 1500 jährlich, die Anerkennungsrate erreichte allerdings nur 21 %. Darüber hinaus lebten in der Ukraine schätzungsweise 20 000 Afghan:innen, die bereits in den 1990er Jahren eingereist waren, mit der sowjetischen Seite kollaboriert und im Zusammenhang mit dem Abzug der sowjetischen Armee das Land verlassen hatten. Außerdem gab es noch 2500–5000 Tschetschen:innen, die ebenfalls in den 1990er Jahren gekommen waren. Diese frühen Geflüchteten hatten überwiegend die ukrainische Staatsbürgerschaft angenommen, galten also statistisch nicht als Ausländer:innen. Die jüngste und zahlenmäßig größte Gruppe Geflüchteter bildeten mehrere zehntausend Belarus:innen, die nach der Niederschlagung der dortigen Demokratiebewegung seit 2020 ins Land kamen. Die Mehrheit hielt sich befristet visumfrei auf, die wenigsten, rund 7000, verfügten über einen Aufenthaltsstatus. Seit 2021 flohen auch zunehmend Russ:innen vor politischer Verfolgung in die Ukraine.

Die Geflüchteten, die in der Ukraine internationalen Schutz speziell vor der Verfolgung in Russland, Belarus oder anderen mit Russland verbündeten Staaten suchten, sind von dem Einmarsch der russischen Armee besonders bedroht. Das gilt vor allem für Tschetschen:innen, Belarus:innen oder Verfolgte aus den zentralasiatischen Republiken. Ihnen drohen durch die Besatzung erneute Verfolgung oder sogar Auslieferung an die Verfolgerstaaten, weshalb etliche erneut flohen.

Aufnahme und Integration

Bereits neun Tage nach Beginn des Krieges, als sich abzeichnete, dass es zu einer großen Fluchtbewegung kommen würde, verständigten sich die Mitgliedstaaten der EU darauf, die Richtlinie von 2001 über einen befristeten Schutzstatus (»Massenzustrom-Richtlinie«) zu aktivieren. Dieser Schutzstatus wird kollektiv und ohne Einzelfallprüfung gewährt, auf diese Weise soll der Druck auf die nationalen Asylsysteme verringert und den Vertriebenen ermöglicht werden, überall in der EU harmonisierte Rechte in Anspruch zu nehmen. Hierzu zählen ein Aufenthaltstitel, der Zugang zum Arbeitsmarkt und zu Wohnraum, medizinische Versorgung und der Zugang zu Bildung für Kinder.

Anders als 2015 gab es 2022 nicht nur erneut in Deutschland, sondern diesmal auch in Polen, der Slowakei und in Moldau eine bedeutende Solidaritätsbewegung. Die Zivilgesellschaft hat es innerhalb weniger Tage geschafft, entlang der gesamten Evakuierungsstrecke die Vertriebenen humanitär mit dem Nötigsten zu versorgen.

Allerdings waren die Aufnahmebedingungen in den verschiedenen Aufnahmestaaten und auch entlang der Zeitachse sehr unterschiedlich. Deutschland gewährte bessere Sozialleistungen und damit auch Integrationsangebote ab Juni 2022, indem Ukrainer:innen Leistungen nicht mehr länger nach dem

Asylbewerberleistungsgesetz erhielten, sondern in das normale Sozialhilfesystem (SGB II und SGB XII) mit seiner besseren Versorgung eingegliedert wurden. In Polen und Tschechien sind dagegen einige Fördermaßnahmen nur bis Juni 2022 gewährt und danach eingestellt worden. Zudem galt der befristete Schutzstatus keineswegs universell, wie es die Richtlinie impliziert, vielmehr wurden beispielsweise in der Slowakei und in Ungarn ukrainische Roma diskriminiert.

In der Bundesrepublik kamen Geflüchtete anfänglich vor allem in Frankfurt/Oder und Berlin an, teils auch in München. Dies lag vor allem daran, dass die Hauptevakuierungs- und Eisenbahnrouten über Lwiw (Ukraine), Przemyśl und Warschau (Polen) weiter nach Berlin verliefen. In Berlin wurde frühzeitig Alarm geschlagen, komme doch die Stadt an die Grenzen ihrer Aufnahmekapazitäten. Dennoch blieben die eilig eingerichteten Aufnahmelager und Flüchtlingseinrichtungen überwiegend halb leer, vor allem, weil Ukrainer:innen privat und im Rahmen der Migrant:innennetzwerke unterkamen. Zudem waren die Zahlen deutlich niedriger als etwa in Warschau, von wo solche Warnungen zunächst dennoch nicht zu vernehmen waren.

Integration unter der Bedingung eines bislang nur befristeten Schutzes sowie auch der teilweisen Pendelbewegungen stellt eine neue Herausforderung für die Kommunen dar. Konkret ging es beispielsweise darum, ob die Teilnahme am ukrainischen Schulunterricht online fortzusetzen sei, das Ziel die volle Integration in den deutschen Unterricht sei oder eine Kombination möglich wäre. Auch der Umgang mit der Anwesenheitspflicht von Arbeitslosengeldbezieher:innen wurde gelegentlich problematisiert. Die Auswertung der Erfahrungen steht allerdings noch aus.

Paradoxerweise zeichnete sich ab Sommer 2022 trotz der massenhaften Einreise ukrainischer Geflüchteter eine Knappheit an Arbeitsmigrant:innen insbesondere in Polen und Tschechien ab. Viele Sektoren und Unternehmer hatten sich seit Jahren auf oft männliche ukrainische Arbeitskräfte verlassen, vor allem in Industrie, Landwirtschaft und dem Baugewerbe. Diese durften aber seit Februar 2022 aufgrund der Generalmobilmachung nicht mehr aus der Ukraine ausreisen, andere kehrten dorthin zurück. Wie es schien, konnten geflüchtete ukrainische Frauen diese Lücke nicht füllen.

Zusammenfassend kann gesagt werden, dass die Aufnahme der Geflüchteten aus der Ukraine zweierlei Besonderheiten aufweist: die Anwendung des befristeten Schutzstatus und die Solidarität aller EU-Mitgliedstaaten einschließlich derer in Osteuropa.

Kontroversen

Teile der Zivilgesellschaft kritisieren, dass Geflüchtete aus der Ukraine im Vergleich zu jenen Geflüchteten, die 2015/16 in großer Zahl Schutz suchten, bevorzugt werden, weil auf Ukrainer:innen pauschal die EU-Richtlinie über einen befristeten Schutz (»Massenzustrom-Richtlinie«) angewendet wird, während Angehörige anderer Staaten individuell Asyl beantragen müssen. Allerdings unterschlägt die Kritik, dass ein individueller Flüchtlingsstatus dauerhaft gilt, rechtsstaatliche Sicherheiten gibt und mit weitgehenden Rechten verbunden ist, während der befristete Schutz vergleichsweise prekär ist und damit keineswegs eine Besserstellung bedeutet.

Zudem seien verschiedenen Berichten zufolge Immigrant:innen aus Afrika und Asien, die aus der Ukraine flohen, im Zuge der Evakuierungen und Flucht nachrangig behandelt und Ukrainer:innen bevorzugt worden. Dies ist verschiedentlich als Rassismus bezeichnet worden. Bei der Bewertung dieser Vorgänge ist allerdings zu bedenken, dass im Zuge der Evakuierungen und angesichts knapper Ressourcen besonders gefährdeten Gruppen – Frauen, Frauen mit Kindern, Älteren und Behinderten – zunächst der Vorzug gegenüber Jüngeren und Männern gegeben wurde. Nun waren aber die meisten ausländischen Studierenden junge Männer und fielen demnach nicht in die Gruppe der besonders Schutzbedürftigen. Allerdings gab es auch Fälle, in denen jungen schwarzen Frauen der bevorzugte Zutritt zu den Zügen verwehrt wurde. Es gab aber keine Belege, dass diese Migrant:innengruppen per se am Verlassen des Landes gehindert worden sind, tatsächlich wurden Ausländer:innen sogar schneller als Einheimische außer Landes gebracht. Insgesamt muss man hier die komplexe Wirkung einer Schnittmenge von moralisch gerechtfertigten Priorisierungen und Diskriminierungen berücksichtigen.

Und schließlich wurde gelegentlich kritisiert, dass auch Ukrainer:innen, die ethnischen Minderheiten angehören, wie etwa Roma, bei der Einreise sowie im Hinblick auf die Aufnahmebedingungen in einigen EU-Mitgliedstaaten diskriminiert wurden. Dies stellt die Universalität des Schutzangebotes in Frage.

Schlussfolgerungen

Der Krieg Russlands gegen die Ukraine, die Flucht aus der Ukraine und die Aufnahme der Geflüchteten in der EU bilden einen Sonderfall, sowohl für Europa als auch im internationalen Vergleich. Es handelt sich um einen der seltenen zwischenstaatlichen sowie auch großen Kriege, zudem findet er, anders als die Mehrheit der Konflikte, in Europa statt. Die massenhafte Flucht erfolgte innerhalb nur weniger Wochen und damit vergleichsweise sehr schnell, sie gehört zu den umfangreichsten der Nachkriegszeit. Außerdem fliehen überwiegend Frauen, mit und ohne Kinder. Schließlich resultierte aus der Flucht trotz ihres Umfangs keine weitere humanitäre Krise, da sie ungewöhnlich geordnet verlief.

Die solidarische Entgegnung der EU ist allerdings nicht allein damit zu erklären, dass der Krieg Mit-Europäer:innen trifft, denen eine kulturelle Nähe zugeschrieben wird. Hinzu treten vielmehr Erinnerungen an Flucht und Vertreibung während zweier Weltkriege in Europa sowie an die sowjetische Gewaltherrschaft. Dass die Zerstörung syrischer Städte durch die russische Armee allerdings ungleich weniger Solidarität mit den deshalb Flüchtenden auslöst(e), bleibt dennoch eine Tragödie, die an der Glaubwürdigkeit europäischer Werte zweifeln lässt.

Schließlich muss analysiert und diskutiert werden, ob außen- und verteidigungspolitisch alles getan wurde, um Russland vom Angriff auf die Ukraine abzuschrecken und damit auch die massenhafte Flucht zu verhindern. Ebenso muss gefragt werden, ob es nicht bessere und schnellere Kommunikationskanäle zwischen Forschung und Politik braucht, um frühen Warnungen

Gehör zu verschaffen. Schließlich ist auch zu fragen, ob die Bundespolitik die Städte und Gemeinden nicht früher vor der großen Fluchtbewegung hätte warnen können und müssen, so dass diese sich besser hätten vorbereiten können. Und aktuell wird diskutiert, wie zeitlich befristete Integration aussehen kann.

Literatur

Drbohlav, Dušan / Marta Jaroszewicz: Ukrainian Migration in Times of Crisis: Forced and Labour Mobility, Prag 2016.

Düvell, Franck: The War on Ukraine: Post-war Scenarios and Migration Repercussion, Wien 2022, https://www.pragueprocess.eu/en/news-events/news/625-the-war-in-ukraine-post-war-scenarios-and-migration-repercussions

Lapshyna, Iryna: Die Ukraine – Abwanderung und Vertreibung in Vergangenheit und Gegenwart, Kurzdossier der Bundeszentrale für politische Bildung, 8.7.2022, https://www.bpb.de/themen/migration-integration/laenderprofile/509978/die-ukraine-abwanderung-und-vertreibung-in-vergangenheit-und-gegenwart/

Mediendienst Integration: Flüchtlinge aus der Ukraine, 2022, https://mediendienst-integration.de/migration/flucht-asyl/ukrainische-fluechtlinge.html

Snyder, Timothy: The War in Ukraine Is a Colonial War, in: The New Yorker, 28.4.2022, https://www.newyorker.com/news/essay/the-war-in-ukraine-is-a-colonial-war

Britta Behrendt im Gespräch mit Franck Düvell

Die Aufnahme ukrainischer Schutzsuchender in Deutschland und Europa

Britta Behrendt ist Ministerialrätin und Leiterin des Stabes Aufnahme Ukraine im Bundesministerium des Innern und für Heimat.

Franck Düvell: Wir haben kurz nach Beginn des Einsetzens der Fluchtbewegung nach dem Überfall Russlands auf die Ukraine gesehen, dass die EU zügig die Richtlinie zum befristeten Schutz, die sogenannte »Massenzustrom-Richtlinie«, aktivierte. Es ist aber in der EU eher ungewöhnlich, dass sich die Mitgliedstaaten derart schnell einigen. Können Sie erläutern, warum und wie es dazu kam?

Britta Behrendt: Der Grund, warum man sich so schnell geeinigt hat, war der starke gemeinsame politische Wille, die Folgen dieses völkerrechtswidrigen Angriffs Russlands auf die Ukraine gemeinsam bestmöglich zu managen. Es gab eine ganz große Einheit zwischen den östlichen und westlichen Mitgliedstaaten, eine politische Einigkeit, die es so bis dahin gerade in Migrationsfragen noch nicht gegeben hatte. Das war der große Unterschied im Vergleich zu 2015. Und das war auch das Geheimnis der Schnelligkeit dieser Entscheidung. Es wurde nicht lange herumdiskutiert, es waren sich einfach alle einig, dass jetzt gehandelt werden muss.

Franck Düvell: Gab es denn in unmittelbarer zeitlicher Nähe zum Kriegsanfang ein Ministertreffen in Brüssel beziehungsweise online?

Britta Behrendt: Ja, die Ministerinnen und Minister haben sich relativ zügig getroffen. Die Entscheidung kam dann auf dem Justiz- und Innenrat am 4. März 2022. Auf der Tagesordnung stand die Aktivierung der Richtlinie 2001/55/EG, der sogenannten »Massenzustrom-Richtlinie«. Vorher war viel Skepsis zu hören, ob der Rat diesen Beschluss fassen würde. Zu sehr waren die kontroversen Diskussionen präsent, die die Mitgliedstaaten jahrelang miteinander geführt hatten. Und dann wurde diese historische Einigung erzielt. Erstmals haben sich die Staaten der EU darauf verständigt, gemeinsam, schnell und unbürokratisch aus dem Krieg geflüchtete Menschen aufzunehmen. Bereits am 5. März 2022 wurde die Richtlinie veröffentlicht. Alle waren sich einig: Wenn die Menschen, die da unterwegs sind, jetzt in die Asylsysteme gehen, dann kann das nicht funktionieren. Das waren pragmatische Gründe, aber natürlich auch politische Gründe.

Der große Unterschied zu 2015 war die geographische Nähe und die Schnelligkeit in diesem Migrationsgeschehen. Die Menschen sind innerhalb kürzester Zeit gekommen, und es ging so schnell, dass über die normalen Asylsysteme überhaupt gar keine Lösung möglich gewesen wäre.

Franck Düvell: War Ihr Haus denn eigentlich auf diese Entscheidung, diese Richtlinie in Kraft zu setzen, vorbereitet, oder ging es wirklich so schnell, dass man das gar nicht intern groß diskutieren konnte?

Britta Behrendt: Es ging natürlich schon außergewöhnlich schnell. Von Anfang an gab es sehr enge Abstimmungsrunden mit allen Betroffenen. So fand beispielsweise am 24. Februar 2022, morgens um 8.00 Uhr, die erste Konferenz mit den Innenministerinnen und Innenministern der Länder statt. Das war der Beginn eines sehr engen Austauschs mit den Innenministerien, den Chefs der Staatskanzleien und den betroffenen Bundesressorts. Eine so enge Zusammenarbeit zwischen Bund und Ländern gab es wohl selten. Auch hier unterscheidet sich die Situation deutlich von der Situation des Jahres 2015.

Franck Düvell: War die Politik eigentlich vorgewarnt? War man auf den Krieg, die massenhafte und schnelle Fluchtbewegung vorbereitet? Wenn nicht, wäre ein entsprechender Warnmechanismus denkbar, und wie könnte er aussehen?

Britta Behrendt: Es war natürlich eine Überraschung, weil dieser Angriff Putins auf die Ukraine ein derartiger Tabubruch war. Im Hinblick auf die Beobachtung der Migrationsbewegungen konnten wir davon profitieren, dass wir während der deutschen Ratspräsidentschaft mit dem »Migration Preparedness and Crisis Blueprint« ein System beziehungsweise einen Vorsorge- und Krisenplan für Migration eingeführt hatten. Wir wurden deshalb nicht so überrascht beziehungsweise hatten direkt alle an einem Tisch, um gemeinsam die Lage zu analysieren. Polen und auch die anderen Nachbarstaaten der Ukraine haben ihre Informationen mit uns und den anderen Mitgliedstaaten geteilt und in das Blueprint-Netzwerk eingebracht. Dort wurde die Lage gemeinsam analysiert, und man hatte dann relativ schnell einen Überblick, was geschieht und wie man damit umgehen muss.

Es hat aber erst Signale gegeben, als die Bewegung einsetzte. Wir haben ziemlich genaue Angaben über die Zahlen bekommen im gemeinsamen Austausch auf der europäischen Ebene. Mit Prognosen ist es natürlich schwierig, das wissen wir alle. Braucht man eine Art Prognosesystem? Möglicherweise. Wir haben ja das Thema »Migration Forecasting«, also die Vorhersage von Migrationsbewegungen, in der Ratspräsidentschaft behandelt. Wir wissen, dass man sich auf die Ergebnisse letztendlich nicht verlassen kann. Dennoch sind die Prozesse an sich sehr wertvoll, weil man sich miteinander austauscht und so eine gewisse Awareness oder Sensibilisierung für die Situation geschaffen wird. Letztendlich kann es nur über den intensiven Austausch aller Beteiligten funktionieren. Hier sind im europäischen Rahmen die Nachbarstaaten besonders wichtig gewesen, aber auch die Kooperation mit Moldau, einem Staat, mit dem wir vorher keinen so intensiven Kontakt hatten. Wir mussten innerhalb kürzester Zeit die Kontakte intensivieren. Da war vor allem die Botschaft vor Ort gefragt. Wir sind aber auch selber vor Ort gewesen und haben den Kontakt gesucht und Verbindungsbeamte installiert, um kurzfristig vor Ort zu sehen, wie sich die Lage entwickelt. Gleiches gilt dann auch letztendlich für Rumänien. Wir haben also innerhalb kürzester Zeit die Zusammenarbeit mit den Nachbarstaaten stark intensiviert. Nur durch den intensiven Austausch mit Polen konnte es gelingen, ein logistisches System zu schaffen, um den Transport der Geflüchteten aus der Ukraine besser zu koordinieren. Sie erinnern sich ja sicherlich, dass am Anfang Züge aus Polen kamen. Keiner wusste genau, wie viele Menschen an Bord waren und wohin sie reisen wollten. Deshalb gab es am Anfang wilde Szenen am Berliner Hauptbahnhof. Hier mussten wir uns zusammen mit den Kollegen aus dem Verkehrsministerium und dem Bundesamt für Güterverkehr innerhalb kürzester Zeit mit Polen abstimmen. Das ist uns aus meiner Sicht wirklich gut gelungen. Es war natürlich viel Flexibilität auf allen Seiten gefragt und sehr viel Transparenz.

Franck Düvell: Gibt es Lehren, die wir für die Zukunft mitnehmen wollen oder können?

Britta Behrendt: Ich habe schon an mehreren »Lessons Learned«-Workshops mit anderen Mitgliedstaaten teilgenommen. Das Krisenmanagement hat ja in diesem Fall sehr gut funktioniert, etwa im Vergleich zu 2015. Für uns war jedenfalls eine Lektion, die wir ziemlich schnell lernen mussten, dass die Menschen aus der Ukraine sehr mobil sind und dass sie sich selber aussuchen, wo sie hingehen. Das war an sich nicht überraschend, denn mit dem Rechtsstatus, den sie haben, können sie sich innerhalb Europas frei bewegen. Sie sind nicht gezwungen, in dem Mitgliedstaat zu bleiben, in dem sie zuerst temporären Schutz beantragt haben, sondern sie können sich weiterbewegen. Die Menschen haben sich also selbst auf die Staaten verteilt. Viele Geflüchtete wollten in der Nähe der Ukraine bleiben, das wissen wir auch aus Befragungen. Außerdem fühlen sie sich kulturell vielleicht in Deutschland und in Polen näher an der Heimat. Und es ist sicherlich ein Sprachthema. Es gibt die Erkenntnis, dass man die Menschen nicht einfach irgendwohin bringen kann, und dann bleiben sie da. Das haben wir auch gesehen, als wir am Anfang die Menschen innerhalb Deutschlands verteilen wollten. Häufig sind sie einfach weitergereist. Sie haben ganz eigene Vorstellungen darüber, wo sie sein wollen, und das ist eine Lektion, die wir auf jeden Fall gelernt haben.

All das macht natürlich das Management dieses Migrationsgeschehens zu einer echten Herausforderung, insbesondere, wenn man an die Kommunen denkt, die vor Ort die Infrastruktur bereitstellen müssen, die Unterkünfte, die Schulen, Kinderbetreuung, Gesundheitsversorgung. Ein anderer Punkt betrifft die europäische Solidarität, denn die ukrainischen Geflüchteten sind ja sehr ungleichmäßig in den europäischen Mitgliedstaaten verteilt. Das ist, glaube ich, bei den Zahlen, die wir jetzt haben, auch handhabbar. Wenn nun aber eine weitere große Fluchtbewegung kommen würde, wonach es derzeit nicht aussieht, dann müsste man sicherlich auch im Kreis der europäischen Staaten noch einmal darüber nachdenken, wie man die Verteilung solidarisch miteinander regelt.

Ansonsten sehe ich es positiv, dass die aus der Ukraine Geflüchteten von Anfang an in das Integrationssystem kommen, dass sie sofort arbeiten dürfen. Das müssen wir jetzt natürlich noch mit Leben füllen, indem wir die Menschen möglichst schnell auch in den Arbeitsmarkt integrieren.

Ein Punkt, der mir persönlich sehr wichtig ist: Es hat sich in der Krise gezeigt, wie stark die deutsche Zivilgesellschaft ist. Ohne sie und ohne dieses starke Engagement hätten wir die Lage sicherlich nicht so gut bewältigen können. Der Staat ist sehr gut beraten, die Zivilgesellschaft in einer Krise wie dieser von Anfang an gleichberechtigt und auf Augenhöhe mit einzubeziehen in die Krisenbewältigung. Das ist auch ein starker Aspekt der »Lessons Learned«, dass die Gesellschaft so leistungsstark ist und so flexibel agiert. Das gilt für Deutschland, das gilt auch für Polen und andere Mitgliedstaaten, wo es letztendlich genauso gelaufen ist. Die Zivilgesellschaft als starker Akteur im Krisenmanagement, das ist – davon bin ich zutiefst überzeugt – ein Punkt, den wir uns bei den derzeit laufenden strategischen Überlegungen zum Thema Resilienz noch genauer anschauen müssen.

Franck: Düvell: Wie sieht denn in groben Zügen die Integrationsstrategie für Ukrainer:innen aus? Ist die Befristung des Schutzstatus eine besondere Herausforderung? Was sind die Anschlussperspektiven? Was heißt das für die Kommunen?

Britta Behrendt: Am Anfang wurde im politischen Raum durchaus die Frage gestellt, ob die ukrainischen Geflüchteten mit ihrem temporären Schutzstatus an unseren Integrationsangeboten ebenso teilhaben sollen wie Flüchtlinge, von denen wir annehmen, dass sie längerfristig in Deutschland bleiben. Diese politische Frage wurde aber seitens unserer Ministerin relativ schnell entschieden, und wir haben uns darauf verständigt, dass die Menschen aus der Ukraine sofort voll in die Integrationssysteme hineinkommen, weil wir eben von Anfang an eine bestmögliche Integration in die Gesellschaft ermöglichen wollten. Insofern war das eine politische Entscheidung. Es gibt sicherlich auch manche, die das anders sehen, die sagen: »Die bleiben ja eh nur kurze Zeit da.« Aber wenn wir uns anschauen, wie es jetzt in der Praxis funktioniert, dann sehen wir ein riesiges Interesse: Die Integrationskurse werden von den ukrainischen Geflüchteten sehr gut angenommen. Der Bedarf ist da, die Menschen wollen lernen, sie wollen Deutsch lernen, und insofern glaube ich, dass die Entscheidung der frühen Integration richtig war. Auch wenn die Menschen später zurückgehen, haben sie ja keine Zeit verschwendet, denn sie haben die deutsche Sprache gelernt.

Für die aufnehmenden Kommunen ist der temporäre Schutz eine Herausforderung: Die Planung, die Schulplanung, Kinderbetreuung, das alles ist schwierig und erfordert von allen eine neue Flexibilität.

Schwierig ist die hohe Mobilität auch für die Beurteilung der Migrationslage insgesamt: Wir haben ja traditionell eher ein klassisches Vorgehen, indem wir die Migrationslage in unserem Land normalerweise über Ein- und Ausreisen beurteilen. Das funktioniert bei den Ukrainern aber nur bedingt, weil manche Menschen kurzfristig zurückkehren, um nach den Angehörigen zu schauen, dem Haus, gerade von Polen aus, wo die Entfernung nicht so groß ist. Daraus aber lässt sich nicht schließen, dass die Menschen ihren Lebensmittelpunkt wieder zurückverlagert haben. Das ist eine penduläre Migration.

Franck Düvell: In Teilen der Gesellschaft ist der Eindruck entstanden, dass Geflüchtete aus der Ukraine im Vergleich zu an-

deren Nationalitäten bevorzugt worden seien. Wie würden Sie diesem Argument begegnen?

Die Geflüchteten aus der Ukraine haben aufgrund der europarechtlichen Rahmenbedingungen von Anfang an einen anderen Schutzstatus. Sie sind denjenigen gleichgestellt, die bei uns einen Schutzstatus haben. Sie sind nicht gleichgestellt mit den Asylbewerbern, sondern stehen besser da. Das ist aber keine Willkür, sondern das ist der Rechtsrahmen, den die EU setzt. Ich kann mir jedoch menschlich vorstellen, dass das für Geflüchtete aus Syrien oder aus Afghanistan, die auch Schlimmes erlebt haben, enttäuschend war, dass Ukrainer, wenn sie ankommen, sofort arbeiten dürfen, dass sie bei uns in SGB II fallen und auch andere finanzielle Unterstützung bekommen. Aber es ist eben das Resultat der rechtlichen Voraussetzungen, und – dieser Punkt wird bei dieser Debatte oft übersehen – der Schutzstatus der Ukrainer ist ein temporärer Schutzstatus: Er ist zeitlich befristet, und irgendwann wird er eben auch beendet, und dann entfallen die Leistungen.

Franck Düvell: Wie sieht es demnach mit den Rückkehrperspektiven aus? Wir beobachten ja sowohl die befristete als auch die dauerhafte Rückkehr.

Wir haben es hier nicht mit der Rückkehr im klassischen Sinne zu tun, wie etwa der freiwilligen Rückkehr im Asylbereich, sondern es ist eine andere Form von Rückkehr. Die Rückkehr muss zum Beispiel nicht längerfristig sein, die Menschen können ja trotzdem jederzeit wieder zurückkommen. Das Thema wird gerade auf europäischer Ebene diskutiert, im Kreis der europäischen Mitgliedstaaten und mit der EU-Kommission. Und hier geht es unter anderem um die Frage, ob und wie Rückkehrer finanziell gefördert werden können. In der Richtlinie über den vorübergehenden Schutz steht explizit, dass die Mitgliedstaaten verpflichtet sind, die Menschen bei der Rückkehr zu unterstützen und ihnen auch die Informationen zur Verfügung zu stellen, um ihnen eine informierte Entscheidung über die Rückkehr zu ermöglichen. Das sind Punkte, die müssen wir miteinander, aber auch vor allem mit der Ukraine klären. Das ist ein Punkt, den wir ganz intensiv mit der Ukraine diskutiert haben, mit dem Migrationsservice, mit dem Sozialministerium. Die Ukraine stellt sich ja auch die Frage, wie sie mit ihren Bürgerinnen und Bürgern im Hinblick auf die Rückkehr kommunizieren soll. Hier müssen wir zu einem gemeinsamen Vorgehen mit der Ukraine kommen. Wir müssen diesen ganzen Prozess der Rückkehr gemeinsam regeln, damit es nicht zu chaotischen Zuständen kommt, sollten sich eines Tages eine Million Menschen auf den Weg machen. Gleichzeitig darf eine Förderung von Rückkehrenden nicht zu einem Unfrieden in der ukrainischen Gesellschaft führen. Im Interesse des sozialen Friedens sollten die Menschen, die nicht geflüchtet sind, nicht schlechter behandelt werden als die, die dann aus dem Ausland zurückkehren. Um diesen Prozess zu unterstützen, setzen wir Förderprojekte auf. Das ist aber eine große Herausforderung.

Franck Düvell: Eine letzte Frage: Was ist mit den anderen Geflüchteten? Auf der gesellschaftlichen und politischen Ebene stellt sich ja gelegentlich die Frage, ob und wie man jetzt neben den vielen hunderttausend Ukrainer:innen weitere Flüchtlinge aus anderen Teilen der Welt aufnehmen kann.

Britta Behrendt: Das ist eine weitere große Herausforderung. Wir haben ja über eine Million Geflüchtete aus der Ukraine, und hinzu kommen weitere Fluchtbewegungen nach Deutschland, und sie wachsen saisonbedingt im Herbst/Winter an. In den Kommunen, in den Bundesländern steigen die Zahlen. Wir haben massive Schwierigkeiten, die Menschen angemessen unterzubringen. Deswegen sind wir auch in sehr engem Kontakt mit den Kommunen und versuchen gemeinsam, Wege zu finden, wie wir sie bei dem Unterbringungsthema unterstützen können. Der große Vorteil bei den ukrainischen Geflüchteten ist, dass ja ganz viele vor allem in privaten Unterkünften untergekommen sind. Wenn das nicht so wäre, dann würden wir noch vor ganz anderen Problemen stehen. Dennoch steht die Regierung ja zu der humanitären Aufnahme aus Afghanistan, und die Resettlement-Programme werden auch weiter durchgeführt. Insofern steht die Bundesregierung zu den Verpflichtungen, die sie bei der humanitären Aufnahme eingegangen ist. Aber gleichzeitig sehen wir sehr wohl, dass die Kommunen vor ganz großen Herausforderungen stehen, und das muss miteinander in Einklang gebracht werden. Und da hilft es auch nichts, dass man sich auf die Kompetenz zurückzieht und sagt: »Für die Unterbringung sind die Länder zuständig.« Wir müssen gemeinsam nach Lösungen suchen, wie wir auch zum Beispiel die Unterbringung bei Privaten unterstützen können.

Franck Düvell: Liebe Frau Behrendt, herzlichen Dank für dieses Gespräch!

Franck Düvell und Marcel Berlinghoff

Welche Lehren lassen sich aus dem Umgang mit der Flucht aus der Ukraine ziehen?

Ankunft und Aufnahme mehrerer Millionen Geflüchteter aus der Ukraine in Deutschland und den anderen Mitgliedstaaten der Europäischen Union waren und sind eine große Herausforderung.[1] Den Zeitpunkt des russischen Angriffs auf die Ukraine und den Umfang der dadurch ausgelösten Fluchtbewegungen sahen nur wenige Beobachter:innen voraus. An den östlichen EU-Außengrenzen hatten sich anfänglich lange Schlangen gebildet, und die Flüchtenden warteten bis zu 36 Stunden auf die Einreise. Die Weiterfahrt war improvisiert, die meisten Züge gingen zunächst nach Warschau und Berlin, die sich deshalb schnell als Nadelöhre entpuppten. Der Umgang mit so vielen Schutzsuchenden durch EU, Bund, Länder und Kommunen, Zivilgesellschaft und Medien offenbarte zwar einerseits Fortschritte seit 2015/16, enthüllte andererseits aber auch weiterhin bestehende strukturelle Probleme sowie vielfältige Potenziale für deren Lösung.

Wir haben im Laufe des Jahres 2022 zahlreiche Gespräche mit politisch-administrativen, zivilgesellschaftlichen und medialen Akteur:innen zur Einordnung des Fluchtgeschehens geführt. Dabei tauchte eine Reihe von Fragen und Herausforderungen wiederholt auf, die wir in diesem Beitrag aufgreifen und kritisch reflektieren. Eine der wichtigsten politischen Entscheidungen angesichts der Flucht aus der Ukraine war die Aktivierung der EU-Richtlinie über den vorübergehenden Schutz 2001/55/EG, die sogenannte »Massenzustrom-Richtlinie«. Sie ermöglicht die vorübergehende Aufnahme einer großen Gruppe von Menschen, ohne dass diese ein individuelles Asylverfahren durchlaufen müssen, was in Deutschland insbesondere das Bundes-

1 Wir danken Petra Bendel, Jörn Grävingholt und Benjamin Etzold für wertvolle Hinweise zu diesem Beitrag.

amt für Migration und Flüchtlinge (BAMF) entlastet. Während Schutzsuchende sonst in der Bundesrepublik und etlichen anderen Mitgliedstaaten mit einem behördlichen Verteilungsverfahren konfrontiert sind, konnten und können Geflüchtete aus der Ukraine ihr Zielland und ihren Aufenthaltsort frei wählen. Voraussetzung dafür waren die visafreie Einreise und die individuellen sozialen Netzwerke der Schutzsuchenden innerhalb der EU. Zudem erhalten die vorübergehend Geschützten Grundsicherungsleistungen und Zugang zu sozialen Rechten. Die dafür aufgewendeten Mittel sind für die EU-Staaten erheblich, wenngleich große Unterschiede bei den gewährten Sozial- und sonstigen Leistungen zwischen den Mitgliedstaaten bestehen.

Die Richtlinie zum vorübergehenden Schutz gewährt das Recht auf eine schnelle Arbeitsaufnahme, die in Deutschland allerdings häufig an den Anforderungen der Anerkennung beruflicher Qualifikationen sowie an der Sprachbarriere scheitert. Auch deshalb hatten bis Ende 2022 nur rund 10 % der ukrainischen Schutzsuchenden einen sozialversicherungspflichtigen Job. In Polen haben in kürzerer Zeit deutlich mehr Ukrainer:innen eine Beschäftigung aufnehmen können. Hier scheint ein unbürokratischer Umgang der Arbeitsaufnahme förderlich zu sein.

Umgesetzt wird die Aufnahme der Geflüchteten durch die Kommunen, die unter anderem in Deutschland auf Erfahrungen mit den vergangenen Fluchtbewegungen aufbauen können. Sie registrieren die Schutzsuchenden, zahlten anfänglich (bis Ende Mai 2022) auch die Geldleistungen nach dem Asylbewerberleistungsgesetz aus, vermittelten Unterkünfte und Sprachkurse, integrierten die Kinder in Kinderbetreuungseinrichtungen und Schulen. Allerdings gab es vielfältige Probleme. Sie reichten vom Personalmangel in Ausländer- und Sozialbehörden sowie in Schulen und Kindergärten bis hin zum Fehlen von Unterkünften und der Überbelegung bestehender Einrichtungen. In anderen Mitgliedstaaten, wie etwa Polen oder Tschechien, verfügten die Kommunen über deutlich weniger Vorerfahrungen und Ressourcen und waren noch weitaus weniger gut auf diese vielfältigen Aufgaben eingestellt.

Wie schon im Kontext der Fluchtbewegung der Jahre

2015/16 machte sich die Zivilgesellschaft erneut um die Aufnahme der Schutzsuchenden verdient. Sie leistete nicht nur Soforthilfe, sondern informierte auch über den Zugang zu Gesundheitsversorgung, Bildung, Bankkonten, Sprachkursen und Arbeitsmöglichkeiten. Insbesondere an den Erstankunftsorten ging und geht die ehrenamtliche Hilfe der kommunalen Unterstützung zum Teil voraus und entlastet und ergänzt die Versorgung. In Staaten, in denen der öffentliche Sektor weniger gut ausgebaut ist, erwies sich die Bedeutung der Zivilgesellschaft bei der Aufnahme der Geflüchteten als noch größer. Eine zentrale Rolle spielte in Deutschland 2022 – anders als 2015 – die privat organisierte Wohnraumversorgung von Geflüchteten. Erleichtert wird sie dadurch, dass ukrainische Schutzsuchende ihren Aufenthaltsort frei wählen können und seit 1. Juni 2022 einen Anspruch auf Sozialleistungen nach dem Sozialgesetzbuch (SGB II) haben. Hinzu treten enge Verbindungen zu Zugewanderten aus der Ukraine der vergangenen Jahrzehnte, die die ukrainischen Schutzsuchenden unterstützten.

Dennoch verlief und verläuft die Aufnahme nicht reibungslos. Das hat strukturelle Gründe, von denen hier sieben diskutiert werden sollen: 1) die unzureichende Migrationsbeobachtung; 2) ein mangelnder Informationsaustausch sowie ineffizientes Ressourcenmanagement zwischen Ebenen und Akteuren der Aufnahme; 3) die prekäre Rolle der Zivilgesellschaft; 4) die geringen Kenntnisse über die Fluchtverhältnisse östlich der EU; 5) die infolge der Visafreiheit hohe Mobilität der Geflüchteten; 6) der nicht beachtete Zusammenhang von Rückkehr und Wiederaufbau und 7) die Fehler der europäischen Asylpolitik. Mit Blick auf alle genannten Punkte werden im Folgenden in der gebotenen Kürze Überlegungen formuliert, auf welche Weise Europa zukünftig sachgerechter und effizienter auf neue Fluchtbewegungen reagieren könnte.

1) Migrationsmonitoring und Berichtsysteme auf EU- und Bundesebene verbessern

Die EU und ihre Mitgliedstaaten waren nicht auf die umfangreiche Fluchtbewegung aus der Ukraine und die schnell ansteigende Zahl an Geflüchteten vorbereitet. Zwar hatten US-amerikanische und britische Sicherheitskreise schon im November 2021 vor dem russischen Überfall gewarnt und sogar einen konkreten Zeitraum genannt. Weder die Institutionen der EU noch die EU-Mitgliedstaaten oder die Regierung der Ukraine hatten aber entsprechende Maßnahmen ergriffen. Im Nachhinein argumentierten viele Akteure, dass sie von Krieg und Flucht weder hätten wissen können noch wissen wollen.[2] Der Krisenmechanismus der EU in Form des »Preparedness and Crisis Blueprint Network«, des Vorsorge- und Krisennetzwerks für Migration, soll zwar der »Antizipation von Migrationslagen« dienen und »Frühwarnungen/Prognosen«[3] abgeben, griff aber erst *nach* Beginn des Krieges.

Der Mangel an Voraussicht und Vorsorge ist ein bekanntes Muster, das sich im Sommer und Herbst 2022 wiederholte, als die Mitgliedstaaten der EU nach dem Ende der pandemiebedingten Reisebeschränkungen von der wieder zunehmenden Fluchtmigration aus Syrien, Afghanistan, dem Irak und anderen Staaten sowie der Sekundärmigration aus Griechenland und den Balkanstaaten überrascht wurden. Vergessen werden sollte auch nicht, dass die mangelnde Vorbereitung auf den bevorstehenden Sieg der Taliban in Afghanistan 2021 in eine dramatische Evakuierungsoperation mündete.

2021/22 hätte für die EU durchaus die Möglichkeit bestanden, in Reaktion auf die Spannungen zwischen Russland und der Ukraine Szenarien der weiteren Entwicklung zu erarbeiten. Anhand dessen wäre es für die EU und die Mitgliedstaaten möglich gewesen, sich auf den Ernstfall eines Krieges und auf umfangreiche Fluchtbewegungen vorzubereiten. Konkret hätten 2022 beispielsweise die Grenzschutzorgane in Polen, der Slowakei, Ungarn und Rumänien auf die große Fluchtbewegung vorbereitet werden können, um mit mehr Personal eine schnellere Einreise der Schutzsuchenden zu ermöglichen. Es wäre zudem möglich gewesen, grenznahe Aufnahmestrukturen zu schaffen und eine erste Versorgung bereitzustellen. Auch

2 Hierzu siehe auch das Interview mit Britta Behrendt in diesem Buch.

3 Empfehlung (EU) 2020/1366 der Kommission, 23.9.2020.

hätte der schnelle Weitertransport von der Grenze insbesondere in Polen vorausschauend organisiert werden können, um zum einen Nadelöhre wie Warschau und Berlin zu entlasten und zum anderen eine flächendeckende Verteilung der Geflüchteten zu fördern. Beispielsweise hätten Busse und Bahnen angeboten werden können, die viele verschiedene Städte hätten anfahren können.

Insgesamt bedarf es also einer besseren Beobachtung von Flucht und Migration, vor allem aber eines effektiveren Berichtsmechanismus, um zu gewährleisten, dass relevante Informationen und Analysen dort, wo politische Entscheidungen getroffen werden, auch ankommen und zur Kenntnis genommen werden, also zum Beispiel im bundesdeutschen Kanzleramt.

2) Informationsaustausch zwischen Bund, Ländern und Kommunen verbessern und letztere verlässlich mit Ressourcen ausstatten

Der Bund erwartet von den Kommunen, dass diese die ihnen gemäß der Verfassung zugedachten Aufgaben bewältigen. Im Prinzip haben sie dazu die nötigen Kompetenzen, zumal sie 2015/16 viel dazugelernt haben. Allerdings waren sie nicht vor der massenhaften Flucht gewarnt worden und konnten sich dementsprechend nicht vorbereiten. Es wäre zu viel verlangt, dass die Kommunen das globale Krisen- und Fluchtgeschehen analysieren und daraus Schlussfolgerungen ziehen. Vielmehr ist es Aufgabe des Bundes, der zuständigen Fachministerien und von deren nachgeordneten Behörden, den Ländern und Kommunen (aber auch den Wohlfahrtsverbänden) solche Informationen zeitnah und transparent zur Verfügung zu stellen, so dass sie Vorsorgemaßnahmen ergreifen können.

Konkret wäre den Kommunen damit gedient, vom Bund Anhaltspunkte im Hinblick auf die Fluchtentwicklung zu erhalten, so dass sie für das jeweils kommende Jahr planen und Ressourcen vorhalten können. Im Fall der Ukraine hätte es insbesondere auf kommunaler Ebene Notfallpläne bedurft – auch unter Berücksichtigung der Umschichtung von Personal in die Ausländer- und Sozialbehörden sowie der Wiederinbetriebnahme oder des Wiederaufbaus der vielen nach 2016/17 wieder geschlossenen oder abgebauten Aufnahmeeinrichtungen.

Städte und Gemeinden stehen mit ihren teils klammen Kassen, ihrer oft dünnen Personaldecke und einer weit verbreiteten Knappheit an qualifizierten Arbeitskräften vor einer mitunter schier unlösbaren Mammutaufgabe der Registrierung, Unterbringung und Integration. Ein Grundproblem besteht in den häufig fehlenden Infrastrukturen, mit denen die wichtige Integrationsarbeit vor Ort langfristig und zuverlässig bewältigt werden kann. Denn viele Integrationsaufgaben sind bisher vor allem freiwillige Aufgaben, weshalb die jeweils Verantwortlichen vor schwierigen Entscheidungen stehen: Können Kosten für viele Integrationsleistungen (psychosoziale Betreuung, Vielfaltszentren – wie etwa in Hessen –, Integrationslots:innen, Laiendolmetscher:innen, Sprachförderprogramme und Ähnliches) oder für Personal zur Koordination der Teilhabe an Bildung und Arbeit gerechtfertigt werden? Wie viel ist das Zusammenleben in Vielfalt vor dem Hintergrund multipler Krisen wie der Corona-Pandemie oder der steigenden Energiekosten wert?

Vor diesem Hintergrund sollten Vertreter:innen der Kommunen zu den Ministerpräsident:innenkonferenzen hinzugezogen werden, bei denen über die Aufnahme von Flüchtlingen beraten wird. Auch sollte eine dauerhafte und verlässliche Unterstützung der Kommunen durch Bund und Länder geprüft werden – finanziell und informationell. Denn lokale Integrationsarbeit schafft gesellschaftlichen Zusammenhalt und hilft dabei, die vielfältige Bevölkerung krisenresistent zu machen.

3) Die Beiträge der Zivilgesellschaft anerkennen und stärken

Insbesondere in den ersten Monaten waren es die Zivilgesellschaft, Verbände, Initiativen und einzelne Bürger:innen – und hier ist auch die ukrainische und teils russischsprachige Diaspora zu nennen –, die die Geflüchteten bei der Ankunft, Erstversorgung, Suche nach einer Unterkunft und bei Behördengängen unterstützten. Ohne das ehrenamtliche Engagement wären die Kommunen wohl vielfach überfordert gewesen. Diese brauchten oft Monate, um die notwendigen Aufenthaltsbescheinigungen auszustellen oder die ersten Sozialhilfeleistungen und das Wohngeld auszuzahlen. Die Zivilgesellschaft war nicht nur schneller als die Bürokratien, sie war auch effektiver, insbesondere auf der Mikroebene alltäglicher Integrationshilfe. Dem Historiker Jan Plamper zufolge handelte es sich um »das größte zivilgesellschaftliche Engagement der Nachkriegsgeschichte«. Bis zu 16 Millionen Bürger:innen seien aktiv geworden. »[E]s ist diese soziale Bewegung, deren Beiträge in den Vordergrund der Erzählung über 2022 gehören!«[4] Staaten hingegen seien als »sekundäre Akteure« zu verstehen, so der Migrationsforscher Dietrich Thränhardt. Statt eines staatlichen sei ein »kooperatives Aufnahmeregime« entstanden, das es nun zu konsolidieren, zu finanzieren und zu koordinieren gelte.[5] Allerdings gibt es große Unterschiede zwischen den verschiedenen Bundesländern sowie zwischen Stadt und Land hinsichtlich der Dichte und der Ressourcen der Zivilgesellschaft. Dort, wo sie schwächer ist, erweist sich der Druck auf die Kommunen dementsprechend als höher.

Anders als 2015/16 hat die Integration der Geflüchteten aus der Ukraine in die bestehenden Sozialversicherungssysteme die Bedingungen für eine private Unterbringung erheblich erleichtert. Damals stand die private Aufnahme syrischer Geflüchteter vor großen Hürden: So wurden Erklärungen zur Übernahme sämtlicher Kosten von den Unterstützenden verlangt, was vielfach zu finanziellen Schwierigkeiten führte und eine eher abschreckende Wirkung hatte. Soziale Netzwerke, insbesondere transnationale Verknüpfungen über die Familie, bieten heute entscheidende Unterstützung. Deshalb müssen sie dringend in die Praxis der Flüchtlingsarbeit mit eingebunden werden. Auf kommunaler Ebene haben sich die vielerorts und zum Teil bereits seit langem bestehenden Runden Tische zur Integration

---

4 Jan Plamper, Wir sollten uns 2015 zum Vorbild nehmen, Deutschlandradio Kultur, 2.11.2022, https://www.deutschlandfunkkultur.de/migrationspolitik-2015-vorbild-100.html

5 Thränhardt, Vom restriktiven Asyl- zum kooperativen Aufnahmesystem?

von Schutzsuchenden als besonders gut geeignet erwiesen, zwischen (ukrainischen) Geflüchteten und Behörden zu vermitteln.

Für Akteure, die ehrenamtliche Arbeit zur Unterstützung von Schutzsuchenden leisten, sollten die Möglichkeiten einer finanziellen Förderung aus Bundesmitteln verstärkt werden. Dies geschieht zwar in Ansätzen durch das Bundesfamilienministerium über die Deutsche Stiftung für Engagement und Ehrenamt, allerdings stellen die dortigen kurzen Antragsfristen und Projektlaufzeiten sowie die Gewährleistung von Eigenanteilen hohe bürokratische Hürden dar. Informationen über die Modalitäten der Antragstellung sollten leichter zugänglich sein und besser verbreitet werden.

4) Wissen über Flucht und Migration in den Staaten östlich der EU vertiefen

Der Krieg in der Ukraine und die Flucht aus der Ukraine haben gezeigt, wie lückenhaft insgesamt das Wissen über Migrations- und Fluchtverhältnisse im »Globalen Osten«, also den Staaten östlich der EU, ist: Nur 0,5 Prozent aller Beiträge in den vier international führenden Fluchtforschungszeitschriften bezogen sich in den vergangenen zehn Jahren darauf. Unter anderem wurden die Lehren aus früheren russischen Interventionen, etwa in Moldau, Georgien oder im Donbass, wo die russische Herrschaft zu massiver Flucht und damit zu einer teilweisen Entvölkerung führten, kaum zur Kenntnis genommen. In Zukunft sollten die langfristigen Auswirkungen des Ukrainekrieges auf die politische, wirtschaftliche und soziale Stabilität der Region und auf das Flucht- und Migrationsgeschehen genau beobachtet werden. Zu diesem Zweck gälte es, zum einen die Forschung zu stärken, etwa durch gezielte Förderung seitens des Bundes und von Stiftungen. Zum anderen muss das bestehende Wissen effektiver kommuniziert werden.

5) Mobilität zulassen, selbstbestimmte Niederlassung unterstützen und Transnationalität akzeptieren

Bisher gilt innerhalb der EU das Prinzip, wonach Schutzsuchende ihren Asylantrag in dem EU-Staat stellen müssen, in den sie als Erstes eingereist sind.[6] Wer dennoch in ein anderes EU-Land weiterreist, soll, so sieht es die Dublin-Konvention vor, in den für das Asylverfahren zuständigen Mitgliedstaat zurückgeführt werden. Letzteres ist in den meisten Fällen aber seit langem de facto nicht umsetzbar.

In vielen EU-Mitglied- sowie assoziierten Staaten gelten Regelungen zur Residenzpflicht für Asylsuchende, neben Frankreich, den Niederlanden, Österreich, Dänemark, Schweden, Irland, Griechenland, der Schweiz und der Türkei auch in Deutschland. Diese Beschränkung der Mobilität soll unter anderem gewährleisten, dass Geflüchtete im Antragsverfahren erreichbar sind und für die Kommunen eine kalkulierbare Bevölkerungsgruppe darstellen. Werden Geflüchtete in strukturschwache Regionen geschickt, kann die Residenzpflicht deren Zukunftschancen untergraben. Geht sie mit einer Unterbringung in Sammellagern einher, hat sie sogar die bewusste Ausgrenzung Geflüchteter zur Folge. Für die meisten anderen Kategorien von Migrant:innen gelten solche Einschränkungen von Grundrechten nicht. Vielmehr hat sich dort das Prinzip der Freizügigkeit bewährt.

Anders als im Asylrecht regelt die EU-Richtlinie zum vorübergehenden Schutz für die Geflüchteten aus der Ukraine, dass sie sowohl den Zielstaat als auch ihren Wohnort frei wählen können. Das hat sowohl Vor- als auch Nachteile. Einerseits zieht es die Geflüchteten dorthin, wo Verwandte und Bekannte leben, die ihnen häufig Unterkunft und andere Unterstützung gewähren. Sowohl die selbstbestimmte Ortswahl als auch die private Unterstützung können die Kommunen in gewissem Maße entlasten. Andererseits erfolgt damit die Verteilung nicht gleichmäßig, so dass einzelne Staaten, Bundesländer, Städte und Gemeinden überdurchschnittlich stark belastet werden, etwa

6 Siehe hierzu auch den Beitrag von Petra Bendel in diesem Buch.

bei der Beschulung von Kindern. Weder die staatlich gelenkte Verteilung (wie im Fall von Asylsuchenden) noch die ungelenkte Ankunft (wie im Fall von Ukrainer:innen) ist ohne Probleme. Deshalb wäre zu überlegen, die Interessen und Bedarfe der Geflüchteten mit denen der Kommunen in Einklang zu bringen, also die individuellen Voraussetzungen der Geflüchteten und die Bedingungen in den aufnehmenden Kommunen gleichermaßen zu berücksichtigen. Dies würde auch die Startchancen Geflüchteter verbessern.

Eine weitere Besonderheit im Migrationsverhalten ukrainischer Geflüchteter ist die weit verbreitete kurzzeitige, probeweise, zum Teil aber auch längerfristige Rückreise. Oft ist das Motiv, die zwangsweise zurückgebliebenen (Ehe-)Männer und andere Familienangehörige zu besuchen. Vor allem die regelmäßige befristete Rückkehr zeigt, dass es Geflüchteten wichtig ist, ihre Bezüge zur Ukraine aufrechtzuerhalten, obgleich sie in Deutschland zumindest vorübergehend ihren neuen Lebensmittelpunkt unterhalten. Diese Mobilität lässt die EU-Richtlinie zum vorübergehenden Schutz zu. Eine solcherart flexible Schutzgewährung erlaubt, dass der Kontakt ins Herkunftsland nicht abreißt. Sie begünstigt sogar die dauerhafte Rückkehr zu einem späteren Zeitpunkt. Deshalb sollten derartige transnationale Praktiken auch weiterhin zugelassen und sogar unterstützt werden. In diesem Zusammenhang ist allerdings zu fragen, ob die Rechtslage im Hinblick auf die vorübergehende Abwesenheit unmissverständlich genug ist, etwa im Hinblick auf die Meldebestimmungen und den daran geknüpften Sozialleistungsbezug, und ob die zuständigen Behörden auf dieses Phänomen der Pendelbewegungen vorbereitet sind. Ohne Zweifel bedarf es für vorübergehend *und* mobile Geflüchtete, wie Ukrainer:innen, flexiblerer Modelle, als sie bislang in der Flüchtlingspolitik diskutiert werden.

Ein Beispiel ist die Schulbildung. Hier stellt sich die Frage, ob und in welcher Form es sinnvoll ist, Ukrainer:innen, solange sie für sich eine zeitnahe realistische Rückkehrperspektive sehen, die Fortführung der ukrainischen Schulbildung und damit die Erlangung ukrainischer Abschlüsse zu ermöglichen. Dafür wäre die Beschäftigung von geflüchtetem Lehrpersonal zu erleichtern. Auch steht der Vorschlag eines sogenannten Drehtürmodells im Raum, wonach ukrainische Schüler:innen den Regelunterricht phasenweise verlassen, um am ukrainischen Online-Unterricht teilzunehmen.

6) Wiederaufbau im Kontext sehen

Der Ukraine droht aufgrund der massenhaften Flucht mittel- und langfristig der Verlust von Kenntnissen und Kompetenzen, die für den Wiederaufbau des zerstörten Landes, seiner Schulen, Kindergärten und Krankenhäuser, Wohnhäuser, Industrieanlagen und Landwirtschaft sowie seiner Energieversorgung und Verkehrswege dringend benötigt werden. Auf die ukrainische Regierung wird daher im Zuge des Nachkriegswiederaufbaus die wichtige Aufgabe zukommen, die Geflüchteten, die jünger und besser ausgebildet sind als der Durchschnitt der ukrainischen Bevölkerung, so in den Wiederaufbauprozess einzubinden, dass sie für sich eine attraktive Rolle darin finden können.

Wenn Deutschland und Europa die Ukraine dabei unterstützen wollen, nach dem Ende des Krieges rasch eine neue Zukunft aufzubauen, ist ein umsichtiger Umgang mit der Situation der Geflüchteten unabdingbar. Zu bedenken ist dabei, dass sich – anders als in vielen anderen Fluchtkontexten weltweit – die Geflüchteten aus der Ukraine in aller Regel von der Regierung ihres Herkunftslandes repräsentiert sehen. Sie sind vor einem externen Aggressor geflohen, nicht vor ihrem eigenen Staat oder vor massiver innenpolitischer Gewalt. Alle grundlegenden Entscheidungen von europäischer Seite zum Status der ukrainischen Flüchtlinge sollten daher eng mit der Regierung der Ukraine abgestimmt werden.[7] Die große Zahl ukrainischer Geflüchteter und die neu entstehende Diaspora in Europa muss für die Ukraine nicht allein als ein Verlust an Expertise und Arbeitskraft verstanden werden (»Brain Drain«), sondern kann auch eine neue Quelle wirtschaftlicher Kooperation mit dem Westen und möglicher Investitionen in die ukrainische Wirtschaft bilden oder zur Milderung der Armut beitragen. Dabei

7 Siehe hierzu auch das Interview mit Britta Behrendt in diesem Buch.

werden Überweisungen oder Spenden der in der EU arbeitenden Ukrainer:innen an Angehörige oder zivilgesellschaftliche Akteure in der Ukraine eine bedeutende Rolle spielen.

Soweit Geflüchtete in ihre Herkunftsorte zurückkehren wollen und können, werden ukrainische Städte und Gemeinden sowie zivilgesellschaftliche Organisationen Unterstützung benötigen, um Zurückkehrenden wie Zurückgebliebenen bei der Bewältigung ihrer psychischen und sozioökonomischen Ausnahmesituationen zu helfen und sie in den Wiederaufbauprozess einzubinden. Zugleich wird es wichtig sein, Spannungen zwischen Geflüchteten und Zurückgebliebenen entgegenzuwirken.

7) Überlegungen im Hinblick auf die europäische Asylpolitik

Die Entlastung der Asylsysteme durch die Anwendung der Richtlinie über den vorübergehenden Schutz für Geflüchtete aus der Ukraine hat sehr gut funktioniert. Kritische Stimmen aus der Zivilgesellschaft haben allerdings mitunter beklagt, dass die sogenannte »Massenzustrom-Richtlinie« auf weitere Gruppen von Schutzsuchenden keine Anwendung findet. Damit würde das individuelle Asylrecht mit seiner auf Dauer angelegten Bleibeperspektive aber de facto eingeschränkt werden, was nicht im Sinne jener Geflüchteten sein kann, die langfristig Schutz benötigen. Weil die EU-Richtlinie ein nur kurzzeitig wirksames Instrument ist, sollte bereits jetzt darüber nachgedacht werden, wie der Schutzstatus für ukrainische Geflüchtete gestaltet werden kann, falls der Krieg sich über viele Jahre hinziehen sollte.

Angesichts des Fachkräftemangels in Europa sollte die Flucht vieler gut ausgebildeter Ukrainer:innen ein Anlass sein, darüber nachzudenken, wie das Zusammenwirken von Asyl-, Schutz- und (Arbeits-)Migrationspolitik systematischer gestaltet werden könnte. Ganz neu ist die Idee, die Potenziale von Geflüchteten im Kontext des Arbeitsmarkts stärker in den Blick zu nehmen, nicht: Bereits 2015 wurde diskutiert, ob Asylsuchende aus dem Antragsverfahren heraustreten und als (Fach-)Arbeitskräfte eine Aufenthaltsgenehmigung erhalten können sollten. In dieser Hinsicht galt Schweden damals als Vorbild. In Deutschland ist ein solcher »Spurwechsel« auch heute schon in vielen rechtlichen Konstellationen möglich, wie eine Studie des Europäischen Migrationsnetzwerkes deutlich macht.[8] Auch das neue bundesdeutsche Chancenaufenthaltsrecht, das zum 1. Januar 2023 in Kraft getreten ist, verfolgt einen solchen Grundgedanken.

Schluss

Alles in allem lässt sich festhalten, dass die Aufnahme einer großen Zahl von Geflüchteten aus der Ukraine ausgesprochen gut funktioniert hat. Die Einigkeit der Mitgliedstaaten der EU sowie der verschiedenen Akteure innerhalb der Staaten und das Engagement der Zivilgesellschaft waren und sind bemerkenswert. Sollte Russland darauf spekuliert haben, die EU mit der Vertreibung von Millionen von Menschen aus der Ukraine zu spalten und zu schwächen, ist dieses Vorhaben zumindest bis Anfang 2023 nicht geglückt. Gleichwohl besteht sowohl hinsichtlich der teils starren Schutzregelungen in Deutschland als auch der wenig entwickelten Schutzregime in Osteuropa sowie der Flüchtlingspolitik der EU insgesamt weiterhin erhebliches Verbesserungspotenzial.

Literatur

Angenendt, Steffen/Kipp, David/Koch, Anne: Zeitenwende in der Asyl- und Migrationspolitik?, in: Internationale Politik, 27. 2022, H. 4, S. 37–41.

Bendel, Petra: Willkommenskultur 2.0, in: Thomas Mirow (Hg.), Wende in Europa. Ausblick auf eine neue Zeit. Berichte zur Lage der Nation, Hamburg 2022, S. 217–240.

Grävingholt, Jörn u. a.: Wiederaufbau in der Ukraine. Was die internationale Gemeinschaft jetzt beachten muss, Bonn 2023.

Grote, Janne/Vollmer, Michael: Wechsel zwischen Aufenthaltstiteln und Aufenthaltszwecken in Deutschland, Nürnberg 2016.

---

8 Grote/Vollmer, Wechsel zwischen Aufenthaltstiteln und Aufenthaltszwecken.

Katsiaficas, Caitlin/Fogli, Camilla/Wagner, Martin/Etzold, Benjamin: Creating a Way Out of the Maze – Supporting Sustainable Futures for Displaced Persons, Bonn 2022.
Parusel, Bernd/Varfolomieieva, Valeriia: The Ukrainian Refugee Situation Lessons for EU Asylum Policy, Stockholm 2022.
Schieffelers, Abriel: Reception and Integration of Refugees from Ukraine. The Voice of Social Service Providers, Brüssel 2022.
Thränhardt, Dietrich: Vom restriktiven Asyl- zum kooperativen Aufnahmesystem?, in: Aus Politik und Zeitgeschichte, 2022, H. 42, S. 18–25.
Vorländer, Hans (Hg.): Europa und die Fluchtmigration aus der Ukraine, Dresden 2022.

Berichte von der Grenze

Maurice Stierl

Europas nasse Grenzen

Die Arabischen Revolutionen, die 2011 begannen, entfachten eine neue Migrationsdynamik und führten zu einer Zäsur in der Konsolidierung des nordafrikanisch-europäischen Grenzregimes. Auch heute noch sind Europas »nasse« Außengrenzen fragil, politisch umkämpft und tödlich. Laut dem Flüchtlingshochkommissariat der Vereinten Nationen (UNHCR) verstarben oder verschwanden im Jahr 2021 etwa 3200 Menschen, die über die Seegrenzen nach Europa zu kommen versuchten.[1] Nach Angaben von Nichtregierungsorganisationen (NGOs) dürfte die tatsächliche Zahl der Verstorbenen und Vermissten beträchtlich höher liegen. Die NGO Caminando Fronteras beziffert sie allein für die Seewege nach Spanien im Jahr 2021 auf 4404 Menschen,[2] also weit höher als die Internationale Organisation für Migration (IOM), die 324 Menschen im westlichen Mittelmeer und 955 Menschen auf der Atlantikroute als verstorben oder verschwunden vermutet.[3]

Das Phänomen der unautorisierten maritimen Migration nach Europa ist nicht neu. In der Folge der Ölpreiskrise von 1973 und steigender Erwerbslosigkeit in Westeuropa, die zu stärkeren Restriktionen der Arbeitsmigration aus Nordafrika führten, landeten die ersten kleinen Boote an den südlichen Küsten Europas. Das Schengener Abkommen von 1985 und die zunehmende Konsolidierung der (Arbeitnehmer:innen-) Freizügigkeit und Mobilität innerhalb der Europäischen Union (EU) in den 1990er Jahren führten zu einer Verschärfung der Grenzkontrollen und Visabestimmungen für die Einreise in die Staatengemeinschaft und beschränkten legale Reisemöglichkeiten. In der Folge nahm die unautorisierte Migration über

1 UNHCR, Mediterranean Situation.

2 Caminando Fronteras, El peor año en las fronteras.

3 IOM, Missing Migrants.

die Meeresgrenzen zu. Sie entwickelte sich zu einer politischen Herausforderung, insbesondere für die mediterranen EU-Mitgliedstaaten, aber auch für die EU insgesamt.

In den 2000er Jahren wurde die maritime Migration aus dem westlichen und nördlichen Afrika zunehmend alltäglicher. Zehntausende Menschen landeten Jahr um Jahr in Spanien oder Italien an. Die verstärkte Überwachung der Seewege sowie die zunehmende Kollaboration mit Drittstaaten, die in Ländern wie Libyen, Tunesien oder Marokko zu einer Kriminalisierung der ungenehmigten Ausreise führte und europäische Grenzkontrollen stärker auslagerte, schafften es immer wieder, Bootsüberfahrten auf bestimmten Routen temporär einzudämmen, aber nie gänzlich zu unterbinden.

Die Arabischen Revolutionen ab 2011 sowie die sich anschließenden Unruhen und Instabilitäten in vielen Regionen Nordafrikas und des Mittleren Ostens leiteten den Beginn einer neuen Epoche der maritimen Migration nach Europa ein. Zwischen 2011 und 2021 erreichten mehr als 2,3 Millionen Menschen die EU über Seewege. Diese neue und beispiellose Konjunktur der maritimen Migration hat Europas nasse Grenzen zu einem zentralen Ort der konfliktiven europäischen Asyl- und Migrationspolitik gemacht. Krisennarrative und Sicherheitsfragen bestimmen öffentliche wie politische Diskurse. Die europäische Staatengemeinschaft scheitert wiederholt daran, sich auf einheitliche Ansätze und eindeutige Verantwortlichkeiten in Fragen der Seenotrettung, des Flüchtlingsschutzes, der Grenzüberwachung oder der Umverteilung von ankommenden Asylsuchenden zu einigen.

Die 2010er Jahre haben gezeigt, dass weder die hohe Sterberate, die Militarisierung der Seegrenzen und die Zurückschiebungen von Booten noch die intensivierte Kooperation mit Drittstaaten es vermögen, die maritime Migration nach Europa entscheidend zu regulieren und längerfristig zu unterbinden. Neue Migrationsrouten, die häufig länger, kostspieliger und gefährlicher sind als die vorherigen, entstehen im Wechselspiel mit verstärkter Grenzüberwachung. Dieses Wechselspiel von Migrationsbewegungen und Kontrollversuchen soll im Folgenden genauer in den Blick genommen werden. Die in diesem Beitrag genannten Zahlen und Statistiken über Migrationsbewegungen stammen vornehmlich vom UNHCR und von der IOM. Es gilt jedoch stets zu bedenken, dass migrantische Gruppen regelmäßig an europäischen Küsten anlanden, ohne registriert und offiziell erfasst zu werden.

Wo liegen Europas nasse Grenzen?

In der öffentlichen Wahrnehmung wird oft das Mittelmeer als die nasse Grenze Europas verstanden. Gleichwohl sind sie auch anderweitig zu verorten. Sie umfassen Teile des Atlantiks, die Boote zu durchqueren versuchen, welche nicht nur aus Marokko oder Mauretanien ablegen, sondern auch aus dem entfernteren Senegal oder selbst aus Guinea, etwa 2400 Kilometer von ihrem Ziel, den Kanarischen Inseln als Teil Spaniens, entfernt.

Europas nasse Grenzen finden sich auch an den nordwestlichen Küsten Frankreichs, von wo aus Boote den Ärmelkanal überqueren. Auf diese Weise sind im Jahr 2021 etwa 28 500 Menschen nach Großbritannien gelangt – ein rasanter Anstieg im Vergleich zu den 8404 Menschen im Vorjahr und den etwa 1800 im Jahr 2019. Im Jahr 2022 erreichte eine Rekordzahl an Menschen, über 45 000, Großbritannien über den Ärmelkanal.

Das Schwarze Meer ist ebenfalls eine nasse Außengrenze Europas. Etwa 500 Menschen überquerten es im Sommer 2017, um von der Türkei aus nach Rumänien zu gelangen. Die Küstengegenden der nordafrikanischen spanischen Exklaven Ceuta und Melilla, deren ins Meer ragende Grenzzäune regelmäßig umschwommen werden, können ebenfalls zu Europas nassen Grenzen gerechnet werden. Das gilt außerdem für den Fluss Evros, der weite Teile der nördlichen Grenze Griechenlands zur Türkei markiert, bei Starkregen anschwillt und dann zu einem besonders gefährlichen Hindernis wird.

Selbst für den Mittelmeerraum ist es nicht einfach, von eindeutig unterscheidbaren Migrationsrouten zu sprechen. Boote, die beispielsweise aus der Türkei, aber auch aus dem Libanon abfahren, um schließlich in Italien anzulanden, durchqueren mitunter nicht nur das östliche Mittelmeer und die Ägäis, sondern auch Teile des Ionischen Meeres oder des zentralen Mittelmeers und damit auch die Such- und Rettungszonen im Verantwortungsbereich verschiedener Staaten.

Die Pluralität der Migrationsdynamiken hinsichtlich verschiedener geographischer und politischer Gegebenheiten, der Zusammensetzung und der materiellen Möglichkeiten migrierender Gruppen sowie der Formen der Grenzkontrolle erschwert es, allgemeingültige Rückschlüsse über die nassen Grenzen Europas zu ziehen. Trotz der Schwierigkeit, Europas nasse Grenzen sowie Migrations- und Fluchtrouten eindeutig zu bestimmen, werden im Folgenden Entwicklungen auf drei Routen skizziert, die oft als die wichtigsten maritimen Wege in die EU verstanden werden: die Routen durch das westliche Mittelmeer und über den Atlantik nach Spanien, die zentrale Mittelmeerroute nach Italien oder Malta und die östliche Route durch die Ägäis nach Griechenland.

Das westliche Mittelmeer und die Atlantikroute

Die Migrationsrouten durch das westliche Mittelmeer führen von Marokko und zum Teil auch von Algerien aus zur Südküste Spaniens. Die Route durch die Straße von Gibraltar, welche das Mittelmeer mit dem Atlantik verbindet, ist relativ kurz. Demgegenüber fallen die Distanzen über das Alborán-Meer zum spanischen Festland oder die Balearen beträchtlich länger aus. Die längste und gefährlichste Meeresroute ist jedoch die atlantische. Hier versuchen Menschen in überfüllten Holzbooten, den sogenannten »Cayucos«, zu den Kanarischen Inseln zu gelangen. Die Zusammensetzung der migrantischen Gruppen ist mit Blick auf Herkunftsländer und Nationalitäten divers. Viele der prekär Reisenden kommen aus verschiedenen west-, nord- und zum Teil zentralafrikanischen Ländern. Dabei ist jedoch zu beobachten, dass die sogenannten »Harraga«-Bewegungen, also Migrant:innen aus dem nordafrikanischen Raum (insbesondere aus Marokko, Algerien oder Tunesien), oft getrennt von anderen Gruppen über die Meeresgrenzen migrieren.

Seit den 1990er Jahren, im Zuge verstärkter spanisch-marokkanischer Zusammenarbeit in der Grenzüberwachung und

-kontrolle, ist eine Wechselwirkung zwischen den verschiedenen Routen nach Spanien zu erkennen. Werden Bewegungen durch die Straße von Gibraltar oder über die Grenzzäune von Ceuta und Melilla verstärkt unterbunden, intensivieren sich Migrationen über andere Routen. Von Marokko, der Westsahara, Mauretanien, Senegal oder Gambia aus erreichten 2001–2005 durchschnittlich 7300 Migranten pro Jahr die Kanarischen Inseln. Im Jahr 2006 waren es über 30 000. Daraufhin begann die neugegründete EU-Grenzschutzagentur Frontex gemeinsam mit spanischen Einheiten, die westafrikanische Küste zu Luft und Wasser zu kontrollieren. Laut Frontex hielt die Operation Hera I mehr als 3500 Menschen davon ab, auf spanisches Gebiet zu gelangen.[4] Wenngleich diese Operation oft als »Erfolgsgeschichte der Migrationskontrolle« bezeichnet wird, basiert der vermeintliche Erfolg laut Frenzen auf einer »Verletzung der Rechte von Migranten, einschließlich der Verletzung der Verpflichtung zur Nichtzurückweisung und des Rechts, ein Land verlassen zu dürfen«.[5]

Der Rückgang der Zahl maritimer Überfahrten nach Spanien war erneut nicht von Dauer. Zehn Jahre später, im Jahr 2016, übertraf der Umfang maritimer Überfahrten jenen der Ankünfte über die Landwege zu den Exklaven Ceuta und Melilla. Das bedeutete eine Trendumkehr. Denn während die Zahl der Ankommenden über die Meeresrouten zwischen 2010 und 2015 selten auf über 5000 Menschen pro Jahr anstieg, wurden diese in der zweiten Hälfte der 2010er Jahre immer häufiger frequentiert: 2016 kamen etwa 8100 Menschen in Spanien über See an, 2018 dann rund 58 500, wobei die meisten die westliche Mittelmeerroute nutzten. Seither hat sich einmal mehr die Wechselwirkung zwischen den Migrationsbewegungen und ihrer Kontrolle gezeigt: Der rückläufigen Bewegung über die Straße von Gibraltar steht ein dramatischer Anstieg der Ankünfte auf den Kanarischen Inseln gegenüber. Waren es 2017 noch etwa 400 Menschen, die die spanischen Inseln vor der westafrikanischen Küste erreichten, lag ihre Zahl 2020 schon bei etwa

4 Frontex, Longest FRONTEX coordinated operation – HERA.

5 Frenzen, The Legality of Frontex Operation Hera-type, S. 294.

23 000. Zudem legten immer mehr Boote in Algerien ab: 2020 bildeten algerische Staatsangehörige die größte Gruppe, die Spanien erreichte, gleich nach Menschen marokkanischer Nationalität.

Die Gesamtzahl der Todesopfer auf den Migrationsrouten nach Spanien ist unklar. Schätzungen gehen für das Jahr 2006 davon aus, dass jedes dritte Boot, das die westafrikanische Küste verließ, kenterte oder verschwand.[6] Die Dunkelziffern gelten weiterhin als sehr hoch. Die NGO Caminando Fronteras spricht von 4404 Opfern für das Jahr 2021 und geht von etwa 1000 Toten oder Verschwundenen in der ersten Jahreshälfte 2022 aus.[7]

Die zentrale Mittelmeerroute

Die Migrationsrouten durch das zentrale Mittelmeer führen hauptsächlich von Libyen und Tunesien aus nach Europa, auch wenn Abfahrten aus Ägypten gerade in den 2010er Jahren ebenfalls nicht selten waren. Zwischen 1997 und 2010 überquerten durchschnittlich 23 000 Personen pro Jahr das zentrale Mittelmeer. 2011 stieg die Zahl auf 64 000 an. Die Arabischen Revolutionen und ihre Folgen produzierten nicht nur Flucht- und Migrationsgründe, sie schufen auch neue Möglichkeiten. 2011 führte der Sturz der Staatschefs Ben Ali in Tunesien und Gaddafi in Libyen sowie der sich daraus ergebende Zusammenbruch der Sicherheitsbehörden zu einer zeitweiligen Unterbrechung der gerade in den 2000er Jahren ausgebauten bilateralen Zusammenarbeit zwischen Europa und Staaten Nordafrikas in der Migrationskontrolle. Viele junge Menschen aus Tunesien und Libyen, aber auch aus Subsahara-Afrika, die zum Teil viele Jahre als Arbeitsmigrant:innen in Libyen verbracht hatten, begannen vermehrt über die Seewege nach Norden zu migrieren. Sie läuteten eine neue Phase der Migration über das zentrale Mittelmeer ein. Diese erreichte ihren Höhepunkt in den vier

6 Asociación Pro Derechos Humanos de Andalucía, Derechos Humanos En La Frontera Sur.

7 Caminando Fronteras, El peor año en las fronteras.

Jahren zwischen 2014 und 2017, als etwa 625 000 Menschen die EU erreichten.

Die zentrale Mittelmeerroute wird häufig als die tödlichste Migrationsroute der Welt beschrieben,[8] wenngleich damit die womöglich höheren Todes- und Vermisstenzahlen entlang der Atlantikroute außer Acht gelassen werden. Schätzungen gehen von mehr als 22 000 Todesfällen und verschwundenen Personen seit 2011 aus, wobei auch für diese Region die tatsächliche Zahl beträchtlich höher liegen dürfte. 2011, das mit etwa 1500 Toten und Verschwundenen bis dato tödlichste Jahr in dieser Region, und insbesondere das Unglück vom 3. Oktober 2013, bei dem mehr als 360 Menschen vor der Küste Lampedusas ertranken, lösten eine Reihe staatlicher, EU-europäischer sowie nicht-staatlicher Interventionen aus. Die Frontex-Operation »Hermes«, die auf Gesuch Italiens 2011 begann, hatte noch ausschließlich die Verhinderung unautorisierter Grenzübertritte zum Ziel. Mit der italienischen Operation »Mare Nostrum« rückten ab Herbst 2013 humanitäre Such- und Rettungsmaßnahmen in den Fokus. Sie führten zur Rettung von 150 000 Menschen, jedoch auch zu vermehrtem Widerstand, etwa seitens Frontex sowie rechtsgerichteter Parteien in Italien und der EU, die die Operation als vermeintlichen »Pull-Faktor« kritisierten und damit maßgeblich zu ihrer Beendigung beitrugen.

Das Ende von »Mare Nostrum« und der Beginn der Frontex-Operation »Triton« im November 2014 richteten das Hauptaugenmerk wieder auf die Grenzkontrolle und die Bekämpfung von Menschenschmuggel – mit schwerwiegenden Folgen: Durch das kleinere Einsatzgebiet der Operation und das dadurch produzierte Rettungsvakuum vor der Küste Libyens kam es nach Angaben der IOM zu einer Verneunfachung der Todesfälle seit dem Ende von »Mare Nostrum«.[9] Allein im April 2015 ertranken mehr als 1400 Menschen. Auch wenn die EU-Marineoperation EUNAVFOR MED »Sophia«, die im Mai 2015 begann, von der EU als Antwort auf das Massensterben charakterisiert wurde, war auch sie darauf fokussiert, das »Ge-

8 IOM, Missing Migrants.

9 IOM, Migration Trends Across the Mediterranean, S. 113.

schäftsmodell der Menschenschmuggel- und Menschenhandelsnetze im Mittelmeer« zu unterbinden und dadurch Überfahrten zu verhindern.[10] Dies gelang der Operation allerdings nicht. Erst die massive Aufrüstung der libyschen Küstenwache führte zu einem merklichen Rückgang der Ankunftszahlen in Europa.

Die Kapazität libyscher Einsatzkräfte, gezielt migrantische Boote abzufangen, wurde seit 2017 durch bilaterale Abkommen, insbesondere zwischen Italien und Libyen, sowie durch die finanzielle, strukturelle und politische Unterstützung der EU, etwa durch den Treuhandfonds für Afrika, deutlich erhöht. Dies geschah trotz zahlloser nachgewiesener Menschenrechtsverletzungen durch diese Einsatzkräfte und der weithin bekannten katastrophalen Bedingungen in Libyen.[11] Darüber hinaus begannen Überwachungsmissionen der EU und ihrer Mitgliedstaaten mit dem Auftrag, libysche Einsatzkräfte etwa durch Flugzeuge oder Drohnen gezielt zu migrantischen Booten zu leiten. Durch diese verstärkte Kooperation sind seit 2017 mehr als 100 000 Menschen auf dem Seeweg abgefangen und nach Libyen zurückgebracht worden, was entscheidend zu sinkenden Ankunftszahlen in Europa beitrug. Zwischen 2018 und 2020 erreichten Europa durchschnittlich 25 000 Menschen pro Jahr, womit sich die Ankunftszahlen wieder nahezu auf dem Niveau von vor den Arabischen Revolutionen bewegten. 2021/22 ist jedoch aufgrund der Instabilität in Libyen die Zahl der erfolgreichen Überfahrten einmal mehr erheblich angestiegen.

Zivile Akteure haben es im zentralen Mittelmeer wie in keinem anderen Seegebiet vermocht, politisch und operativ maßgeblich in die Geschehnisse an der Meeresgrenze einzugreifen. Die zivile Seenotrettung deckte zudem zahlreiche eklatante Verletzungen von Menschenrechts- und Seerechtskonventionen durch europäische und nordafrikanische Akteure auf.

Der öffentliche Fokus auf zivile und staatliche Seenotrettung lässt häufig die sogenannten »autonomen Überfahrten« außer Acht, die einen Großteil der Ankünfte ausmachen. 2020 wur-

---

10 Rat der Europäischen Union, EU gibt grünes Licht für »Operation Sophia«.

11 OHCHR, Lethal Disregard.

den laut dem UNHCR von den 34 000 Menschen, die in Italien per Boot ankamen, nur etwa 4500 durch zivile und staatliche Akteure gerettet – nahezu 30 000 Menschen landeten eigenständig mit ihren Booten an oder wurden erst kurz vor der europäischen Küste entdeckt.[12] Vor diesem Hintergrund ist es elementar, die migrantische Handlungsfähigkeit selbst in Notsituationen auf dem Meer nicht aus dem Auge zu verlieren.

Die Ägäisroute

Die Migrationsrouten durch die Ägäis führen primär von der Westküste der Türkei aus zu den griechischen Inseln, insbesondere nach Lesbos, Samos, Kos und Chios. Auch die Ägäisroute ist gefährlich – laut dem UNHCR verstarben oder verschwanden zwischen 2014 und 2021 über 2100 Menschen auf diesem Seeweg.[13] Wie die Migration über die zentrale Mittelmeerroute ist auch die Bewegung über die Ägäis eine Konsequenz der gravierenden politischen Umbrüche der Arabischen Revolutionen und ihrer Niederschlagung, besonders in Syrien. Die sich verschlechternde Versorgungssituation der syrischen Geflüchteten in Erstaufnahmestaaten wie Libanon, Jordanien und der Türkei sowie der Mangel an Perspektiven, in das zerstörte Syrien zurückzukehren, veranlassten Hunderttausende, an die türkische Westküste zu reisen. Von dort aus setzten sie auf die griechischen Inseln über. Gleichzeitig wird die östliche Mittelmeerroute auch von migrantischen Gruppen aus Afghanistan, Pakistan und dem Irak, aber auch aus afrikanischen Ländern und der Türkei selbst genutzt.

Das Wechselspiel zwischen verschärfter Migrationskontrolle und sich verschiebenden Migrationsrouten ist auch im griechisch-türkischen Kontext zu beobachten. Vermehrte Migrationsbewegungen nach Griechenland über die Landgrenze ab 2010, die in jenem Jahr etwa 48 000 Personen umfassten, führten zu einer verstärkten Präsenz des griechischen Grenzschutzes in der Evros-Region sowie zur Einrichtung des »Soforteinsatz-

---

12 UNHCR, Italy Fact Sheet, S. 2.

13 UNHCR, Mediterranean Situation.

teams« (Rapid Border Intervention Team) der EU-Grenzschutzagentur, das ab November 2010 zum Einsatz kam. Griechische und Frontex-Einsatzkräfte vermochten es vermehrt, Einreisen zu verhindern – zusammen mit dem Ende 2012 fertiggestellten Grenzzaun entlang von Teilen der griechisch-türkischen Evros-Grenze und ab März 2011 auch durch die gemeinsame Operation »Poseidon-Land«. Während die Zahl der Bewegungen über die Landgrenzen sank (2014 auf 2300 Personen), stieg der Umfang der Migration über See rasant an – auf 41 000 (2014) und 856 723 (2015). Diese beispiellos vielen Migrationen auf die griechischen Inseln und über die sogenannte Balkanroute weiter in die westlichen EU-Mitgliedstaaten lösten das aus, was oft als eine »Migrations-« oder »Flüchtlingskrise« beschrieben worden ist. Für Hess u. a. gelten die Ereignisse des »langen Sommers der Migration« allerdings als »eine historische und strukturelle Niederlage des europäischen Grenzregimes«.[14]

Die Zahl der Ankünfte auf den griechischen Inseln sank nach 2015 rapide. Zwar wurden 2016 noch 173 450 Menschen registriert. Der überwiegende Teil kam aber bereits in den ersten drei Monaten des Jahres an. Ab April 2016 wirkten sich rigorose Abschottungsmechanismen auf die Überfahrten aus – in den fünf Jahren von 2017 bis 2021 erreichten 136 000 Menschen Griechenland über See. Das Abkommen zwischen der EU und der Türkei vom 18. März 2016 kann als zentraler Faktor für diesen Rückgang gesehen werden, wenngleich sich mehrere der beschlossenen Maßnahmen nicht wie geplant umsetzen ließen. So führte zum Beispiel der sogenannte »Hotspot-Ansatz« nicht wie gewünscht zu vermehrten Asylschnellverfahren und beschleunigten Abschiebungen von den griechischen Inseln in die Türkei. Stattdessen kam es zu überfüllten Lagern, in denen Asylsuchende in katastrophalen Zuständen monate- oder jahrelang auf eine Entscheidung über ihre Asylanträge oder die Verlegung auf das griechische Festland warten mussten. Für den Rückgang der Ankunftszahlen auf den griechischen Inseln sorgten in erster Linie die Abfangaktionen der türkischen Küstenwache, die ab 2016 systematisch migrantische Boote an der

14 Hess et al., Der lange Sommer der Migration, S. 6.

Überfahrt hinderten, oft nachdem sie von der griechischen Küstenwache oder von der Grenzschutzagentur Frontex gemeldet worden waren.

Gleichzeitig blieben die Beziehungen zwischen Griechenland, der EU und der Türkei fragil. Politische Spannungen führten zu vermeintlichen »Grenzöffnungen« durch die Türkei, etwa Anfang 2020, als die Erdoğan-Regierung die Landesgrenze temporär für geöffnet erklärte und Europa vor der Einreise von Millionen Migrant:innen warnte. Durch den Verlust an Vertrauen, dass die Türkei weiterhin abfahrende Boote abfangen würde, kam es ab 2020 zu systematischen und völkerrechtswidrigen Zurückweisungen von Asylsuchenden durch Griechenland. Im Rahmen dieser »Pushbacks« zerstört die griechische Küstenwache entweder die Motoren migrantischer Boote, lässt die Menschen in Seenot in türkischen Gewässern zurück oder nimmt sie auf, um sie dann auf »Rettungsinseln« im Meer auszusetzen. Auch wenn solche Praktiken in der Ägäis nicht neu sind, dokumentieren seit 2020 Zeugenaussagen von Betroffenen, Aktivist:innen und NGOs sowie mediale Berichterstattung eine systematische Vorgehensweise. Zuletzt bestätigte eine Untersuchung des Europäischen Amtes für Betrugsbekämpfung (OLAF), dass Frontex die Pushback-Operationen der griechischen Küstenwache methodisch vertuschte und zum Teil selbst an ihnen beteiligt war.

Die systematischen Zurückweisungen durch Griechenland haben erheblich zu einem Rückgang der Überfahrten beigetragen. 2020 kamen nur noch 9714 Menschen auf den griechischen Inseln an, 2021 sank die Zahl gar auf 4331. Eine weitere Konsequenz der Pushbacks ist die Verschiebung der Migrationsrouten, von den relativ kurzen Wegen zu Inseln wie Lesbos hin zu Routen, die nach Italien führen. Auf diesen längeren Routen kam es um die Weihnachtstage 2021 herum gleich zu vier Bootsunglücken. 2022 führte das bis dato tödlichste Unglück zum Ertrinken von etwa 50 Menschen, die Italien zu erreichen versuchten.

Fazit

Spätestens seit 2011 sind Europas nasse Grenzen Hauptschauplätze eines brisanten Konflikts um Migration. Das ununterbrochene Massensterben an den maritimen Außengrenzen ist zweifelsfrei die Konsequenz einer verfehlten EU-Migrationspolitik, die primär vom Ziel der Versicherheitlichung der Grenzen und nicht der Rettung Schutzbedürftiger geleitet ist. Das Zusammenwirken sich verschärfender Bedingungen, die zur Flucht führen, und einer restriktiven Migrationspolitik hat im vergangenen Jahrzehnt zu beispiellosen Migrationsdynamiken an den maritimen Außengrenzen der EU geführt. Auf allen Meeresrouten ist zu beobachten, dass Kontroll- und Regulationsversuche Migrationsbewegungen nur temporär einzuschränken vermochten. Verschiebungen führten oft zu noch gefährlicheren Routen, nicht jedoch zur Beendigung der maritimen Migration.

Seit 2014 sind etliche zivilgesellschaftliche Initiativen entstanden, um dem Sterben Einhalt zu gebieten und Menschenrechtsverletzungen auf den Seewegen zu dokumentieren. Zivile Seenotrettungsorganisationen und Luftaufklärungsmissionen sowie Aktivitäten der Initiative »Alarm Phone«, einer Hotline für Geflüchtete, die seit ihrer Gründung 5000 Boote in Seenot unterstützt hat, haben zahllose Menschen gerettet sowie das Handeln staatlicher Akteure dokumentiert und beeinflusst. Diese Präsenz zivilgesellschaftlicher Akteure hat zu Bemühungen etwa in Italien und Griechenland geführt, diese Akteure an ihren Aktivitäten im Grenzraum zu hindern oder sie zu kriminalisieren.

Die Gesamtzahl der Ankünfte in Europa ist seit 2015 jährlich gesunken. Seit 2021 steigt sie wieder. Die Beziehungen der EU und ihrer Mitgliedstaaten zu Drittstaaten wie der Türkei, Libyen oder Marokko haben sich wiederholt als zu fragil erwiesen, um eine längerfristige Stabilität in der migrationspolitischen Zusammenarbeit zu garantieren. Zudem erschweren politische Konflikte innerhalb der EU und über die Grenzschutzagentur Frontex einheitliche Maßnahmen und Strategien im Umgang mit der maritimen Migration. Trotz der hohen Sterberate an den maritimen Außengrenzen und den dortigen zum Teil extremen Gewalterfahrungen begeben sich weiterhin Tausende auf die gefährliche Reise. Eine substanzielle Abnahme der Zahl der Ankünfte in Europa über ihre nassen Grenzen steht daher auch in den nächsten Jahren nicht zu erwarten.

Literatur

Asociación Pro Derechos Humanos de Andalucía: Derechos Humanos En La Frontera Sur, 2007, https://apdha.org/media/fronterasur2006.pdf

Caminando Fronteras: El peor año en las fronteras: 4404 víctimas en las rutas de acceso a España durante 2021, 2022, https://caminandofronteras.org/el-peor-ano-en-las-fronteras-4404-victimas-en-las-rutas-de-acceso-a-espana-durante-2021/

Frenzen, Niels: The Legality of Frontex Operation Hera-type Migration Control Practices in Light of the Hirsi Judgement, in: Thomas Gammeltoft-Hansen / Jens Vedsted-Hansen (Hg.), Human Rights and the Dark Side of Globalisation, London 2016, S. 294–313.

Frontex: Longest FRONTEX coordinated operation – HERA, the Canary Islands, 2006, https://frontex.europa.eu/media-centre/news/news-release/longest-frontex-coordinated-operation-hera-the-canary-islands-WpQlsc

Hess, Sabine et al.: Der lange Sommer der Migration: Grenzregime III, Berlin 2016.

IOM: Migration Trends Across the Mediterranean, 2015, https://www.ohchr.org/sites/default/files/Documents/Issues/Migration/StudyMigrants/IOs/IOMTrendsAccrossMediterranean.pdf

IOM: Missing Migrants, 2022, https://missingmigrants.iom.int/region/mediterranean

OHCHR: Lethal Disregard, 2021, https://www.ohchr.org/sites/default/files/Documents/Issues/Migration/OHCHR-thematic-report-SAR-protection-at-sea.pdf

Rat der Europäischen Union: EU gibt grünes Licht für ›Operation Sophia‹, 2015, https://www.consilium.europa.eu/de/press/press-releases/2015/09/28/eunavfor/

UNHCR: Italy Fact Sheet, 2020, https://data.unhcr.org/en/documents/details/84333

UNHCR: Mediterranean Situation, 2022, https://data.unhcr.org/en/situations/mediterranean

Kamila Fiałkowska und Marta Kindler

Belarus und die EU-Außengrenze im Osten Europas

Der östliche Abschnitt der EU-Außengrenze

Die Land-Außengrenzen der Europäischen Union (EU) erstrecken sich von der norwegisch-russischen beziehungsweise finnisch-russischen Grenze im Norden bis zur bulgarisch-türkischen Grenze im Süden Europas. Auf der einen Seite der Grenze liegen die Länder Russland, Belarus, Ukraine und Moldau und auf deren anderen Estland, Lettland, Litauen, Polen, die Slowakei, Ungarn und Rumänien. Die Migrations- und Fluchtbewegungen, die über diese Grenze in Richtung EU führen, werden von der EU-Grenzschutzagentur Frontex als »östliche Grenzroute« bezeichnet.

Mehr als zwei Jahrzehnte lang war der Umfang der Migration über die Ostgrenze der EU eher gering. Es handelte sich vorwiegend um zirkuläre Arbeitsmigration, hauptsächlich aus der Ukraine. Die Ukraine war zudem Transitland für Migrant:innen aus der Gemeinschaft Unabhängiger Staaten (GUS) wie auch für irreguläre Migration von außerhalb der GUS in die EU. Dies änderte sich nach 2013, unter anderem im Zusammenhang mit dem Angriff Russlands auf die Ukraine. In Polen stieg die Zahl der ukrainischen Bürger:innen sprunghaft an. Sie machten vom erleichterten Zugang zum polnischen Arbeitsmarkt Gebrauch, der ihnen, im Gegensatz zum langwierigen Asylverfahren (und dessen unsicherem Ausgang), einen legalen, wenn auch befristeten Aufenthalt und damit auch die Chance zu arbeiten ermöglichte.[1]

Ein weiterer grundlegender Wandel der Situation an der Grenze war 2021 zu beobachten, als die Zahl der als »illegal« eingestuften Grenzübertritte im Vergleich zum Vorjahr um das

1 Górny/Kaczmarczyk, Temporary Farmworkers and Migration Transition.

Zehnfache anstieg (mehr als 8000 registrierte Übertritte[2]). Dieses Anwachsen lässt sich auf konkrete Maßnahmen des belarusischen Regimes unter Präsident Alexander Lukaschenko zurückführen. Die größte Veränderung erfolgte jedoch nach dem 24. Februar 2022, als durch die Invasion der Russischen Föderation die jahrelang schwelende bewaffnete Auseinandersetzung im Osten der Ukraine zum Krieg eskalierte. Daraufhin verließen Millionen von Menschen die Ukraine; das Flüchtlingshilfswerk der Vereinten Nationen (UNHCR) schätzt, dass sich im Oktober 2022 mindestens 7,5 Millionen Flüchtlinge aus der Ukraine in Europa aufhielten.[3] Im Folgenden konzentriert sich der Beitrag auf den Umgang Polens und der EU mit den Fluchtbewegungen, die 2021 die Grenze Belarus' zur EU erreichten.

Die EU-Grenze zu Belarus

Im Sommer und Herbst 2021 organisierte der belarusische Staat eine relativ sichere Fluchtroute in die EU. Vor allem Personen aus dem Irak, aus Syrien, Afghanistan und afrikanischen Ländern südlich der Sahara wurden von »Tourismusbüros«, die enge Verbindungen zu belarusischen Behörden unterhielten, mit Touristenvisa ausgestattet und nach Minsk gelockt (in manchen Fällen über Moskau). Zunächst wurden sie in Einrichtungen der Armee und des Grenzschutzes in der Nähe der Grenze zu Polen, Litauen und Lettland untergebracht, anschließend ermutigten belarusische Stellen sie, die Grenze an dafür nicht vorgesehenen Stellen zu übertreten (also nicht an einem der offiziellen Grenzübergänge), bis man sie schließlich zu weiteren Versuchen des irregulären Grenzübertritts zwang.[4] Nach Angaben des In-

2 Frontex, EU Countries Record 7.5 Million Entries from Ukraine and Moldova.

3 Siehe hierzu den Beitrag von Franck Düvell und Iryna Lapshyna in diesem Buch.

4 Grupa Granica, Humanitarian Crisis at the Polish Belarusian Border; Human Rights Watch, Die Here or Go to Poland; Reliefweb, Belarus Border Update.

ternationalen Roten Kreuzes betraf dies bis September 2022 etwa 20000 Personen.

Die belarusische Grenze zu Lettland (173 km), Litauen (mehr als 650 km) und Polen (rund 420 km) verläuft durch unwegsames Terrain – bewaldetes Gelände, Feuchtgebiete, an Flüssen und Seeufern entlang. Als Reaktion auf das Vorgehen des Lukaschenko-Regimes wurden an den Grenzen ab Sommer 2021 verschiedene Formen des Ausnahmezustandes ausgerufen (in Litauen im Juli, in Lettland im August und in Polen im September), wobei Hilfsorganisationen, Journalist:innen und Ortsfremden der Zutritt zu den Grenzgebieten verwehrt wurde. Zudem weigerten sich die Behörden Lettlands, Litauens und Polens, Anträge auf internationalen Schutz von Personen entgegenzunehmen, die, aus Belarus kommend, die EU-Außengrenze überquerten, während bereits gestellte Asylanträge wesentlich restriktiver als in der Vergangenheit gehandhabt wurden. 2021 erhielten zum Beispiel in Litauen lediglich 451 Personen internationalen Schutz (bei fast 4000 gestellten Anträgen), und bis Mai 2022 wurden über 1000 Personen in ihre Herkunftsländer abgeschoben. Der Grenzschutz dieser Länder führt zudem regelmäßig illegale Pushbacks durch. Bis Juni 2022 drängte der litauische Grenzschutz in mindestens zehntausend Fällen Menschen nach Belarus zurück.[5] Entlang der Grenze wurden Einheiten des Grenzschutzes, der Armee und der Polizei stationiert, die die Aufgabe hatten, nicht nur an der Grenze zu patrouillieren, sondern auch Personen am Grenzübertritt zu hindern. Im Sommer 2022 errichteten Litauen und Polen an ihrer Grenze zu Belarus eine Mauer. Auch in Lettland hat der Ausbau der Grenzanlagen begonnen – die Arbeiten sollen bis Frühjahr 2024 abgeschlossen sein.

Reaktionen Polens

Die größte Aufmerksamkeit zog die Grenzsituation in Polen auf sich, nicht zuletzt wegen der im Vergleich zu Lettland und Litauen wesentlich höheren Zahl an Grenzübertritten und der er-

---

5 Amnesty International, Lithuania.

folgten – umstrittenen – politischen Reaktionen. Im polnischen Abschnitt der EU-Grenze registrierte der polnische Grenzschutz 2021 mehr als 39 000 versuchte Grenzübertritte. Die Zahl der Grenzübertritte beeinflusste die belarusische Seite, so zum Beispiel im März 2022, als das »Flüchtlingslager« in Bruzgi aufgelöst wurde, in dem sich vermutlich mehrere hundert Menschen aufhielten, oft in sehr schlechter gesundheitlicher Verfassung: Familien mit Kindern, schwangere Frauen, ältere, zum Teil kranke und behinderte Menschen.[6] In Polen erstreckte sich der Ausnahmezustand auf 115 Städte in der Woiwodschaft Podlachien und 68 Städte in der Woiwodschaft Lublin, später wurde er durch ein Verbot des Zutritts der Grenzzone ersetzt. Das Verbot galt auch für Journalist:innen, Mitarbeiter:innen von NGOs und Hilfsorganisationen sowie unabhängige Beobachter:innen. Bereits im August 2021 wurde das polnische Recht dahingehend geändert, dass Grenzschutzbeamt:innen Migrant:innen an die Grenzlinie zurückführen und Soldat:innen einen provisorischen Grenzzaun aus Stacheldraht errichten konnten. Der Grenzschutz wurde mit neuem militärischen Equipment ausgerüstet und erhielt die Befugnis, Personen, die die Grenze vorschriftswidrig übertraten, gewaltsam aus der Zone zu entfernen. Im Oktober 2021 führte Polen ein neues Rechtsinstrument ein, das ein vereinfachtes Verfahren vorsieht, um Personen, die die Grenze unerlaubt übertreten, sofort abschieben zu können. Seit Beginn der humanitären Krise wurden auf polnischer Seite der Grenze siebzehn Todesopfer bestätigt, fast 200 Personen werden von ihren Familien vermisst. In Polen befanden sich im Winter 2021/22 über 1800 Personen, die die polnisch-belarusische Grenze übertreten hatten, in geschlossenen Asylzentren.[7] Sie beklagen sich über mangelhafte psychologische Betreuung, fehlenden Zugang zu Dolmetscher:innen, erschwerten Kontakt zu rechtskundigen Personen und Familienangehörigen sowie unzureichende medizinische Versorgung.

Die Migrant:innen im belarusischen Grenzgebiet wurden von Lukaschenko als geopolitisches Druckmittel gegen die

6 Czarnota/Górczyńska, Gdzie prawo nie sięga.

7 Reliefweb, Belarus Border Update.

EU-Sanktionen und die Unterstützung der demokratischen Opposition in Belarus benutzt. Sie wurden instrumentalisiert in einem Prozess, der als »weaponisation of migration«[8] und »hybrider Krieg« bezeichnet wird, womit die geplanten und organisierten Aktionen des belarusischen Regimes gemeint sind, die darauf abzielen, die Nachbarländer zu destabilisieren. Ein solches Verständnis der hybriden Kriegsführung teilen unter anderem die EU-Kommissionspräsidentin Ursula von der Leyen sowie die politischen Führer Polens, Litauens und Lettlands. Im osteuropäischen Kontext wurde der Begriff des »hybriden Krieges« ursprünglich auf die bewaffnete Operation angewendet, die Russland 2014 auf der ukrainischen Krim durchführte. Die Beschreibung der Grenzkrise als »hybrider Krieg« zog in Polen, Litauen und Lettland eine Versicherheitlichung nach sich. Der politische Charakter der Krise legitimiert nach Auffassung der staatlichen Behörden dieser Länder die Verweigerung des Schutzes vor Verfolgung und gewaltsame Pushbacks.[9] Ähnliche Reaktionen sind in Ländern wie Serbien, Nordmazedonien und Montenegro zu beobachten, wo Spezialausrüstung angeschafft und der Grenzschutz durch zusätzliches Personal verstärkt wurden sowie die Armee zum Einsatz kam. Auch in diesen Ländern führten Regierungen ebenfalls verschiedene Formen des Ausnahmezustandes ein.[10]

Schluss

Die Erfahrungen anderer europäischer Staaten zeigen, dass sich eine einmal etablierte Migrationsroute nur schwer wieder schließen lässt – so konnte zum Beispiel die Fluchtbewegung über die »Balkanroute« trotz des EU-Abkommens mit der Türkei 2016 nicht vollständig unterbunden werden. Auch über die östliche EU-Außengrenze werden weiterhin Personen kommen, die Schutz vor Verfolgung und bewaffneten Konflikten suchen. Ähnlich wie bei der »Balkanroute« haben wir es auch an der

---

8 Galeotti, The Weaponisation of Everything.

9 Bender, Against ›Weaponised Migration‹.

10 Stojić Mitrović, The Dark Sides of Europeanization.

östlichen Landgrenze vor allem mit einer Versicherheitlichung zu tun und nicht mit humanitärer Hilfe für Migrant:innen. Das Konstrukt der »Migrationskrise«, das bereits 2015 allgemeine Akzeptanz fand, politisiert das Problem und schiebt den Flüchtenden die Verantwortung zu, gleichzeitig ermöglicht es den betroffenen Staaten, sich der politischen und rechtlichen Verantwortung für das, was mit den Menschen auf ihrem Staatsgebiet geschieht, zu entziehen. Die Beschreibung der humanitären Krise an der Grenze zu Belarus als Element eines »hybriden Krieges« sowie als »Migrationskrise«, die vom belarusischen Regime hervorgerufen wurde, rechtfertigt aus Sicht der Behörden Maßnahmen, die gegen geltendes nationales und internationales Recht verstoßen. Gemäß dieser perfiden Logik sind Pushbacks an der polnisch-belarusischen Grenze etwas anderes als Pushbacks an anderen Abschnitten der EU-Außengrenze.

Aus dem Polnischen übersetzt von Andreas Volk.

Literatur

Amnesty International: Lithuania: Forced out or Locked up. Refugees and Migrants Abused and Abandoned, 2022, https://www.amnesty.org/en/documents/eur53/5735/2022/en/

Bender, Felix: Against ›Weaponised Migration‹, 2022, https://socialeurope.eu/against-weaponised-migration

Czarnota, Katarzyna/Górczyńska, Marta: Gdzie prawo nie sięga. Raport Helsińskiej Fundacji Praw Człowieka z monitoringu sytuacji na polsko-białoruskiej granicy [Wohin das Recht nicht reicht. Monitoringbericht der Helsinki-Menschenrechtsstiftung über die Situation an der polnisch-belarusischen Grenze], 2022, https://www.hfhr.pl/wp-content/uploads/2022/06/Raport_Gdzie_Prawo_Nie_Siega-HFPC-30062022.pdf

Frontex: EU Countries Record 7.5 Million Entries from Ukraine and Moldova, 2022, https://frontex.europa.eu/media-centre/news/news-release/eu-countries-record-7-5-million-entries-from-ukraine-and-moldova-eFOjoC

Galeotti, Mark: The Weaponisation of Everything: A Field Guide to the New Way of War, New Haven 2022.

Górny, Agata/Kaczmarczyk, Paweł: Temporary Farmworkers and

Migration Transition: On a Changing Role of the Agricultural Sector in International Labour Migration to Poland, in: Johan Fredrik Rye/Karen O'Reilly (Hg.), International Labour Migration to Europe's Rural Regions, London 2020, S. 86–103.

Grupa Granica: Humanitarian Crisis at the Polish Belarusian Border, 2021, https://www.grupagranica.pl/files/Grupa-Granica-Report-Humanitarian-crisis-at-the-Polish-Belarusian-border.pdf

Human Rights Watch: Die Here or Go to Poland. Belarus' and Poland's Shared Responsibility for Border Abuses, 2021, https://www.hrw.org/sites/default/files/media_2021/11/eca_migrant1121_web_0.pdf

Reliefweb: Belarus Border Update: Humanitarian Concerns Continue for Migrants in Belarus, Latvia. Lithuania and Poland, 2022, https://reliefweb.int/map/belarus/belarus-border-update-humanitarian-concerns-continue-migrants-belarus-latvia-lithuania

Stojić Mitrović, Marta et al.: The Dark Sides of Europeanisation: Serbia, Bosnia and Herzegovina and the European Border Regime, 2021, https://www.ckz.si/arhiv/The_Dark_Sides_of_EUropeanisation.pdf

Zum Stand des Flüchtlingsschutzes

Katharina Lumpp im Gespräch mit Andreas Pott

Herausforderungen des Flüchtlingsschutzes

Katharina Lumpp ist die Vertreterin des Hohen Flüchtlingskommissariats der Vereinten Nationen (UNHCR) in Deutschland.

Andreas Pott: Frau Lumpp, angesichts der Rekordzahlen an Flüchtlingen weltweit: Was kann getan werden, um auf diese Herausforderungen zu reagieren?

Katharina Lumpp: Bewaffnete Konflikte und Menschenrechtsverletzungen sind nach wie vor die wichtigsten Ursachen für Flucht und Vertreibung. Dies wird deutlich, wenn man die wichtigsten Herkunftsländer von Flüchtlingen betrachtet. Mehr als drei Viertel der Flüchtlinge weltweit stammen aus nur sechs Ländern: Mehr als 7,7 Millionen aus der Ukraine, 6,7 Millionen aus Syrien, 4 Millionen aus Venezuela, aus Afghanistan 2,6, aus dem Südsudan 2,4 und aus Myanmar schließlich 1,1 Millionen. »Jedes Jahr in den letzten zehn Jahren sind diese Zahlen angestiegen. Entweder kommt die internationale Gemeinschaft zusammen und wird tätig, um dieser menschlichen Tragödie gemeinsam etwas entgegenzusetzen, um Konflikte zu lösen und dauerhafte Lösungen zu finden, oder dieser furchtbare Trend setzt sich weiter fort«, so der UN-Hochkommissar für Flüchtlinge Filippo Grandi in Anbetracht dieser Situation.

Angesichts dieser wachsenden Herausforderungen für den internationalen Flüchtlingsschutz ist es aus Sicht vom UNHCR entscheidend, die Umsetzung der auf Ebene der internationalen Gemeinschaft vereinbarten Instrumente des Flüchtlingsschutzes und der anvisierten solidarischen Verantwortungsteilung in Reaktion auf große Fluchtbewegungen in vollem Umfang zum Tragen zu bringen und weiter zu stärken.

Eine bedarfsgerechte humanitäre Hilfe ist für den Schutz von Flüchtlingen unerlässlich, um Leben zu retten und menschliches Leid zu lindern. Dafür muss der Zugang zu Registrierung und Schutz ermöglicht, die Unterbringung gesichert und der Grundbedarf gedeckt werden. Es gilt auch, spezifische Bedürfnisse festzustellen, etwa wenn besondere medizinische Versorgung oder psychologische Unterstützung zur Bewältigung von Traumata erforderlich ist.

Humanitäre Hilfe allein ist jedoch nicht ausreichend. Immer wichtiger wird die Verknüpfung von humanitärer Hilfe mit mittel- bis längerfristigen Konzepten der Entwicklungszusammenarbeit, wo immer dies möglich ist, um die Perspektiven der Flüchtlinge und der Aufnahmegesellschaften zu verbessern. Dies ist ein Teil der Solidarität und Verantwortungsteilung mit den oftmals wirtschaftlich eher schwachen Aufnahmeländern, ohne die die Aufnahmebereitschaft in jenen Ländern schnell unter Druck käme. Ein weiterer Teil dieses zentralen Ansatzes des 2018 von der UN-Generalversammlung verabschiedeten Globalen Pakts für Flüchtlinge besteht in der aktiven Aufnahme von Flüchtlingen aus Erstaufnahmestaaten in der Nachbarschaft einer Krise.

Andreas Pott: Ein immer wieder kontrovers diskutiertes Thema sind die Reaktionen auf Personen, die an den EU-Außengrenzen ankommen und internationalen Schutz suchen. Wie kann ein Gleichgewicht zwischen dem Interesse der Staaten, ihre Grenzen zu schützen, und der Aufrechterhaltung des Zugangs zu Schutz geschaffen werden?

Katharina Lumpp: Staaten haben das Recht, ihre Grenzen zu kontrollieren und zu schützen. Dabei müssen sie sich im Rahmen ihrer völkerrechtlichen Verpflichtungen bewegen, genauso wie sie auch ihr innerstaatliches Recht und gegebenenfalls Vorschriften des Europarechts beachten müssen. Im Hinblick auf den Flüchtlingsschutz gehört zu den völkerrechtlichen Verpflichtungen, dass Menschen, die an einer Grenze um Flüchtlingsschutz ersuchen, nicht ohne jede Prüfung abgewiesen werden können. Jeder Staat muss gegenüber solchen Personen sicherstellen, dass sie nicht direkt oder indirekt der Gefahr ausgesetzt sind, Verfolgung aus Gründen der ethnischen

Zugehörigkeit, Religion, Staatsangehörigkeit, Zugehörigkeit zu einer bestimmten sozialen Gruppe oder ihrer politischen Überzeugung zu erleiden. Das ergibt sich aus dem Refoulement-Verbot, das in der Genfer Flüchtlingskonvention geschützt ist, aber auch völkergewohnheitsrechtlich gilt und somit für alle Staaten der Welt bindend ist.

Das Management der Grenzen muss also so gestaltet werden, dass diese möglichen Schutzbedürfnisse berücksichtigt werden und dass Menschen, denen entsprechende Gefahren drohen, Schutz erhalten.

Sogenannte »Pushbacks«, also die gewaltsame Zurückweisung schutzsuchender Personen an der Grenze ohne jede Prüfung eventueller Schutzbedarfe, verletzen dagegen das Völkerrecht. Das UNHCR hat mit zahlreichen Personen gesprochen, die solche Erfahrungen machen mussten. Diese Menschen sind – zusätzlich zu den oft traumatischen Erlebnissen, die einer Flucht vorausgingen, und den Schwierigkeiten auf der Flucht – durch dieses Vorgehen einer weiteren Traumatisierung ausgesetzt. Solche Praktiken können zudem auch dazu beitragen, dass noch gefährlichere Fluchtrouten gewählt werden.

Die Antwort auf die Herausforderungen, die mit der Umsetzung der genannten völkerrechtlichen Verpflichtungen verbunden sind, dürfte einerseits in fairen und effizienten Verfahren zur Feststellung internationalen Schutzbedarfs liegen und andererseits in verbesserten Mechanismen zur Verantwortungsteilung zwischen Staaten, auch innerhalb der Europäischen Union. Auch die Einführung unabhängiger nationaler Monitoringmechanismen, die das Verhalten von Grenzbehörden auf die Rechtskonformität hin beobachten, wäre ein wichtiger Ansatz zur Verbesserung der Einhaltung der völkerrechtlichen Verpflichtungen. Nicht akzeptabel sind dagegen Ansätze, mit denen die Verantwortung auf andere Länder – oftmals Länder mit geringeren Ressourcen – abgeschoben wird.

Andreas Pott: Frau Lumpp, sprechen wir über die kriegsbedingte Flucht aus der Ukraine und die sogenannte »Massenzustrom-Richtlinie«. Es wird die Auffassung vertreten, dass die Aktivierung des vorübergehenden Schutzes durch die Europäi-

sche Union für Personen, die aus der Ukraine fliehen, einen Fall der Vorzugsbehandlung einer Nationalität gegenüber anderen Gruppen, die internationalen Schutz benötigen, darstellt. Was ist der Standpunkt des UNHCR? Wie ist der vorübergehende Schutz im Vergleich zu anderen Formen des internationalen Schutzes zu bewerten?

Katharina Lumpp: Die Aktivierung des Instruments des temporären Schutzes durch die Europäische Union und ihre Mitgliedstaaten ist zunächst einmal ein sehr begrüßenswerter Schritt der Kooperation zwischen den Mitgliedstaaten und gleichzeitig ein effizienter Weg, mit der Ankunft sehr großer Zahlen von Personen mit homogenen Fluchtgründen umzugehen. Die Anwendung des Instruments des temporären Schutzes führt dazu, dass die begünstigten Flüchtlinge nicht das Asylverfahren durchlaufen, sondern sofort aufgrund einfacher Feststellungen zu Herkunft oder Voraufenthalt einen Schutzstatus erhalten. Bei dieser Personengruppe ist eine individuelle Prüfung der jeweiligen Fluchtgründe nicht erforderlich. Eine solch große Menge von Anträgen durch schutzsuchende Personen, die in so kurzer Zeit ankommen, wäre im Rahmen des normalen Asylverfahrens sehr schwierig und zeitaufwendig gewesen und hätte für alle Asylsuchenden die Verfahrensdauer signifikant erhöht.

Dieses Anliegen der Richtlinie zum temporären Schutz hätte durchaus offener und transparenter kommuniziert werden können, um das Verständnis und die Akzeptanz auch unter den im Asylverfahren befindlichen Personen aus anderen Herkunftsländern zu erhöhen. Während eine individuelle Prüfung bei den Flüchtlingen aus der Ukraine entfällt, bleibt diese bei anderen Herkunftsländern im Asylverfahren erforderlich. Neben einer verbesserten Kommunikation kann die Antwort nur sein, Asylverfahren so zügig zu gestalten, dass keine längeren Wartezeiten im Verfahren entstehen, wenngleich sie aufgrund der erforderlichen Prüfung des Einzelfalls nie so schnell gehen können wie die Schutzgewährung nach der Richtlinie zum temporären Schutz.

Andreas Pott: Eine ganz andere Herausforderung dürfte in Zukunft der Klimawandel darstellen. Weltweit werden intensive

Debatten über den Klimawandel als Faktor von Vertreibung geführt. Was bedeutet dieser Zusammenhang für die Arbeit des UNHCR?

Katharina Lumpp: Es wird oft gefragt, wie sich – abgesehen von Konflikten und Verfolgung – die Folgen des Klimawandels auf gewaltsame Vertreibungen auswirken. Grundsätzlich ist der Zusammenhang zwischen Klimawandel und menschlicher Mobilität komplex und die Auswirkungen des Klimawandels auf Vertreibung kein gradliniger und einheitlicher Prozess.

Es ist wichtig zu unterscheiden zwischen plötzlich auftretenden Ereignissen wie Stürmen, Überschwemmungen und Waldbränden, langsam eintretenden Veränderungen wie lang anhaltenden Dürreperioden, veränderten Niederschlagsmustern oder Versalzung durch den Anstieg des Meeresspiegels sowie den mit dem Klimawandel zusammenhängenden Konflikten, bei denen es zum Beispiel um schwindende Land- und Wasserressourcen geht.

Während die Auswirkungen von plötzlich auftretenden Ereignissen in ihrem unmittelbaren Ausmaß beträchtlich sein können, bleiben die Menschen in der Regel in der Nähe und verlassen ihr Land nur selten. Und meistens kehren sie innerhalb weniger Monate zurück. Langsam eintretende Ereignisse können zu einer Zunahme der saisonalen Land-Stadt-Wanderung beitragen, da die Menschen versuchen, ihre Einkommensquellen zu diversifizieren, wobei solche Wanderungen derzeit am häufigsten zwischen Regionen innerhalb desselben Landes vorkommen. Der Wettbewerb um die knapper werdenden Land- und Wasserressourcen ist jedoch ein wichtiger Faktor, der das Risiko einer Zunahme von Konflikten erhöht.

Es besteht zwar kein Konsens darüber, dass es einen direkten kausalen Zusammenhang zwischen Klimawandel und Vertreibung gibt, aber wir beobachten, dass der Klimawandel ein Faktor ist, der die Risiken vervielfacht.

Ein großer Teil der Binnenvertriebenen und Flüchtlinge befindet sich in Ländern, die in besonderem Maße Auswirkungen des Klimawandels ausgesetzt sind, wie beispielsweise Uganda, Bangladesch oder auch Pakistan. Diese Länder verfügen zudem oft nur über begrenzte finanzielle und technische Ressourcen, um sich an den Klimawandel anzupassen. Die Folgen – Wasserknappheit oder Überschwemmungen, Ernteausfälle und andere Auswirkungen – treffen Menschen, die ohnehin schon in prekären Verhältnissen leben, etwa Flüchtlinge und Binnenvertriebene, besonders hart.

Wir beobachten auch, dass die Auswirkungen des Klimawandels zunehmend mit den eigentlichen Konfliktursachen interagieren, was zu einer negativen Dynamik führen kann. Der Klimawandel ist zwar nicht an sich konfliktauslösend, kann aber ein Faktor sein, der die Kernrisiken verstärkt. Er kann bestehende Konflikte sowie politische, soziale und ethnische Spannungen verschärfen, die ihrerseits zu Gewalt und Verfolgung führen können.

Andreas Pott: Zum Schluss: Wo sehen Sie die größten Herausforderungen für den internationalen Flüchtlingsschutz? Und was könnte die Rolle Deutschlands bei der Bewältigung dieser Herausforderungen sein?

Katharina Lumpp: Es gibt eine ganze Reihe von Herausforderungen. Während die Zahl der Menschen, die unter das Mandat des UNHCR fallen, in den letzten Jahren stetig gestiegen ist, sind die relativen Kosten für humanitäre Hilfe ebenfalls gestiegen. Preissteigerungen infolge des Ukrainekrieges im Bereich von Grundnahrungsmitteln, Düngemitteln und fossilen Energien wirken sich direkt darauf aus, wie viel Unterstützung ein Flüchtlingshaushalt in einem bestimmten Land benötigt, um überleben zu können. Die Folgen des Klimawandels haben zu Dürren und Ernteausfällen geführt, die auch vielen Flüchtlingen und Binnenvertriebenen die Existenzgrundlagen genommen haben. Diese Mehrbedarfe führen zu erheblichen Finanzierungslücken bei humanitären Organisationen, so auch beim UNHCR.

Daher appellieren wir an Staaten, humanitäre Hilfe entsprechend den wachsenden Bedarfen auszuweiten oder zumindest nicht zu reduzieren. Die starke Solidarität, wie sie in der finanziellen Unterstützung bei der Versorgung von Millionen Flüchtlingen aus und Binnenvertriebenen innerhalb der Ukraine sichtbar wurde, wird auch in absehbarer Zukunft unabdingbar sein. Die Krisenherde in der Welt sind nicht weniger geworden. Deutschland hat hier als zweitwichtigstes Geberland humanitärer Hilfe eine herausragende Verantwortung übernommen. Wir hoffen, dass andere Länder verstärkt diesem Beispiel folgen. Der im Rahmen des Globalen Paktes für Flüchtlinge von der internationalen Staatengemeinschaft beschlossene Ansatz einer breiteren Teilung der Verantwortung muss noch intensiver umgesetzt werden.

Gleichzeitig gilt es, gerade auch in Europa, gesellschaftlich nicht den Schutzbedarf der Flüchtlinge aus anderen Ländern aus dem Blick zu verlieren. Sie verdienen gleichermaßen unsere Solidarität. Die große Hilfsbereitschaft für die Ukraine-Flüchtlinge sollte also Leitbild und Beispiel sein. Auch völkerrechtlich gelten die gleichen Verpflichtungen – ist eine schutzsuchende Person Flüchtling, steht ihr der entsprechende Schutz zu, unabhängig davon, aus welchem Land sie geflohen ist.

Andreas Pott: Liebe Frau Lumpp, herzlichen Dank für dieses Gespräch!

Thomas Groß

Das rechtliche Patchwork des humanitären Schutzes in Deutschland

Die Vielfalt der Schutzstatus

Die kriegsbedingte Massenflucht aus der Ukraine hat vielen deutlich gemacht, dass es unterschiedliche Kategorien des Schutzes im deutschen Recht gibt. Anders als die übrigen Flüchtlinge mussten die Ukrainer:innen kein Asylverfahren durchlaufen, sondern erhielten unmittelbar ein – wenn auch befristetes – Aufenthaltsrecht. Zum 1. Juni 2022 wurden sie außerdem aus dem Anwendungsbereich des Asylbewerberleistungsgesetzes ausgenommen. Bei Arbeitslosigkeit erhalten sie deshalb nicht mehr die abgesenkten Leistungen zum Lebensunterhalt, sondern wie Deutsche den regulären Satz nach dem Sozialgesetzbuch. Ein weiteres Beispiel, das seit einigen Jahren zu Auseinandersetzungen führt, ist die unterschiedliche Ausgestaltung des Familiennachzugs. Er wird für anerkannte Flüchtlinge im vollen Umfang gewährt, während er für subsidiär Schutzberechtigte zeitweise ganz ausgeschlossen war und jetzt nur im Rahmen eines monatlichen Kontingents gewährt wird.

Wenn man ein komplettes Bild der möglichen Formen einer Aufnahme von schutzbedürftigen Personen in Deutschland gewinnen will, muss man sowohl das Asylverfahren wie auch die Aufenthaltserlaubnisse aus humanitären Gründen einbeziehen. So gibt es inzwischen vier verschiedene Feststellungen, die als Ergebnis des Asylverfahrens möglich sind: Asyl, Flüchtlingsstatus, subsidiärer Schutz, Abschiebungsverbot. Daneben bestehen fünf weitere Formen der humanitären Aufnahme, die ohne Durchführung eines Asylverfahrens unmittelbar zu einem Aufenthaltsrecht führen: die Aufnahme im Einzelfall, die Aufnahme von Ausländergruppen durch Landesbehörden oder durch das Bundesinnenministerium, die Neuansiedlung von Schutzsuchenden (Resettlement) und die im Fall der Ukraine erstmals aktivierte Aufenthaltsgewährung zum vorübergehenden Schutz.

Diese Ausdifferenzierung der Schutzstatus ist das Ergebnis einer längeren Entwicklung, die für das Verständnis der aktuellen Rechtslage wichtig ist und deshalb im Überblick dargestellt werden soll. Die Vielfalt entstand zum Teil bereits im Asyl- und Ausländerrecht der alten Bundesrepublik und wurde ab 1999 durch Einflüsse des europäischen Unionsrechts noch erweitert. Diese zunehmende Komplexität ist aber keineswegs alternativlos, denn es bestehen einige Vereinfachungsmöglichkeiten.

Die Rechtsentwicklung in der Bundesrepublik bis zum Zuwanderungsgesetz

Artikel 16 Absatz 2 Satz 2 des Grundgesetzes (GG) verankerte das Asylrecht als Grundrecht, so wie übrigens mit abweichender Formulierung auch Artikel 10 der DDR-Verfassung vom 7. Oktober 1949.[1] Die bundesdeutschen Ausführungsvorschriften wurden aufgrund einer Sonderregelung in Artikel 119 GG nicht durch Gesetz, sondern zunächst von der Bundesregierung in der Asylverordnung (AsylVO) vom 6. Januar 1953 erlassen. Die Verordnung verwies in Bezug auf die Anerkennung ausländischer Flüchtlinge in § 5 auf die Voraussetzungen in Artikel 1 der Genfer Flüchtlingskonvention (GFK), die von der Bundesrepublik allerdings erst mit Gesetz vom 1. September 1953 ratifiziert wurde. Über die Anerkennung entschied ein Ausschuss, der ein Vorläufer des späteren Bundesamtes für die Anerkennung ausländischer Flüchtlinge sowie des heutigen Bundesamtes für Migration und Flüchtlinge war. Seine Entscheidungspraxis und auch die entsprechenden Gerichtsurteile konzentrierten sich auf die Anwendung der GFK.[2]

Daneben war es aber auch möglich, sich bei den Ausländerbehörden auf Artikel 16 Absatz 2 Satz 2 GG zu berufen.[3] Dies wurde insbesondere relevant, wenn eine Abschiebung verhindert werden sollte. In diesen Kontext fallen auch zwei

1 Dazu und zur Praxis aufschlussreich: Poutrus, Umkämpftes Asyl, S. 103–159.

2 Kritisch: Kimminich, Asylrecht, S. 122.

3 Poutrus, Umkämpftes Asyl, S. 39.

Entscheidungen des Bundesverwaltungsgerichts vom 17. Januar 1957, in denen es die GFK herangezogen hat, um den Schutz des Asylgrundrechtes aus Artikel 16 Absatz 2 Satz 2 GG zu konkretisieren.[4] Dagegen meinte das Bundesverfassungsgericht in einem Urteil vom 4. Februar 1959, dass das Grundrecht auf Asyl auch dann bestehen könne, wenn die Voraussetzungen der GFK nicht gegeben seien.[5]

Das Ausländergesetz (AuslG) vom 28. April 1965 fasste in § 28 Flüchtlinge im Sinne von Artikel 1 GFK (Nr. 1) und politisch Verfolgte im Sinne des Artikel 16 Absatz 2 Satz 2 GG (Nr. 2) als Asylberechtigte zusammen. Der Wortlaut der Bestimmung klärt den Unterschied zwischen den beiden Kategorien und mithin das Verhältnis zwischen den beiden Vorschriften nicht. In einem Urteil aus dem Jahr 1980 entschied das Bundesverfassungsgericht insoweit, dass im Ergebnis kein wesentlicher Unterschied zwischen § 28 Nr. 1 und 2 AuslG 1965 bestehe, das Asylgrundrecht aber weiter sein könne.[6] Das Gericht nutzte in diesem Urteil mehrfach Vorschriften der GFK, um den Schutzbereich von Artikel 16 Absatz 2 Satz 2 GG zu bestimmen. Nach §§ 29 ff. AuslG 1965 waren für die Anerkennung weiterhin ausschließlich die Ausschüsse des mit dem Gesetz gegründeten Bundesamtes für die Anerkennung ausländischer Flüchtlinge zuständig. Daneben war in § 14 AuslG 1965 nunmehr ausdrücklich geregelt, dass ein Ausländer nicht in einen Staat ausgewiesen werden darf, in dem ihm Verfolgung im Sinne der GFK droht, wobei ausdrücklich auf Artikel 33 Absatz 2 GFK verwiesen wurde.

Durch das Asylverfahrensgesetz (AsylVfG) vom 16. Juli 1982 wurden die asylbezogenen Regelungen aus dem AuslG 1965 herausgelöst. Das neue Gesetz bezog sich nach § 1 nur noch auf Ausländer, die Schutz als politisch Verfolgte nach Artikel 16

---

4 Entscheidungen des Bundesverwaltungsgerichts (BVerwGE) 4, 235, 236 f.; 4, 238, 240–242.

5 Entscheidungen des Bundesverfassungsgerichts (BVerfGE) 9, 174, 181.

6 BVerfGE 54, 341, 356; nach Kimminich, Asylrecht, S. 124, war Artikel 16 Absatz 2 Satz 2 GG die einzige Grundlage für die Asylgewährung, während die GFK nur einen Teil erfasste.

Absatz 2 Satz 2 GG beantragten, während sich in keiner seiner Vorschriften ein Hinweis auf die GFK fand. Nach § 29 Absatz 1 AsylVfG wurde einem anerkannten Asylberechtigten eine unbefristete Aufenthaltserlaubnis erteilt.

Bemerkenswert ist, dass sich auch in zwei Entscheidungen des Bundesverfassungsgerichts aus den späten 1980er Jahren bei der Bestimmung des Schutzbereichs des Asylgrundrechts kein Hinweis mehr auf die GFK findet. Im Urteil über den Ausschluss subjektiver Nachfluchtgründe wurde zwar viel mit der Geschichte des Asylrechts argumentiert, ein Verweis auf die GFK erfolgte aber erst am Ende und bezog sich nur auf Artikel 33 GFK als Abschiebungsschutz.[7] Auch im sogenannten Tamilenurteil von 1989 wurde die zentrale Frage, was als staatliche Verfolgung anzusehen ist, ohne Verweis auf die GFK behandelt. Ein kurzer Hinweis auf sie findet sich nur bei der Anerkennung innerstaatlicher Fluchtalternativen.[8]

Das Ausländergesetz vom 9. Juli 1990 führte erstmals in §§ 30 ff. die neue Kategorie der Aufenthaltsbefugnis aus humanitären Gründen ein. Dabei wurde bereits zwischen der Aufnahme im Einzelfall nach § 30 Absatz 1 AuslG 1990 und der Aufnahme von Ausländergruppen nach § 32 AuslG 1990 unterschieden. Das Verbot der Abschiebung politisch Verfolgter wurde nun in § 51 AuslG 1990 geregelt, wo allerdings der Hinweis auf Artikel 33 Absatz 2 GFK entfallen ist. Stattdessen wurde in § 51 Absatz 3 AuslG festgestellt, dass vom Bundesamt anerkannte Asylberechtigte zugleich die Voraussetzungen nach Artikel 1 GFK erfüllen. Die Zuständigkeit zur Feststellung von Abschiebungshindernissen bei Asylantragstellern wurde durch eine parallele Änderung des AsylVfG in die Zuständigkeit des Bundesamtes überführt. Nunmehr konnte das erfolgreiche Asylverfahren also zwei unterschiedliche Ergebnisse haben: die Anerkennung als Asylberechtigter oder die Feststellung eines Abschiebungshindernisses.

Mit dem Asylkompromiss des Jahres 1993, der das Ergebnis einer skandalösen Nachgiebigkeit gegenüber von rechtsradika-

---

7 BVerfGE 74, 51, 67.

8 BVerfGE 80, 315, 343.

len Kräften gesteuerten xenophoben Gewaltakten war,[9] wurde das Grundrecht auf Asyl in Artikel 16a Absatz 1 GG zwar weiter garantiert, durch vielfältige Einschränkungen in den folgenden Absätzen und den begleitenden Änderungen im AsylVfG aber sehr stark geschwächt.

Das Zuwanderungsgesetz vom 30. Juli 2004 schrieb die Zweiteilung des Schutzes politischer Flüchtlinge in Asylberechtigte und nur vor Abschiebung Geschützte fort.[10] Sie zeigte sich auch bei den Rechtsfolgen. Asylberechtigte erhalten seither gemäß § 25 Absatz 1 in Verbindung mit § 26 Absatz 1 AufenthG nur noch eine auf drei Jahre befristete Aufenthaltserlaubnis, die erst nach Überprüfung der Asylberechtigung in eine unbefristete Niederlassungserlaubnis übergehen kann. Beim Vorliegen eines Abschiebungshindernisses wird dagegen eine Aufenthaltserlaubnis im Rahmen einer Sollvorschrift vergeben, die weitere Einschränkungen enthält (§ 25 Absatz 3 AufenthG). Gleichzeitig wurden die Gründe für ein Abschiebungshindernis in § 60 AufenthG ausgeweitet. In § 60 Absatz 1 Satz 1 AufenthG wurde nun wieder ein Verweis auf die GFK eingefügt, wobei die Rechtsfolge in Satz 2 auf im Bundesgebiet oder in anderen Staaten anerkannte ausländische Flüchtlinge ausgeweitet wurde und damit nun auch die Verfolgung durch nichtstaatliche Akteure umfasst.

Schließlich wurden die Fälle der humanitären Aufnahme weiter ausdifferenziert. Während das Zuwanderungsgesetz zunächst weiter nur zwischen der Aufnahme im Einzelfall (§ 22 AufenthG) und der Aufnahme von Gruppen durch die Länder (§ 23 AufenthG) unterschied, wurde im Jahr 2007 in § 23 Absatz 2 AufenthG eine neue Möglichkeit der humanitären Aufnahme geschaffen. Danach kann das Bundesinnenministerium zur Wahrung besonders gelagerter politischer Interessen der Bundesrepublik Deutschland bestimmten Gruppen eine Aufnahmezusage erteilen, die dann entweder zu einer Aufenthaltserlaubnis oder sogar zu einer Niederlassungserlaubnis führt. Dieses Verfahren zielte ursprünglich auf die jüdische Zu-

---

9 Darstellung bei Poutrus, Umkämpftes Asyl, S. 161–177.

10 Groß, Zuwanderung aus humanitären Gründen, S. 61, 62.

wanderung aus dem Gebiet der ehemaligen Sowjetunion, geht in seinem Anwendungsbereich aber darüber hinaus.[11] Im Jahr 2015 wurde das gleiche Verfahren in § 23 Absatz 4 AufenthG verankert, um die Aufnahme von Resettlement-Flüchtlingen zu regeln. Hintergrund ist hier der politische Wille, ein bundeseinheitliches Verfahren einzurichten.

Damit gibt es nun drei verschiedene Instanzen, die humanitäre Aufenthaltstitel vergeben können. Die Aufnahme im Einzelfall nach § 22 Satz 1 AufenthG liegt in der regulären Zuständigkeit der Auslandsvertretungen, die sich mit den kommunalen Ausländerbehörden des vorgesehenen Aufenthaltsorts absprechen müssen. Sie können allerdings nach § 22 Satz 2 AufenthG durch das Bundesinnenministerium angewiesen werden, eine Aufenthaltserlaubnis zu erteilen. Ein praktischer Anwendungsfall ist etwa die Aufnahme afghanischer Ortskräfte.[12] Über die Aufnahme von Ausländergruppen entscheidet grundsätzlich das jeweilige Landesinnenministerium, das aber die Zustimmung des Bundesinnenministeriums benötigt. Dagegen muss das Bundesinnenministerium bei der Aufnahme von bestimmten Gruppen die Bundesländer nur anhören. In den letzten Jahren ist damit der Einfluss der Bundesebene auf die Vergabe von humanitären Aufenthaltstiteln ständig gewachsen.

Die Überlagerung durch das Europarecht

Bereits seit den 1970er Jahren beschäftigten sich Institutionen der Europäischen Gemeinschaften mit dem Ausländer- und Asylrecht. Eine Rechtsetzungskompetenz, die es erlaubte, den Mitgliedstaaten in diesem Gebiet verbindliche Vorgaben zu machen, wurde ihnen aber erst mit dem Amsterdamer Vertrag übertragen, der im Jahr 1999 in Kraft getreten ist. Die Ausweitung des internationalen Schutzstatus über das klassische Asylrecht hinaus war bereits in der neuen Kompetenzvorschrift des Artikels 63 Nr. 2a des Vertrages zur Gründung der Europäischen Gemeinschaft (EGV) angelegt, denn dieser sprach von

11 Kluth/Bohley, AufenthG § 23 Rn. 3.

12 Ebd., AufenthG § 22 Rn. 12.

»vertriebenen Personen aus dritten Ländern, die nicht in ihr Herkunftsland zurückkehren können, und von Personen, die anderweitig internationalen Schutz benötigen«, und bezog sich neben der GFK auch auf »sonstige relevante Verträge«, ohne diese näher zu benennen. Außerdem konnten in beiden Bereichen nur Mindestnormen erlassen werden, um den Mitgliedstaaten Spielräume zu lassen.

Der erste Rechtsakt, der auf dieser Grundlage angenommen wurde, war 2001 die EU-Richtlinie 2001/55/EG über Mindestnormen für die Gewährung vorübergehenden Schutzes im Falle eines Massenzustroms von Vertriebenen und Maßnahmen zur Förderung einer ausgewogenen Verteilung der Belastungen, die mit der Aufnahme dieser Personen und den Folgen dieser Aufnahme verbunden sind, auf die Mitgliedstaaten. Sie wurde im Hinblick auf die Situation im ehemaligen Jugoslawien geschaffen und ausdrücklich als Sonderregelung zum Asylrecht bezeichnet, die sofort einen vorübergehenden Schutz bietet. Die Richtlinie wurde in der Bundesrepublik mit dem Zuwanderungsgesetz in § 24 AufenthG umgesetzt und bildet heute die Rechtsgrundlage für die Aufnahme der aus der Ukraine vertriebenen Personen.

Mindestens ebenso bedeutsam war jedoch die Erweiterung des Flüchtlingsschutzes durch die Schaffung des subsidiären Schutzes. Bereits vor dem Vertrag von Amsterdam begann eine Diskussion über die Schutzlücken der GFK, die in verschiedenen Mitgliedstaaten zur Ausweitung des Schutzes aus humanitären Gründen geführt hatte.[13] Dies führte dazu, dass in der Richtlinie vom 29. April 2004 über Mindestnormen für die Anerkennung und den Status von Drittstaatsangehörigen oder Staatenlosen als Flüchtlinge oder als Personen, die anderweitig internationalen Schutz benötigen, und über den Inhalt des zu gewährenden Schutzes (Anerkennungs-Richtlinie) nicht nur ein weitgehend einheitlicher Flüchtlingsstatus geschaffen, sondern erstmals auch der separate Status des subsidiären Schutzes eingeführt wurde. Er sollte nach Erwägungsgrund 24 Satz 2 der Richtlinie

13 Frik, Die Entwicklung des subsidiären Schutzes für Geflüchtete.

die in der GFK festgelegte Schutzregelung für Flüchtlinge ergänzen. Erwägungsgrund 25 Satz 2 verwies darauf, dass seine Kriterien völkerrechtlichen Verpflichtungen der Mitgliedstaaten nach Rechtsakten im Bereich der Menschenrechte und bestehenden Praktiken in den Mitgliedstaaten entsprechen sollten.

Diese Vorgaben wurden vom deutschen Gesetzgeber erst durch das Gesetz zur Umsetzung aufenthalts- und asylrechtlicher Richtlinien der Europäischen Union vom 19. August 2007 in das deutsche Recht übernommen. Das bisherige »kleine Asyl« nach § 60 Absatz 1 AufenthG wurde in § 3 AsylVfG als »Zuerkennung der Flüchtlingseigenschaft« bezeichnet und damit von der Asylgewährung nach § 2 AsylVfG unterschieden. In der Begründung des Gesetzentwurfs wurde diese Entscheidung nicht näher begründet. Es wurde vielmehr nur darauf hingewiesen, dass die Umsetzung der Richtlinie zwingend sei und eine mögliche Kollision mit der Asylberechtigung durch die Ausschlussklausel in § 30 Absatz 4 AsylVfG verhindert werde.[14] Ansonsten findet sich nur die banale Feststellung, dass die Richtlinienumsetzung Artikel 16a GG grundsätzlich nicht berühre.[15] Der subsidiäre Schutz wurde zunächst weiterhin nur in § 60 AufenthG als Abschiebungsverbot erfasst.

Im Jahr 2009 erfolgte durch den Lissabonner Vertrag der EU eine weitere Festigung der Rechtsgrundlagen im Bereich des Flüchtlingsschutzes. Einschlägig ist jetzt Art. 78 des Vertrags über die Arbeitsweise der EU (AEUV), der die Regelung eines »einheitlichen Asylstatus« ermöglicht, das heißt eine weitgehende Rechtsharmonisierung, die über Mindeststandards hinausgeht.[16] Wichtig ist außerdem, dass ein klarer Verweis auf die GFK als Auslegungsmaßstab aufgenommen wurde.[17] Gleichzeitig finden sich dort erstmals ausdrücklich der Begriff des subsidiären Schutzes sowie neben der GFK auch ein Verweis auf »andere einschlägige Verträge«, der sich insbesondere auf

14 Bundestagsdrucksache (BT-Drs.) 16/5065, S. 214.

15 BT-Drs. 16/5065, S. 153.

16 Thym, Asylrecht, Rn. 229.

17 Ebd., Rn. 6–10, 16–18.

den Menschenrechtsschutz betreffende Verträge bezieht.[18] Die Definition des subsidiären Schutzes erfolgt allerdings durch das Sekundärrecht und ist nicht mit dem Schutz durch Artikel 3 der Europäischen Menschenrechtskonvention (EMRK), dem Verbot der Folter oder unmenschlicher oder erniedrigender Strafe oder Behandlung, deckungsgleich.[19]

Erst nach der Verabschiedung der neuen EU-Anerkennungsrichtlinie 2011/95/EU wurde in der Bundesrepublik im Jahr 2013 § 4 in das Asylgesetz (AsylG) eingefügt, um einen eigenen Schutzstatus zu schaffen und die Richtliniensystematik zu übernehmen.[20] Seither gibt es also vier mögliche Formen der Schutzgewährung als Ergebnis eines Asylverfahrens: die Anerkennung als Asylberechtigter nach § 2 AsylG, die Gewährung der Flüchtlingseigenschaft nach § 3 AsylG, die Gewährung subsidiären Schutzes nach § 4 AsylG sowie die Feststellung eines Abschiebungsverbotes nach § 60 Abs. 5 oder 7 des Aufenthaltsgesetzes (AufenthG). Sie führen nach § 25 AufenthG jeweils zu einer Aufenthaltserlaubnis aus humanitären Gründen, wobei im Fall eines Abschiebungsverbotes allerdings Ausnahmen möglich sind.

Möglichkeiten der Vereinfachung

Die dargestellten Regelungen sind nicht nur unübersichtlich. Sie sind vielmehr Ausdruck einer politisch gewollten »Klassengesellschaft des Ausländerrechts«.[21] Da nach wie vor sowohl in der EU wie auch in Deutschland das Ziel dominiert, die Aufnahme von schutzbedürftigen Personen zu beschränken, wurden unterschiedlich schwer zu erreichende Formen des Schutzes entwickelt, die ihrerseits mit abgestuften Rechten verbunden sind, etwa bei den Sozialleistungen und beim Familiennachzug. Es gäbe aber durchaus Möglichkeiten, diese Statusvielfalt zu re-

18 Ebd., Rn. 19.

19 Europäischer Gerichtshof, Urteil vom 17.2.2009, C-465/07, Rn. 28.

20 BT-Drs. 17/13063, S. 20.

21 Groß, Zuwanderung aus humanitären Gründen, S. 66.

duzieren. Dies gilt sowohl für die Schutzgewährung im Asylverfahren wie auch für die anderen humanitären Aufenthaltstitel.

Zunächst könnte der Asylstatus nach deutschem Recht mit dem europarechtlichen Flüchtlingsstatus, der seinerseits auf der GFK beruht, zusammengelegt werden.[22] Artikel 16a Absatz 1 GG könnte nämlich richtlinienkonform ausgelegt werden, so dass letztlich die Definition der politischen Verfolgung aus der GFK übernommen wird. Das Asylgrundrecht bedarf der gesetzlichen Ausgestaltung, die sich auch auf die Anerkennungsgründe beziehen kann. Zwar hat das Bundesverfassungsgericht gemeint, dass das Asylgrundrecht großzügiger sein könnte, doch gibt es ersichtlich keinen Fall, in dem dies tatsächlich relevant war. Mit der engen Verknüpfung von Asylgrundrecht und GFK würde das deutsche Recht im Grunde zur Situation zurückkehren, wie sie ab 1953 galt. Die Beschränkungen in Art. 16a Absätze 2 bis 5 GG sind ohnehin nur anwendbar, soweit sie mit den europarechtlichen Vorgaben vereinbar sind.

Die beiden verbliebenen nationalen Abschiebungsverbote nach § 60 Absatz 5 und 7 AufenthG könnten in den subsidiären Schutz integriert werden. Artikel 3 der EU-Richtlinie 2011/95/EU erlaubt den Mitgliedstaaten ausdrücklich, günstigere Normen zu erlassen. Damit würde der Menschenrechtsschutz gestärkt, weil alle anerkannten Personen zwingend einen Anspruch auf eine Aufenthaltserlaubnis hätten.

Eine noch weiter gehende Vereinheitlichung, die den subsidiären Schutz in einen erweiterten europäischen Flüchtlingsschutz integriert,[23] wäre durchaus sinnvoll, aber ohne Vertragsänderung nur möglich, wenn man Artikel 78 AEUV nicht als bindende Vorgabe ansieht, beide Schutzformen zu unterscheiden.[24] Durch Artikel 78 AEUV als verbindlich vorgegeben ist in jedem Fall, dass es auch einen vorübergehenden Schutz als dritte Kategorie geben muss. Die »Massenzustrom-Richtlinie« könnte also nicht ersatzlos abgeschafft werden.

---

22 So bereits ebd., S. 63.

23 Dafür: Bast, Vom subsidiären Schutz zum europäischen Flüchtlingsbegriff, S. 44–46.

24 So wohl Thym, Art. 78 AEUV, Rn. 31.

Vom Unionsrecht bisher unberührt ist die nationale Zuständigkeit für die Regelung der anderen humanitären Aufenthaltstitel. Dass über die Aufnahme größerer Gruppen auf der Ebene der Landesministerien oder des Bundesministeriums entschieden wird, ist sinnvoll, da die Kommunen sonst mit den Folgen überfordert sein könnten. In der politischen Praxis ist vor allem das Erfordernis der Zustimmung durch das Bundesinnenministerium für Länderaufnahmeprogramme eine wesentliche Hürde. Sie wird mit dem Erfordernis der Bundeseinheitlichkeit begründet.[25] Dies ist aber keine hinreichende Rechtfertigung dafür, Aufnahmeprogramme einzelner Bundesländer zu erschweren beziehungsweise zu verhindern, weswegen das Zustimmungserfordernis abgeschafft werden könnte.

Literatur

Bast, Jürgen: Vom subsidiären Schutz zum europäischen Flüchtlingsbegriff, in: Zeitschrift für Ausländerrecht und Ausländerpolitik, 38.2018, H. 2, S. 41–46.

Frik, Sebastian: Die Entwicklung des subsidiären Schutzes für Geflüchtete in der Europäischen Union bis 2004, in: Österreichische Zeitschrift für Geschichtswissenschaft, 28.2017, H. 2, S. 49–73.

Groß, Thomas: Zuwanderung aus humanitären Gründen, in: Zeitschrift für Ausländerrecht und Ausländerpolitik, 25.2005, H. 2, S. 61–66.

Kimminich, Otto: Asylrecht, Berlin 1968.

Kluth, Winfried/Bohley, Michelle: in: Ausländerrecht, Beck Online-Kommentare, AufenthG § 23 Rn. 3 und AufenthG § 22 Rn. 12.

Poutrus, Patrice: Umkämpftes Asyl. Vom Nachkriegsdeutschland bis in die Gegenwart, Berlin 2019.

Thym, Daniel: Asylrecht, in: Eberhard Grabitz/Meinhard Hilf/Martin Nettesheim (Hg.), Das Recht der Europäischen Union: EUV/AEUV (Stand August 2020), Art. 78 AEUV Rn. 229.

25 Kluth/Bohley, Beck Online-Kommentar, AuslR, AufenthG § 23 Rn. 10.

Petra Bendel

Kein Silberstreif am Horizont: Europas Flüchtlingspolitik. Ein Debattenbeitrag

Zwei Themen prägen die EU-Flüchtlingspolitik von jeher: erstens der Konflikt um die Verantwortungsteilung für Schutzsuchende unter den Mitgliedstaaten und zweitens der Zielkonflikt zwischen der Steuerung und Kontrolle von Migration auf der einen und der Schutzgewährung für Asylsuchende auf der anderen Seite. An diesen Konflikten scheiterten regelmäßig die Reformen des Gemeinsamen Europäischen Asylsystems (GEAS). Sich auf einen (obligatorischen) Verteilungsschlüssel zu einigen, der das viel gescholtene Dublin-System ersetzen würde, erwies sich angesichts der zusehends polarisierten Positionen der EU-Mitgliedstaaten bislang als unmöglich.[1] Nach wie vor gilt daher das Prinzip, dass derjenige Staat für die Behandlung eines Asylgesuchs zuständig ist, dessen Territorium ein Schutzsuchender zuerst betreten hat. Es steht im Jahr 2023 erneut im Zentrum der Brüsseler Debatten.

Statt sich auf eine interne Verantwortungsteilung zu einigen, verstärkten die Entscheidungsträger, unter massiver Einflussnahme der Mitgliedstaaten im Rat, in der vergangenen Dekade vielmehr die Außengrenzen und kooperierten mit Staaten jenseits der EU-Grenzen. Die Drittstaaten wurden stark zur Rücknahme abgelehnter Asylsuchender aus der EU gedrängt. Migrationskontrolle ging zusehends auf Kosten des Zugangs zu Asylverfahren und von Schutzgewährung.[2]

Selbst da, wo gemeinsame Schutznormen gesetzt wurden, hielten die Mitgliedstaaten diese oft nicht ein. Schlimmer noch: In klarer Verletzung völker- und EU-rechtlicher Normen to-

---

1 Bendel/Ripoll Servent, Asylum and Refugee Protection.

2 Bendel, Gefangen in Zielkonflikten.

lerieren oder unterstützen EU-Mitgliedstaaten und wohl auch Frontex, die Europäische Agentur für die Grenz- und Küstenwache, Pushbacks in der Ägäis, an den EU-Landgrenzen und in den spanischen Exklaven in Nordafrika. Diese Zurückweisung von schutzsuchenden Menschen an der Grenze ohne ein individuelles Asylverfahren ist eine Praxis, die allzu oft straflos bleibt. Das europäische System setzt zu wenige Anreize, um die internationalen und selbstgesetzten Regeln zu befolgen.

Diese grundsätzliche Tendenz zu einer ordnungspolitischen Schlagseite der EU-Asylpolitik zeigte sich bereits bei dem 2016 verabschiedeten Pakt für Asyl und erneut bei dem über zwei Jahre verhandelten Reformpaket, dem Neuen Pakt für Asyl und Migration von 2020. Zudem erwies sich die anvisierte Ablösung des Dublin-Zuteilungssystems für die Asylgesuche als Spaltpilz: Während die Mittelmeer-Staaten an den Außengrenzen auf eine fairere Umverteilung drängen, verweigern sich die Visegrád-Staaten Polen, Tschechien, Slowakei und Ungarn, gemeinsam mit Österreich und Dänemark, weiterhin einer (obligatorischen) Lösung, und die Staaten, die eher von Weiterwanderung aus den Außengrenzstaaten betroffen sind, suchen vor allem dieser Sekundärmigration Einhalt zu gebieten.[3] Nur in sehr kleinen Schritten kam die Verteilungsfrage 2022 durch einen wenig begrüßenswerten Deal voran: Im Gegenzug zu einer politischen Einigung auf die sogenannte Screening-Verordnung, die wiederum einseitig den Staaten an den Außengrenzen die Verantwortung für die Überprüfung von Schutzsuchenden auferlegt (und dabei zahlreiche flüchtlingsrechtliche Fragen aufwirft), einigten sich 18 Mitgliedstaaten (und drei weitere Schengen-Staaten) darauf, aus Seenot Gerettete temporär zu verteilen. Die erschreckend niedrigen Zahlen der Einigung: 13 Staaten sollten insgesamt 8000 Personen umverteilen, aber Frankreich zog diese Zusage nach einem Konflikt mit Italien bereits zurück. Der Zugang zum Flüchtlingsschutz an den Grenzen und in den Aufnahmezentren der Mitgliedstaaten steht weiterhin zur Verhandlung auf der Agenda, als Teil

3 Engler et al., Zwei Jahre EU-Migrationspakt.

der Asylverfahrensverordnung und der Asyl- und Migrationsmanagementverordnung.

Bezüglich ihrer mangelnden Schutzgewährung zu Recht kritisiert wurde zuletzt die von der Europäischen Kommission Ende 2021 vorgelegte »Instrumentalisierungsverordnung«: Wenn Geflüchtete aktiv an die EU-Außengrenzen gebracht werden, wie von Belarus im Jahr 2020, soll diesem Vorschlag zufolge ein »Notverfahren« eingesetzt werden. Kritiker befürchten nicht nur, dass Europa damit zu einer primär nationalstaatlichen Auslegung der Flüchtlingsrechte zurückkehrt. Sie warnen auch vor einer weiten Auslegung dessen, was als »Notsituation« definiert wird, welche dazu führen könnte, dass flüchtlingsrechtliche Garantien willkürlich beschnitten werden. Dies betrifft insbesondere den Zugang zum Schutz und das Recht auf Nicht-Zurückweisung.

Die Europäische Kommission befindet sich während der andauernden Verhandlungen über den Neuen Pakt in einem politischen Dilemma: Einerseits ist sie die Hüterin der Verträge und muss das europäische Recht kontrollieren. Andererseits will sie ihre Pläne für eine erneuerte Migrations- und Asylpolitik durchbringen, und dazu ist sie auf die Kooperation der Staaten an den Außengrenzen, wie Griechenland, angewiesen. Vertragsverletzungsverfahren sind mit Rücksicht auf die Mitgliedstaaten daher die Ausnahme. Eher eine Besonderheit stellt auch die Verurteilung Griechenlands durch den Europäischen Gerichtshof für Menschenrechte im Juli 2022 dar.

Die Einigung über das Reformpaket steht unter keinem guten Stern – erstens aufgrund der veränderten Konstellation der Akteure im Rat und zweitens aufgrund des Zeitdrucks, dem sie ausgesetzt sind.

Nach den letzten Wahlen in Italien und Schweden 2022, wo mit anti-migrantischen Diskursen jeweils rechtspopulistische bis rechtsextreme Kräfte in die Regierungen drängten, stehen zusammen mit Polen und Ungarn nunmehr mindestens vier stark nationalistische Regierungen einer gemeinsamen EU-Flüchtlingspolitik skeptisch bis ablehnend gegenüber. Sie verweigern sich einer fairen Verteilung von Schutzsuchenden und befürworten offen eine stärkere Abschottung der Europäischen

Union. Wie Natascha Zaun und Ariadna Ripoll Servent anhand der Dublin-IV-Verhandlungen gezeigt haben,[4] tendieren populistische Regierungen im Rat der Europäischen Union zu einer Verweigerungshaltung und nehmen auch Nicht-Entscheidungen in Kauf, wenn sie ihre maximalistischen Forderungen nicht durchzusetzen vermögen. Somit können sie die EU als handlungsunfähig und sich selbst gegenüber ihrer Wählerschaft als Krisengewinner präsentieren. Allerdings: Auch in Österreich, den Niederlanden und Frankreich lassen sich Tendenzen einer Verschärfung der Asylpolitik beobachten. Eine »Koalition der Willigen« zur besseren Verteilung von Asylsuchenden und der Gewährung von Flüchtlingsschutz, wie sie die Bundesregierung innerhalb der EU anzuführen bereit ist, besteht demgegenüber aus immer weniger Willigen und potenziell aufnahmebereiten Mitgliedstaaten. Vor diesem Hintergrund bleiben den Reformvorhaben des Neuen Pakts für Asyl und Migration wenig Chancen, das Rad hin zu mehr Flüchtlingsschutz zu drehen.

Hinzu tritt ein hoher Zeitdruck: Rat und Parlament haben sich auf einen Abschluss der Reformen bis April 2024 geeinigt. Zugleich steigt die Notwendigkeit, auf die insgesamt gestiegenen Asylgesuche in der EU sowie die erneut anwachsenden Fluchtbewegungen entlang der zunehmend komplexeren und gefährlicheren Routen über den Balkan und das Mittelmeer zu reagieren. Zahlreiche Schutzsuchende aus Syrien, Iran, Afghanistan und Irak verlassen Aufnahme- und Transitstaaten wie die Türkei, Griechenland oder auch Italien, wo sich die wirtschaftliche und innenpolitische Situation verschärft. Die politische Lage in Afghanistan, Iran und im Irak treibt weitere Menschen in die Flucht. Diese Bewegungen und die weiterhin hohen Zugänge aus der Ukraine verstärken die Sorge mancher Beobachter, dass die EU-Mitgliedstaaten eher zu noch stärkeren Abwehrmaßnahmen greifen werden.

Entgegen den in NGO-Kreisen gehegten Hoffnungen hat auch die große Solidarität mit den Flüchtlingen aus der Ukraine bislang kein neues Gelegenheitsfenster für eine bessere Verantwortungsteilung und Solidarisierung mit den EU-Staaten an

---

4 Zaun/Ripoll Servent, Perpetuating Crisis as a Supply Strategy.

den südlichen und östlichen Außengrenzen eröffnet. Denn die östlichen Grenzstaaten sind auch nach der Aufnahme vieler Ukraine-Flüchtlinge weit davon entfernt, ihren nationalistischen und oft auch islamfeindlichen Kurs aufzugeben.[5] Selbst die Geflüchteten aus der Ukraine sind innerhalb Europas höchst ungleich verteilt; nicht einmal die eigentlich in der 2022 eingesetzten sogenannten »Massenzustrom-Richtlinie« vorgesehenen Aufnahmekontingente wurden genutzt, um bessere Verteilungsgerechtigkeit zu erreichen.

Im Frühjahr 2024 stehen die nächsten Europawahlen an. Themen wie Flucht und Migration zählen für die Unionsbürgerinnen und -bürger Umfragen zufolge kontinuierlich zu den Topthemen.[6] Sollte es rechtspopulistischen oder rechtsextremen Kräften gelingen, bis zur Europawahl die Sorgen der ohnehin durch die anhaltende Covid-19-Pandemie und die kriegsbedingte Energiekrise belasteten Bürgerinnen und Bürger zu instrumentalisieren und Migrantinnen und Migranten zu Sündenböcken zu erklären, könnte ein folgenreicher Stimmungsumschwung bevorstehen.

Wenig Zeit und wenige Chancen bleiben also der EU und ihren Mitgliedstaaten, in der gemeinsamen Asylpolitik einen überfälligen menschen- und flüchtlingsrechtlichen Kurs einzuschlagen. Sie müssten eine neue solidarische Regelung an die Stelle des ungerechten Dublin-Systems setzen, auch wenn dazu nur wenige Vorreiter bereit sind. Sie müssten den restriktiven Tendenzen im »Neuen Pakt« entgegenwirken und endlich den illegalen Pushbacks an den Außengrenzen Einhalt gebieten. Sie müssten stattdessen die flüchtlings- und menschenrechtlichen Regelungen und Monitorings bei der Kooperation mit Drittstaaten, an den Außengrenzen und im Inneren der EU stärken und dazu auch die entsprechenden Förderinstrumente als Druckmittel einsetzen. Die Mitgliedstaaten selbst müssten sich um die korrekte Umsetzung von Richtlinien und Verordnungen und den Einsatz unabhängiger Monitoring-Kommissionen

---

5 Bendel, Willkommenskultur 2.0.

6 Eurobarometer, Spezial-Eurobarometer 517; Eurobarometer, Standard Eurobarometer Umfrage 95.

kümmern. Und die Europäische Kommission dürfte sich nicht länger scheuen, entsprechende Vertragsverletzungsverfahren einzuleiten (die im Übrigen auch von einzelnen Mitgliedstaaten angestrengt werden können).

Die Herausforderungen der EU-Flüchtlingspolitik sind gewaltig. Angesichts der dunklen Wolken, die sich am Horizont verdichten, fällt es schwer, noch den Silberstreif zu erkennen.

Literatur

Bendel, Petra: Gefangen in Zielkonflikten: die Gemeinsame Europäische Asylpolitik, in: Aus Politik und Zeitgeschichte, 2022, Nr. 42/43, S. 11–16, https://www.bpb.de/shop/zeitschriften/apuz/festung-europa-2022/

Bendel, Petra: Willkommenskultur 2.0. Die Aufnahme von Ukraine-Flüchtlingen durch die EU: Vorbild für den Umgang mit Schutzsuchenden allgemein?, in: Thomas Mirow (Hg.), Wende in Europa: Ausblick auf eine neue Zeit. Berichte zur Lage der Nation, Berlin 2022, S. 217–240.

Bendel, Petra/Ripoll Servent, Ariadna: Asylum and Refugee Protection: EU Policies in Crisis, in: Ariadna Ripoll Servent/Florian Trauner (Hg.), Routledge Handbook of Justice and Home Affairs Research, London 2018, S. 59–69.

Engler, Marcus/Welfens, Natalie/Rasche, Lucas: Zwei Jahre EU-Migrationspakt. Was bleibt vom Neustart?, 2022, https://fluchtforschung.net/blogbeitraege/zwei-jahre-eu-migrationspakt-was-bleibt-vom-neustart/

Eurobarometer: Spezial-Eurobarometer 517, Herbst 2021, https://europa.eu/eurobarometer/screen/home

Eurobarometer: Standard Eurobarometer Umfrage 95, 2021, https://europa.eu/eurobarometer/screen/home

Leonhard, Ralf: Balkanroute wieder dicht?, in: taz, 4.10.2022, https://taz.de/Migration-in-die-EU/!5886062/

Zaun, Natascha/Ripoll Servent, Ariadna: Perpetuating Crisis as a Supply Strategy: The Role of (Nativist) Populist Governments in EU Policymaking on Refugee Distribution, in: Journal of Common Market Studies, 2022, September, https://onlinelibrary.wiley.com/doi/10.1111/jcms.13416

Marcus Engler

Der Globale Flüchtlingspakt: Ziele, Instrumente, Umsetzung

Die Zahl der Schutzsuchenden weltweit steigt seit mehr als einem Jahrzehnt kontinuierlich an und hat 2022 die Schwelle von 100 Millionen überschritten. Diese Menschen sind sehr ungleich über den Planeten verteilt. Welche Rechte Flüchtlingen gewährt werden und wie ihre Lebensbedingungen aussehen, wird auf den verschiedensten politischen Ebenen ausgehandelt. Vollkommen unzureichend geregelt bleibt allerdings die Frage der internationalen Verantwortungsteilung auf globaler Ebene. Der 2018 verabschiedete Globale Flüchtlingspakt versucht dieses Problem anzugehen. Der folgende Beitrag rekonstruiert zunächst die Hintergründe und den Entstehungskontext des Paktes. Anschließend werden die zentralen Inhalte vorgestellt und die bisherige Umsetzung analysiert.

Hintergrund

Das moderne internationale Flüchtlingsregime ist vor dem Hintergrund der millionenfachen Vertreibungen während der beiden Weltkriege und in der Zwischenkriegszeit entstanden. Fehlende verbindliche Regeln und internationale Kooperation hatten in den 1930er Jahren dazu geführt, dass die meisten Staaten jüdischen und anderen Flüchtlingen Schutz verwehrten, was für viele von ihnen den Tod bedeutete. Infolge dieser Erfahrung und angesichts zahlloser Flüchtlinge nach dem Ende des Zweiten Weltkriegs wurden Anfang der 1950er Jahre das UN-Hochkommissariat für Flüchtlinge (UNHCR) gegründet und die Genfer Flüchtlingskonvention ausgehandelt. Diese Institutionen sind bis heute zentrale Grundpfeiler des Flüchtlingsschutzes. Auf Grundlage der Genfer Flüchtlingskonvention erhielten in den vergangenen Dekaden Millionen Menschen Schutz.

Dennoch weist der internationale Flüchtlingsschutz weiterhin erhebliche Schwächen auf, die von Menschenrechtsorganisationen, aber auch von Wissenschaftler:innen seit langem angeprangert werden. Erstens ist der Flüchtlingsschutz chronisch unterfinanziert: In den vergangenen Jahren stellten die Staaten etwa dem UNHCR nur rund 50 Prozent der benötigten Gelder zur Verfügung. Millionen von Menschen erhalten deshalb nur unzureichende Hilfe, und oft fehlt es an überlebensnotwendigen Gütern wie Lebensmitteln oder Medikamenten. Zweitens kommt es trotz rechtsverbindlicher Abkommen wie der Genfer Flüchtlingskonvention wiederkehrend zu eklatanten Verletzungen des Flüchtlingsrechts: Schutzsuchenden wird die Einreise verwehrt, oder sie werden durch Pushbacks, also das Zurückdrängen oder Zurückweisen an der Grenze, von asylrechtlichen Regelungen ausgeschlossen, in gefährliche Transit- oder Herkunftsländer zurückgeschoben oder gar von Regierungen, Schmugglern oder Milizen festgehalten und misshandelt. Das führt zu erheblichem Leid und immer wieder zu Toten. Drittens wird eine weitere wichtige Funktion des Flüchtlingsregimes nur unzureichend erfüllt: das Bereitstellen dauerhafter Lösungen für Schutzsuchende – also die sichere Rückkehr ins Herkunftsland, eine dauerhafte Integration im Aufnahmeland oder die Umsiedlung in aufnahmebereite Drittstaaten, das sogenannte Resettlement. Im Ergebnis leben Millionen Menschen über Jahre und zum Teil Jahrzehnte in einem Schwebezustand. Viertens werden geflüchtete Menschen von Regierungen und Hilfsorganisationen häufig entweder als passive Hilfeempfänger:innen, als Belastung oder sogar als Bedrohung dargestellt. Dies führt zu Politiken, die die Interessen, Bedürfnisse und Potenziale schutzsuchender Menschen nicht ausreichend berücksichtigen.

Auch wenn die Zahl der Geflüchteten in den letzten Jahren deutlich angestiegen ist, ist das Narrativ einer Überforderung kritisch zu sehen. Insbesondere wenn die Zahl der Flüchtlinge und Asylsuchenden global in Relation zur Weltbevölkerung gesetzt wird – die in den vergangenen Jahrzehnten ebenso kontinuierlich angestiegen ist –, dann liegt der Anteil bei deutlich unter 0,5 Prozent, was keine Überforderung darstellt. Die Staaten verfügen über ausreichende Ressourcen, um alle Flüchtlinge weltweit zu versorgen und dauerhafte Lösungen bereitzustellen.

Ein zentrales Problem liegt in den fehlenden verbindlichen Regelungen über die internationale Teilung von Verantwortung. Zwar ist die Bedeutung von Verantwortungsteilung bereits in der Präambel der Genfer Flüchtlingskonvention festgehalten und von den Staatenvertreter:innen in zahlreichen Erklärungen immer wieder anerkannt worden. Jedoch gibt es keine verbindlichen Mechanismen, um diese umzusetzen. Konkrete Maßnahmen der Verantwortungsteilung, wie die Bereitstellung von finanziellen Mitteln oder Resettlement-Plätzen, beruhen auf dem Prinzip der Freiwilligkeit. Zahlreiche Regierungen beteiligen sich nicht oder implementieren Politiken der Verantwortungsverschiebung, etwa durch Abschreckungsmaßnahmen oder durch das Unterlaufen flüchtlingsrechtlicher Standards.

In der Vergangenheit gab es immer wieder politische Initiativen, um eine gerechtere Verantwortungsteilung zu etablieren. Diese haben jedoch nichts an den grundsätzlichen Defiziten geändert.

Von der New Yorker Erklärung zum Flüchtlingspakt

Insbesondere durch den Krieg in Syrien kam es ab 2012 zu umfangreichen neuen Fluchtbewegungen. Als diese mit einiger Verzögerung auch die Staaten der Europäischen Union erreichten, wuchs dort das Bewusstsein dafür, dass eine bessere internationale Verantwortungsteilung notwendig ist. Am 19. September 2016 trafen sich Vertreter:innen der UN-Mitgliedstaaten zum ersten UN-Gipfel für Flüchtlinge und Migranten in New York. Bereits im Vorfeld war monatelang über die Abschlusserklärung verhandelt worden. Am Ende des Gipfels verabschiedeten alle 193 UN-Mitgliedstaaten die sogenannte New Yorker Erklärung für Flüchtlinge und Migranten. Sie einigten sich darauf, in Fragen von Flucht und Migration stärker zu kooperieren und die Verantwortung besser zu teilen – ein durchaus historischer Moment.

Die New Yorker Erklärung ist eine Absichtserklärung, die Grundprinzipien darlegt, die Länder mit der Unterzeichnung akzeptieren. Es wurde entschieden, zwei globale Pakte (»Global Compacts«) zu erarbeiten – einen für Migration und einen zur

Flucht, letzterer wird vom UNHCR koordiniert. Diese Trennung zwischen Flucht und Migration und den entsprechenden Politiken wird aus der Wissenschaft vielfach kritisiert. Aufgrund der politischen Sensibilität, der komplexen Interessenlagen und einer bereits seit langem bestehenden institutionalisierten Trennung des Migrations- und Flüchtlingsregimes entschieden sich die Regierungen aber für dieses Vorgehen.

Die New Yorker Erklärung war vor allem ein politisches Statement. Ihr wurde ein sogenanntes Comprehensive Refugee Response Framework (CRRF) als ein umfassender Rahmenplan für Flüchtlingshilfemaßnahmen angehängt. Der Plan betrifft größere und langandauernde Fluchtsituationen und präzisiert die vier zentralen Ziele, die später in den Globalen Flüchtlingspakt (Global Compact on Refugees) übernommen worden sind. Erstens sollen Aufnahmeländer – überwiegend ärmere Länder – ausreichend (finanzielle) Unterstützung erhalten. Dabei sollte unter anderem eine stärkere Verknüpfung von Flüchtlings- und Entwicklungspolitik erfolgen. Zweitens soll die Selbständigkeit von Geflüchteten (die sogenannte Self-Reliance) gefördert werden. Das dritte Ziel bildet der Ausbau des Zugangs zu Lösungen in Drittstaaten, insbesondere über Resettlement. Im Comprehensive Refugee Response Framework bekannten sich die Staaten dazu, die Zahl der Resettlement-Plätze dem tatsächlichen Bedarf anzupassen. Viertens schließlich soll die Rückkehr in Herkunftsstaaten durch die Verbesserung der Sicherheits- und Lebensbedingungen erleichtert werden.

Die UN-Generalversammlung beauftragte das UNHCR, die praktische Anwendung des Comprehensive Refugee Response Framework in einer Reihe von Fluchtsituationen zu erproben. Die Erfahrungen sollten in die Entwicklung des Flüchtlingspaktes einfließen. In den Jahren 2017 und 2018 wurde das Comprehensive Refugee Response Framework in mehr als einem Dutzend Ländern, vor allem in Afrika und Mittelamerika, eingeführt. Zeitgleich gab es intensive Diskussionen mit zahlreichen Akteur:innen des Flüchtlingsschutzes, deren Ergebnisse in die Entwicklung des Paktes eingeflossen sind. Anfang 2018 legte das UNHCR dann einen ersten Entwurf des Flüchtlingspakts vor. Anschließend organisierte es Konsultationen mit Vertreter:innen von Staaten und anderen Organisationen, wodurch der Textentwurf angepasst wurde. Dabei drängten diverse Staaten darauf, eine Reihe von aus ihrer Sicht zu ambitionierten Zielen aus dem Text zu streichen.

Am 17. Dezember 2018 nahm die Generalversammlung den Flüchtlingspakt mit großer Mehrheit an: 181 von 193 Staaten stimmten dafür, nur Ungarn und die USA (unter Präsident Trump) votierten dagegen; Eritrea, Libyen und die Dominikanische Republik enthielten sich; Nordkorea, Israel, Mikronesien, Naura, Polen, Tonga und Turkmenistan nahmen nicht an der Abstimmung teil. Die Zustimmung war deutlich größer als beim Globalen Migrationspakt, für den zwei Tage später nur 152 Regierungen votierten. Der Migrationspakt war in vielen Staaten Ziel einer großangelegten Kampagne rechter Kräfte geworden, was sich auf das Abstimmungsverhalten einiger Regierungen auswirkte. Solche Kampagnen betrafen den Flüchtlingspakt deutlich weniger.

Inhalte des Paktes

Formal besteht der rund fünfzigseitige Text des Flüchtlingspakts aus vier Teilen: erstens einem einleitenden Teil, der unter anderem den Hintergrund, die Grundprinzipien und Ziele enthält; zweitens dem Comprehensive Refugee Response Framework, das wortgleich aus der New Yorker Erklärung übernommen wurde; drittens einem Aktionsprogramm und viertens Bestimmungen für die Umsetzung und Überprüfung des Paktes.

Das übergeordnete Ziel des Flüchtlingspakts ist, einen Rahmen für eine verlässliche und gerechte Verantwortungsteilung im Flüchtlingsschutz zu bieten und auf diese Weise bestehende Defizite zu überwinden. Einbezogen sind neben den Staaten auch humanitäre, Entwicklungs- und zivilgesellschaftliche Organisationen, Wissenschaft, Medien, Privatwirtschaft, Städte und Flüchtlinge selbst. Die bereits im Comprehensive Refugee Response Framework enthaltenen vier Zielsetzungen wurden im Pakt übernommen. Zudem findet sich ein Abschnitt, in dem sich Staaten zur Prävention von Konflikten und zur Beseitigung von Fluchtursachen verpflichten.

Im Aktionsprogramm werden die im Pakt und im Comprehensive Refugee Response Framework formulierten Ziele präzisiert und Mechanismen zu deren Umsetzung skizziert. Ein Ziel des Aktionsprogramms ist es auch, Staaten und andere Akteur:innen zusammenzubringen und zu mobilisieren, die bisher keinen Beitrag zum Flüchtlingsschutz geleistet haben. Im Programm werden zudem die Bereiche aufgezählt, in denen Unterstützung geleistet werden muss, und präzisere Angaben zu dauerhaften Lösungen gemacht. Ein weiterer Abschnitt widmet sich der Bedeutung von Daten und Analysen.

Im Aktionsprogramm findet sich die wichtigste Innovation des gesamten Paktes: das Globale Flüchtlingsforum (Global Refugee Forum). Auch dieses ist nicht vollkommen neu und orientiert sich an ähnlichen Foren, etwa im Bereich von Resettlement. Das Globale Flüchtlingsforum soll ab 2019 alle vier Jahre stattfinden. Hier sollen Staaten und weitere Akteur:innen eigene Beiträge – etwa finanzielle Zahlungen, Aufnahmeplätze oder andere Unterstützungsmaßnahmen ankündigen, deren Umsetzung dann überprüft werden kann. Zwischen den Zusammenkünften des Globalen Flüchtlingsforums gibt es alle zwei Jahre ein kleineres Treffen, bei dem die erzielten Fortschritte überprüft werden. Im Aktionsprogramm finden sich weitere Instrumente, mit denen Verantwortungsteilung organisiert werden kann, wie zum Beispiel sogenannte Support Platforms für spezifische Fluchtsituationen. Dabei handelt es sich um einen von einer Gruppe von Staaten geleiteten Mechanismus, der das Ziel hat, Unterstützung für Flüchtlinge und Aufnahmestaaten in einer besonders von Flucht betroffenen Region zu organisieren.

Was sich im Pakt nicht findet und auch während der Konsultationen nicht ausführlicher beraten wurde, ist eine Diskussion des Flüchtlingsbegriffs. In den zurückliegenden Jahren wurde unter anderem in Wissenschaft und Politik regelmäßig darüber diskutiert, ob die aus der Nachkriegszeit stammende Flüchtlingsdefinition der Genfer Flüchtlingskonvention noch zeitgemäß ist. Verschiedene Vorschläge wurden über die Zeit hinweg gemacht, wie die Flüchtlingskonvention ausgedehnt werden könnte, um einen größeren Kreis an Schutzbedürftigen zu erreichen. Aus Sorge vor einer Verwässerung der Flüchtlingskonvention hat sich das UNHCR jedoch dafür entschieden, diese Diskussion nicht auf die Agenda zu setzen. Einen Konsens in dieser Frage zu finden, wäre mit mehr als 190 Staaten ohnehin sehr anspruchsvoll.

Insgesamt enthält der Pakt keine wirklichen inhaltlichen Neuerungen und ist eher ein Abbild der Komplexität der internationalen Flüchtlingspolitik. Die im Pakt enthaltenen Maßnahmen sind als Möglichkeiten formuliert. Der Pakt ist für die Staaten und andere Akteur:innen nicht verbindlich. Dies ist jedoch kein Versäumnis des UNHCR, da sich die Staaten wohl kaum darauf eingelassen hätten.

Was seit der Verabschiedung geschah

Die Umsetzung und Auswirkungen des Globalen Flüchtlingspakts sind sehr schwierig zu messen und zu beurteilen. Denn beim Pakt handelt es sich um eine politische Absichtserklärung, die potenziell weltweit Anwendung finden kann, aber nicht muss. Zudem werden sowohl Fluchtbewegungen als auch flüchtlingspolitische Entscheidungen von einer Vielzahl von Faktoren auf unterschiedlichen Ebenen beeinflusst. Jedoch gibt es Versuche, anhand von Indikatoren Entwicklungen zu ermitteln.

Zunächst fand das erste Globale Flüchtlingsforum im Dezember 2019 statt – also genau ein Jahr nach Verabschiedung des Paktes. Umfangreiche finanzielle Zusagen, etwa für die Versorgung und Integration von Geflüchteten, kamen vor allem von einzelnen Staaten, internationalen Organisationen wie der Weltbank und aus dem privaten Sektor. Einzelne Staaten machten aber auch Zusagen zur Verbesserung der rechtlichen Situation von Flüchtlingen und Binnenvertriebenen. Auf dem Forum wurden zudem drei Support-Plattformen ins Leben gerufen, die auf bereits bestehenden regionalen Koordinierungsstrukturen aufbauen (»Zentralamerika und Mexiko«, »Ostafrika« sowie »Afghanistan und Nachbarstaaten«). Einige Staaten versprachen zudem, ihre Schutzkapazität (*protection capacity*) in unterschiedlichen Bereichen zu verbessern. Darüber hinaus gab es Zusagen im Hinblick auf die Bereitstellung der drei dauerhaften Lösungen für Schutzsuchende. Im Vergleich zum Bedarf waren die Zusagen jedoch vollkommen unzureichend. Inwiefern die Zusagen ein direktes Ergebnis des Globalen Flüchtlingspakts sind, ist nicht eindeutig zu bestimmen. Es ist jedoch wahrscheinlich, dass der politische Prozess und die zahllosen Gespräche einen gewissen Mobilisierungseffekt hatten.

Um den Fortschritt des Globalen Flüchtlingspakts zu messen, hat das UNHCR – in Konsultation mit verschiedenen Interessengruppen – ein Indikatorenset entwickelt. Dieses bricht die vier Ziele des Pakts auf 15 Teilindikatoren herunter. Der erste Indikatorenbericht wurde 2021 veröffentlicht. Einen dazu ergänzenden Bericht legten der Danish Refugee Council, das International Rescue Committee und der Norwegian Refugee Council ebenfalls 2021 vor. Dieser konzentriert sich auf die Auswirkungen des Pakts in drei Aufnahmestaaten (Uganda, Kolumbien, Bangladesch) und vier Geberstaaten beziehungsweise -regionen (EU, USA, Deutschland und Dänemark). Der Bericht der drei Nichtregierungsorganisationen betont zunächst, dass eine weltweite Umsetzung des Globalen Flüchtlingspakts aufgrund des nicht-verpflichtenden Charakters von vornherein nicht zu erwarten war. Die unterschiedliche Relevanz zeigt sich deutlich bei den betrachteten Aufnahmestaaten. So wurde in Uganda das Comprehensive Refugee Response Framework sehr früh von der Regierung als strategisches Instrument genutzt, aber dessen Kernpunkte waren dort ohnehin schon Praxis. Die Bezugnahme auf den Pakt hat jedoch nichts daran geändert, dass die finanzielle Unterstützung, die das Land von anderen Staaten erhält, viel zu gering ist. In Bangladesch und Kolumbien hingegen spielt der Pakt keine Rolle, obwohl die Regierungen dafür gestimmt hatten. Die Schutzsuchenden erhalten keinen Flüchtlingsstatus, und die Regierungen beziehen sich nicht auf den Pakt. Am Beispiel Dänemarks wird deutlich, dass sich Regierungen auch sehr selektiv an den Zielen des Paktes orientieren können. So bleibt das Land weiterhin ein wichtiger Geldgeber für das UNHCR, verfolgt aber zugleich eine strikte Agenda der Externalisierung. So strebt die aktuelle Regierung unter anderem an, Asylanträge in Drittstaaten durchführen zu lassen.

Bezüglich des ersten Ziels des Globalen Flüchtlingspakts – Druck auf Aufnahmeländer verringern und ausreichend (finanzielle) Unterstützung leisten – sieht der Indikatorenbericht des UNHCR eine wachsende Zahl von Geldgebern und einen Anstieg des Umfangs staatlicher Entwicklungshilfe. Das ändere aber nichts daran, dass das UNHCR weiterhin über viel zu geringe Mittel verfüge.

Das Ziel der Stärkung der Eigenständigkeit von Geflüchteten misst der Indikatorenbericht des UNHCR von 2021 unter anderem am Zugang zu menschenwürdiger Arbeit und dem Recht auf Freizügigkeit. In den untersuchten 25 wichtigen Aufnahmestaaten hätten drei Viertel der Geflüchteten ganz oder teilweise Zugang zu menschenwürdiger Arbeit. Allerdings ist nicht klar, welchen Einfluss der Pakt darauf hatte. Zudem bedeutet rechtlicher Zugang zum Arbeitsmarkt nicht, dass Geflüchtete auch tatsächlichen Zugang zu guten Arbeitsbedingungen haben.

Ferner hatten von den 11,2 Millionen Flüchtlingen, die in die Analyse einbezogen wurden, 8 Millionen (64 %) das uneingeschränkte Recht auf Freizügigkeit (7 % teilweise, 29 % gar nicht). Diese Freizügigkeit kann jedoch in der Praxis eingeschränkt sein, etwa durch Verwaltungsregeln, Korruption, die Sicherheitslage oder fehlende finanzielle Ressourcen. Der UNHCR-Bericht enthält auch Angaben zum Zugang zu Bildung und zum Thema Armut. Obwohl die Datenlage dünn ist, wird deutlich, dass es weiterhin große Herausforderungen gibt und Entwicklungen regional sehr unterschiedlich verlaufen.

Bei dem Ziel der Ausweitung von Lösungen für Schutzsuchende ist die Situation am dramatischsten. Seit 2016 war ein starker Rückgang der Resettlement-Zahlen festzustellen. Die Lücke zwischen dem vom UNHCR festgestellten Bedarf und der Zahl umgesiedelter Personen vergrößerte sich dramatisch. Diese Entwicklung ist ab 2017 zunächst auf die Entscheidung von US-Präsident Trump zurückzuführen, das US-Resettlement-Kontingent drastisch zu reduzieren. 2019 stiegen die Zahlen – als Ergebnis eines etwas stärkeren Engagements anderer Staaten – leicht an, blieben aber deutlich unter dem Niveau früherer Jahre. Infolge der Covid-Pandemie brachen die Zahlen ab 2020 ein. Seit 2021 gibt es einen leichten Anstieg, der sich

2022 fortgesetzt hat. Insgesamt ist nicht nur die Zahl der Plätze, sondern auch die der Länder, die ein aktives Resettlement-Programm haben, seit 2018 gesunken. Quantitativ bedeutsamer sind die sogenannten komplementären Zugangswege für Schutzsuchende. Damit sind sichere und geordnete Einreisemöglichkeiten für Flüchtlinge gemeint, bei denen – anders als beim klassischen Resettlement – der Schutzbedarf nicht das einzige beziehungsweise am stärksten gewichtete Aufnahmekriterium ist. Quantitativ am bedeutsamsten ist der Familiennachzug. Auch hier gab es vor allem durch die Pandemie einen Rückgang der Zahlen. Als positive Entwicklung ist die Zunahme der Zahl der Staaten zu nennen, die private Sponsorenprogramme sowie arbeits- oder bildungsbasierte Aufnahmeprogramme für Geflüchtete eingerichtet haben. Diese Programme sollen Resettlement ergänzen. Bei privaten Sponsorenprogrammen ermöglichen Personen oder Organisationen in Zielstaaten die Aufnahme von Flüchtlingen durch eigene Unterstützungsbeiträge. Arbeits- beziehungsweise bildungsbasierte Aufnahmeprogramme zielen darauf ab, Flüchtlinge zum Zweck der Weiterbildung oder der Arbeitsaufnahme in aufnahmebereite Staaten umzusiedeln. Bisher haben diese Programme jedoch einen sehr begrenzten Umfang.

Auch beim vierten Ziel, der Verbesserung der Bedingungen in Herkunftsländern für eine Rückkehr in Sicherheit und Würde, kann kein Fortschritt festgestellt werden. Zwar wurden laut dem UNHCR-Indikatorenbericht umfangreiche finanzielle Mittel zur Unterstützung der Wiedereingliederung von Rückkehrenden zur Verfügung gestellt. Der Umfang dieser Mittel ist jedoch von 2018 zu 2019 deutlich gesunken. Zugleich ist aber seit 2016 ein Rückgang der Zahl der Rückkehrenden zu beobachten. 2021 gab es laut jüngeren Angaben vom UNHCR einen Anstieg, der jedoch zum Großteil aus der Rückkehr von Flüchtlingen in ein einziges Land, den Südsudan, resultiert.

Fazit und Ausblick

Bei einem unbeschönigenden Blick ist zu resümieren, dass Fortschritte zur Erreichung der Ziele des Flüchtlingspakts bislang begrenzt sind oder sich sogar Verschlechterungen ausmachen lassen. Das Anliegen des Paktes, die Zahl der Staaten zu erhöhen, die sich aktiv am internationalen Flüchtlingsschutz beteiligen, konnte nicht umgesetzt werden. Die Gründe für diese Entwicklungen sind vielfältig. Der Aufstieg rechter und populistischer Regierungen in vielen Staaten hat großen Schaden hinterlassen. Die Covid-Pandemie, die Inflation und die russische Invasion in der Ukraine haben die politischen Prioritäten verschoben und den finanziellen Handlungsspielraum vieler Regierungen verkleinert.

Sicher ist, dass von der New Yorker Erklärung und dem Flüchtlingspakt kurzfristig ein positiver Impuls für die Flüchtlingspolitik ausgegangen ist. So ging die Entwicklung des Paktes mit intensiven flüchtlingspolitischen Konsultationen einher, und die vielen Zusagen auf dem ersten Globalen Flüchtlingsforum sind durchaus bemerkenswert. In Zahlen messbar ist dies allerdings nicht, was vor allem an der äußerst restriktiven Flüchtlingspolitik der USA unter US-Präsident Trump lag. Die Lücke, die etwa bei Resettlement-Plätzen entstanden ist, konnte von anderen Staaten nicht geschlossen werden. Obgleich sie den Flüchtlingspakt bis heute nicht unterzeichnet haben, haben die USA unter Präsident Biden ihr Engagement wieder ausgeweitet. Dies wird etwa deutlich beim Resettlement, beim Umgang mit Schutzsuchenden an der Grenze zu Mexiko oder bei der Finanzierung des Flüchtlingsschutzes. Dieser erneute Politikwechsel stabilisiert den Flüchtlingsschutz insgesamt. Wichtig wäre, dass andere Regierungen ihr Engagement ebenfalls ausbauen. Ob dies – angesichts der schwierigen politischen Umstände – erfolgen wird, bleibt abzuwarten.

Auch wenn die kurzfristige Bilanz des Flüchtlingspakts ernüchternd ausfällt, hat er aus zwei Gründen durchaus das Potenzial, mittel- und langfristig zu wirken. Erstens ist der Pakt eine Art kompakter, aber zugleich umfangreicher flüchtlingspolitischer Werkzeugkasten. Auf den rund 50 Seiten finden sich wesentliche Konzepte, Institutionen und Instrumente des globalen Flüchtlingsschutzes. Zweitens bietet der Pakt einen Rahmen, in dem die flüchtlingspolitischen Handlungen insbesondere von Staaten besser und umfassender als bisher beobachtet werden können. An den im Pakt gemachten Zusagen können Staaten gemessen werden. Drittens werden im Pakt deutlicher als zuvor nicht nur Staaten genannt und einbezogen, sondern eine Vielfalt von Akteur:innen auf unterschiedlichen Ebenen. Das gilt insbesondere für die Privatwirtschaft, die lokalen politischen Ebenen, aber auch die Wissenschaft. Sie erhalten mehr Sichtbarkeit im Flüchtlingsschutz, zugleich werden sie in die Pflicht genommen. Die vielen Konferenzen sowohl bei der Entwicklung des Paktes als auch bei der Implementierung bringen wichtige Akteur:innen regelmäßig zusammen.

Die Herausforderungen in der globalen Flüchtlingspolitik bleiben groß, auch angesichts steigender Zahlen von Geflüchteten. Der Flüchtlingspakt kann – trotz seines unverbindlichen Charakters – mittel- und langfristig ein Werkzeug sein, um den Flüchtlingsschutz zu verbessern. Umsetzungsautomatismen allerdings gibt es nicht, im Gegenteil: Fortschritte müssen auch in Zukunft erstritten werden. Entscheidend bleibt somit die Rolle der Zivilgesellschaft, Druck auf Entscheidungsträger:innen in Politik und Wirtschaft zu machen. Im Dezember 2023 findet das zweite Globale Flüchtlingsforum statt.

Literatur

Carciotto, Sergio/Ferraro, Filippo: Building Blocks and Challenges for the Implementation of the Global Compact on Refugees in Africa, in: Journal on Migration and Human Security, 8.2022, H. 1, S. 83–95.

Danish Refugee Council/International Rescue Committee/Norwegian Refugee Council: The Global Compact on Refugees Three Years On. Navigating Barriers and Maximising Incentives in Support of Refugees and Host Countries, 2021, https://www.rescue.org/report/global-compact-refugees-three-years-navigating-barriers-and-maximizing-incentives-support

Hathaway, James C.: The Global Cop-Out on Refugees, in: International Journal of Refugee Law, 30.2019, H. 4, S. 591–604.

UNHCR: Global Compact on Refugees – Indicator Report 2021, Genf 2021.

Triggs, Gillian D./Wall, Patrick C.J.: ›The Makings of a Success‹. The Global Compact on Refugees and the Inaugural Global Refugee Forum, in: International Journal of Refugee Law, 32.2020, H. 2, S. 283–339.

Mustafa Alio, Rez Gardi und Ulrike Krause

Die Rolle geflüchteter Menschen in der Flüchtlingspolitik

Welche Rolle kommt geflüchteten Menschen in Flüchtlingsschutz und -politik international und lokal zu? Bislang wurden Debatten über internationale Politiken und Schutzstrategien unter Staats- und Regierungschefs, Vertreter:innen internationaler Organisationen und anderen politischen Entscheidungstragenden geführt. Demnach liefen die Aushandlungen über das globale Flüchtlingsschutzregime bislang vornehmlich *über* als *gemeinsam mit* Geflüchteten. Die Geschichte des Regimes zeigt zwar Ausnahmen – so war zum Beispiel der erste Hohe Kommissar der Vereinten Nationen für Flüchtlinge Gerrit Jan van Heuven Goedhart selbst während des Zweiten Weltkriegs geflohen –, dennoch wurden Geflüchtete selten als Akteur:innen im Regime und in Verhandlungen einbezogen, sondern eher als Schutzobjekte betrachtet. Dass dies unzureichend ist, erkennen Staaten jüngst zunehmend an. Aufbauend auf der New Yorker Erklärung für Flüchtlinge und Migranten von 2016, betont auch der Globale Flüchtlingspakt von 2018 das Ziel einer bedeutenden Beteiligung von Geflüchteten.

Dieser Beitrag befasst sich mit der Rolle von Geflüchteten in der Flüchtlingspolitik und im Flüchtlingsschutz und fragt, welche Veränderungen seit Verabschiedung des Globalen Pakts zu erkennen sind. Um sie nachzuzeichnen, wird der Blick zunächst auf den weltweiten Umgang mit Geflüchteten seit den 1950er Jahren gerichtet. Anschließend wendet sich der Beitrag aktuellen Entwicklungen und politischen Debatten zur Beteiligung von Geflüchteten in Flüchtlingspolitik und -schutz zu. Hier wird insbesondere die wichtige Arbeit von Geflüchtetenselbstorganisationen adressiert.

Freiheitskämpfer oder Hilfsbedürftige? Variierende Darstellungen von Geflüchteten in der Vergangenheit

Die aktuelle Darstellung von geflüchteten Menschen ist historisch verankert. Der Zweite Weltkrieg führte zu massiver Gewalt, forderte Millionen von Menschenleben und verursachte weitreichende Vertreibungen. Nach Ende des Krieges befanden sich immer noch viele Geflüchtete in europäischen Ländern in prekären Verhältnissen. Unmittelbar nach ihrer Gründung befassten sich die Vereinten Nationen daher mit dem Thema Flucht. 1950 schufen die UN-Mitgliedstaaten das Amt des Hohen Kommissars der Vereinten Nationen für Flüchtlinge (UNHCR) mit dem Auftrag, Flüchtlinge zu schützen und dauerhafte Lösungen für sie zu finden. Außerdem verabschiedete eine UN-Sonderkonferenz 1951 die Genfer Flüchtlingskonvention. Doch die politischen Verhandlungen waren beeinflusst von den frühen Spannungen des Kalten Krieges. Während westliche Staaten die Konvention und das UNHCR nachdrücklich unterstützten, stellten sich die Sowjetunion und ihre Verbündeten dagegen. In dieser Konstellation wurde ein Regime geschaffen, das sich zunächst auf Flüchtlinge in Europa fokussierte – verankert in der Flüchtlingsdefinition der Konvention: Sie definiert den Flüchtling als Person, die entweder aufgrund von begründeter Furcht vor Verfolgung durch »Ereignisse, die vor dem 1. Januar 1951 in Europa« oder »in Europa oder anderswo« geflohen waren. Ulrike Krause zeigt, dass diese Formulierung aus Verhandlungen resultierte, in denen westliche Staaten ihre Dominanz nutzten, um ihre Interessen durchzusetzen.

Der Schutz der Nachkriegsflüchtlinge war zweifelsohne dringend nötig, aber es ging nicht allein um die Bereitstellung der in der Konvention dargelegten Rechte. Angesichts der Ost-West-Spannungen verfolgten westliche Staaten mit ihrer Auslegung der Flüchtlingsdefinition auch geopolitische Interessen, was das Bild des Flüchtlings nachhaltig prägte. In den 1950er Jahren nutzten westliche Staaten, insbesondere die USA, eine ideologische Interpretation der Flüchtlingsdefinition und machten die Sowjetunion als Verfolgerin aus. Auch östliche Staaten nutzten ideologische Interpretationen, was aber durch ihre Abwendung von der Konvention und dem UNHCR auf globaler Ebene kaum einen Einfluss hatte. Die westliche Auslegung führte zur Darstellung von Menschen, die aus dem kommunistischen Osten in westliche Staaten flohen, als heldenhafte Kämpfer für Freiheit und Demokratie. Es folgte die Entwicklung von Programmen für ihren Schutz, ihre Integration und ihre Neuansiedlung.

Die umfangreichen Fluchtbewegungen außerhalb westlicher Staaten wurden demgegenüber ganz anders eingeordnet. Die Teilung Indiens und Pakistans 1947 nach der Unabhängigkeit von der Kolonialmacht Großbritannien trug Schätzungen zufolge zur Flucht von 18 Millionen Menschen bei. Auch Gewalt in Algerien, Laos, Südafrika und vielen weiteren Staaten führte zu Fluchtbewegungen und wurde primär durch Unabhängigkeitsbestrebungen und die Bemühungen der Kolonialmächte, ihre Herrschaft aufrechtzuerhalten, ausgelöst. Die Mitgliedstaaten der Vereinten Nationen reagierten in den 1950er und 60er Jahren höchst unterschiedlich. Zunächst wurden die fliehenden Menschen häufig als »innere Angelegenheit« bezeichnet, die für die internationale Politik nicht relevant sei. Dies traf beispielsweise auf algerische Flüchtlinge in Tunesien und Marokko zu.

Wegen des Fokus auf Europa musste das UNHCR in den 1950er Jahren darauf warten, für weltweite Schutzmaßnahmen autorisiert zu werden. 1959 hob die Generalversammlung der Vereinten Nationen dieses Autorisierungsverfahren auf. Zu dieser Zeit verlagerte sich der Schwerpunkt des UNHCR auf die humanitäre Hilfe für Geflüchtete in Ländern des Globalen Südens. Diese Unterstützung und die damit einhergehenden politischen Diskurse führten zu viktimisierenden Darstellungen geflüchteter Menschen in Ländern des Globalen Südens. Das Bild hilfloser Massen, die auf humanitäre Hilfe und materielle Unterstützung angewiesen sind, ersetzte das Label des Flüchtlings als heroischer politischer Widerstandskämpfer, wie es zuvor in den westlichen Staaten verbreitet gewesen war.

Wenngleich sich der internationale Flüchtlingsschutz seit den 1950er und 60er Jahren institutionalisiert und gewandelt hat, liegt der Fokus weiterhin auf Flüchtlingen in Ländern des

Globalen Südens und auf der humanitären Hilfe für sie, über die jeweils Staaten und internationale Organisationen wie das UNHCR entscheiden. Somit entwickelte sich ein globales Flüchtlingsschutzregime, in dem die geflüchteten Menschen als hilflose Opfer und zu schützende Objekte dargestellt und behandelt werden. Sie haben selten die Möglichkeit der Teilhabe an politischen Debatten, die sie betreffen – auf nationaler wie auf internationaler Ebene. Mit dem Globalen Flüchtlingspakt von 2018 erkennen die Mitgliedstaaten der Vereinten Nationen jedoch die Notwendigkeit an, dies zu ändern.

Bedeutsame Beteiligung von Geflüchteten? Entwicklungen weltweit und in Ländern des Globalen Südens

Seit 2016 bildet das Versprechen, die Rolle von Geflüchteten bei der Gestaltung und Umsetzung der sie betreffenden Politiken zu stärken, ein wichtiges Thema in internationalen Debatten. Die »bedeutsame Beteiligung« beziehungsweise »meaningful participation« wird zunehmend als wichtiges Element gesehen, um besser auf globale Herausforderungen in Fluchtsituationen reagieren zu können. So betont der Globale Flüchtlingspakt, dass »Maßnahmen am wirksamsten sind, wenn sie die Menschen, die sie schützen und unterstützen möchten, aktiv und bedeutsam mit einbeziehen«. Doch nehmen Staaten tatsächlich Abstand von der bevormundenden Behandlung geflüchteter Menschen?

Obwohl die Beteiligung von Geflüchteten zuletzt in den Fokus der politischen Aufmerksamkeit gerückt ist, werden sie in entscheidenden Diskussionen über internationale oder auch lokale Politiken weiterhin marginalisiert. Am Globalen Flüchtlingsforum der Vereinten Nationen 2019 – dem ersten großen Zusammentreffen von Staaten, das auf die Verabschiedung des Globalen Flüchtlingspakts von 2018 folgte – nahmen beispielsweise rund 3000 Menschen teil, darunter Staats- und Regierungschef:innen, Minister:innen sowie Repräsentant:innen von Hilfsorganisationen und privaten Unternehmen. Unter ihnen waren nur etwa 70 Geflüchtete.

Im Dezember 2021 trafen sich Vertreter:innen von Staaten und andere Akteur:innen des globalen Flüchtlingsschutzregimes virtuell zum sogenannten High-Level Officials Meeting. Ziel war es, eine Bestandsaufnahme der Fortschritte bei der Umsetzung der auf dem Globalen Flüchtlingsforum 2019 gemachten Zusagen vorzunehmen. Ein Charakteristikum des Treffens war eine kleine, aber potenziell bedeutungsvolle Änderung der Zusammensetzung der staatlichen Delegationen für das Treffen. Zum ersten Mal bezogen Deutschland und die USA Geflüchtete als Berater:innen in ihre Delegationen ein. Sie folgten damit dem Beispiel Kanadas, das seit dem Forum 2019 eine:n geflüchtete:n Berater:in in ihre Delegation für Treffen zum internationalen Flüchtlingsschutz aufnimmt. Es bleibt abzuwarten, ob auch andere Staaten diesem Beispiel folgen werden.

Laut Geflüchteten, die lokal insbesondere in Ländern des Globalen Südens aktiv sind, sind seit der Verabschiedung des Globalen Pakts 2018 kaum Veränderungen eingetreten. So werden Entscheidungen über die Zuweisung und Verwendung von Geldern weiterhin von großen Organisationen aus dem öffentlichen und privaten Sektor ohne eine Vertretung von Geflüchteten getroffen. Dies prägt auch die Verteilung von Ressourcen. Derzeit liegen weniger als 2 % der globalen finanziellen Mittel für humanitäre Hilfe bei lokalen Organisationen. Stattdessen leiten Geber die Fördermittel typischerweise an bereits etablierte Organisationen weiter, da sie annehmen, große Organisationen mit einer Historie in der Bereitstellung von Dienstleistungen und einem guten Marketing seien besser geeignet, globale Herausforderungen anzugehen. Obwohl die Arbeit dieser Organisationen zweifelsohne hilfreich für Geflüchtete ist, führt ihre Macht über humanitäre Gelder dazu, dass Geflüchtete weiterhin als Hilfsobjekte behandelt werden.

Die unzureichende Beteiligung von Geflüchteten, nicht nur mit Blick auf den Zugang zu finanziellen Förderungen, sondern auch zu politischen Verhandlungen, birgt die Gefahr, dass die von den Geflüchteten selbst formulierten Bedürfnisse bei der Entwicklung von Politiken und Strategien unberücksichtigt bleiben. Die Gründe für die langsame Einbeziehung von

Geflüchteten sind vielfältig und kompliziert. In einigen Fällen fehlt es politischen Akteur:innen schlicht am Willen, oder sie sind es nicht gewohnt, ihre Entscheidungsmacht mit denjenigen zu teilen, die die Entscheidungen betreffen – den Geflüchteten. Manche mögen argumentieren, dass es hierfür strukturelle Gründe gibt, zum Beispiel, dass Flüchtlinge keine Staatsbürger:innen sind und daher nicht dieselben Rechte genießen. Aus menschenrechtlicher Perspektive sollten jedoch alle Menschen einen Anspruch auf politische Teilhabe haben.

Menschen, die Vertreibung erlebt haben, kennen die Unzulänglichkeiten des Zugangs zu Schutz sowie der lokalen Integration, Umsiedlung, Rückführung und anderer Ansätze des globalen Flüchtlingsschutzes sehr genau. Das Leben von Geflüchteten wird nach wie vor durch die Mängel des Schutzregimes beeinträchtigt, angefangen bei fehlenden oder unzureichenden Dienstleistungen über die langsamen Reaktionen auf die Pandemie, insbesondere in Ländern des Globalen Südens, wo sich die meisten Flüchtlinge befinden, bis hin zu langwierigen Ungewissheiten. Die Erfahrungen und Kenntnisse der geflüchteten Menschen sind daher von unschätzbarem Wert, wenn es darum geht, bestehende Probleme politischer Entscheidungen und Maßnahmen zu erkennen und anzugehen sowie Wege zu innovativen und nachhaltigen Änderungen zu entwickeln.

Wichtige Vertretungen von Geflüchteten sind Selbstorganisationen. Sie arbeiten vor Ort und sind am besten in der Lage, die tatsächlichen Bedarfe und Prioritäten von Geflüchteten zu verstehen und zu artikulieren. So sind sie zum Beispiel häufig die Ersten, die auf neu ankommende Schutzsuchende reagieren. Die Form der Selbstorganisation variiert und reicht von lokalen sozialen Unterstützungssystemen wie Selbsthilfegruppen über wirtschaftliche Netzwerke wie Spargruppen bis hin zu registrierten Nichtregierungsorganisationen. Selbstorganisationen setzen sich in allen Bereichen des Schutzes und der gegenseitigen Unterstützung ein und helfen je nach den lokalen Bedarfen etwa durch Rechtsberatung, Vermittlung von Unterkünften oder Bereitstellung von Kleidung und Lebensmitteln. Die Bedeutung von Selbstorganisationen hat sich insbesondere während der Pandemie gezeigt: Lockdowns betrafen auch Mitarbeitende von

Behörden und humanitären Organisationen, und in der Folge waren es primär Geflüchtete und ihre Selbstorganisationen, die Schutz- und Unterstützungsmaßnahmen füreinander schufen und bereitstellten. Sie nähten etwa schützende Masken, übersetzten und verbreiteten Informationen über Hygienemaßnahmen und besorgten und verteilten Nahrung – meist ohne auf die dafür benötigten Ressourcen zurückgreifen zu können.

Trotz sehr eingeschränkter Budgets und nach wie vor seltener Einladungen zur politischen Teilhabe beweisen Geflüchtete mit ihren Selbstorganisationen und Hilfen weltweit ihre Stärken in der effizienten Bereitstellung von Leistungen für ihre Communitys. Einige Selbstorganisationen wie der Refugee Youth Education Hub in Kenia oder das Cisarua Refugee Learning Centre in Indonesien unterstützen etwa Bildungsmaßnahmen für Kinder. Andere wie Basmeh & Zeitooneh und das Molham Volunteering Team stellen im Libanon Hilfen in Form von Lebensmittelkörben, Hygienesets und Monatsmieten bereit. Geflüchtete betreiben auch selbstorganisierte Nachrichtenmagazine wie zum Beispiel *Kanere* im Flüchtlingslager Kakuma in Kenia oder *Abwab* in Deutschland. Dies sind keinesfalls neue Entwicklungen. In den 1930er Jahren und während des Zweiten Weltkriegs setzten sich etwa jüdische Organisationen, auch jene von Geflüchteten, für die Umsiedlung von Jüdinnen und Juden aus Deutschland und anderen Ländern ein. Zudem zeigt die Geschichte, wie sich palästinensische, chinesische, somalische, syrische, afghanische und viele weitere Gruppen Geflüchteter im Exil selbst organisiert haben, um für andere Geflüchtete Unterstützungen bereitzustellen.

Selbstverständlich kann es zu Spannungen zwischen oder innerhalb von Selbstorganisationen kommen, aber dies trifft ebenso auf humanitäre Organisationen und staatliche Behörden zu. Vielmehr belegen die vielfältigen Aktivitäten, dass die Zusammenarbeit mit Vertreter:innen von Selbstorganisationen eine bessere Nutzung humanitärer Gelder gewährleisten kann. Die Erfahrungen, die Geflüchtete machen und die die Arbeit ihrer Selbstorganisationen prägen, können nicht erlernt werden. Humanitäre Mitarbeitende oder Aktivist:innen, so mitfühlend sie auch sein mögen, können nicht verstehen, was es bedeutet, geflüchtet zu sein. Geflüchtete können das und sind selbstverständlich in der Lage, wirksame Organisationen zu leiten, Schutz bereitzustellen und zu Politikplanungen beizutragen. Dabei verschafft auch die Flexibilität von Selbstorganisationen im Vergleich zu großen, etablierten humanitären Organisationen einen Vorteil bei der Entwicklung und Durchführung von Maßnahmen. Denn anstelle von »One fits all«-Lösungen, die große Organisationen oft zu entwickeln versuchen, stellen Selbstorganisationen die konkreten lokalen Bedürfnisse und Reaktionsmöglichkeiten in den Mittelpunkt.

Geflüchtete fordern Teilhabe vermehrt ein und verschaffen sich Gehör. Nicht zuletzt über soziale Medien wie Twitter machen Vertreter:innen von Selbstorganisationen auf ihre unerlässliche Arbeit auf der ganzen Welt aufmerksam und erhöhen so den Druck auf politische Entscheidungstragende, Beteiligung zu ermöglichen. Darüber hinaus vernetzen sie sich aktuell zunehmend auf nationaler, regionaler und globaler Ebene, wodurch sie sich gegenseitig stärken. In den letzten Jahren gründeten Selbstorganisationen etwa in Uganda und in Kenia die Refugee Led Organisation Networks (RELON) sowie regionale Netzwerke wie das Asia Pacific Network of Refugees (APNOR) und das Africa Refugee-led Network (ARN). James Milner, Mustafa Alio und Rez Gardi verdeutlichen zudem, dass jüngst mehrere Netzwerke auf globaler Ebene entstanden sind. So wurde 2017 das Network for Refugee Voices geschaffen, das gemeinsam mit anderen Organisationen den Globalen Flüchtlingspakt unterstützt. 2018 gründete sich das Global Refugee-Led Network (GRN) im Anschluss an den ersten von Geflüchteten organisierten Globalen Flüchtlingsgipfel in Genf – den sogenannten Global Summit of Refugees. Das GRN dient als Plattform für von Geflüchteten geleitete Initiativen, Netzwerke und Interessengruppen weltweit, um mehr Beteiligung von Geflüchteten an der Gestaltung der Politik zu ermöglichen.

Auch die Selbstorganisation Refugees Seeking Equal Access at the Table (R-SEAT) ist hier zu nennen. R-SEAT wird von Mustafa Alio und Rez Gardi geleitet und ist in Kanada registriert, aber weltweit tätig. R-SEAT setzt sich dafür ein, die Beteiligung von Geflüchteten zu stärken, Mechanismen gemeinsam zu gestalten und so die Wirksamkeit des globalen Flüchtlingsschutzes zu verbessern. Zu diesem Zweck vertritt R-SEAT die Interessen von Geflüchteten in internationalen politischen Foren und unterstützt die weltweite Vernetzung von Selbstorganisationen.

Allerdings kann die wirksame Beteiligung von Geflüchteten nicht allein durch Selbstorganisationen oder durch Geflüchtete selbst erreicht werden – und erst recht nicht schnell genug, um auf die zunehmenden Herausforderungen zu reagieren, mit denen Geflüchtete weltweit konfrontiert sind. Im Gegensatz zu Staatsbürger:innen fehlt es Menschen mit Flüchtlingsstatus häufig an politischer Macht. Das bedeutet, dass geflüchtete Menschen Verbündete brauchen, die helfen, einen Raum für bedeutsame Beteiligung zu schaffen und einzufordern.

Abschließende Gedanken

Wie die laufenden Aktivitäten von Selbstorganisationen zeigen, ist die Beteiligung von Geflüchteten keine Seltenheit, sondern geschieht bereits täglich auf der ganzen Welt. Diese Arbeit wird aber von politischer Seite bislang unzureichend wahrgenommen und anerkannt, und Geflüchtete werden weiterhin selten in Verhandlungen einbezogen – trotz der internationalen Pläne, dies zu ändern.

Die Beteiligung von Geflüchteten kann jedoch, wie dargelegt, dazu beitragen, den internationalen Flüchtlingsschutz in ein gerechteres, effektiveres, reaktionsfähigeres und legitimeres System zu verwandeln. Symbolische Repräsentation dadurch, dass politische Akteur:innen Geflüchtete zu Treffen einladen und sie bitten, ihre Geschichten zu erzählen, dann aber zum »business as usual« zurückkehren und Verhandlungen ohne sie fortführen – was allzu häufig passiert –, ist offensichtlich unzureichend. Damit die Beteiligung von Geflüchteten bedeutsam und wirksam ist, muss sie substanziell, nachhaltig und entschlossen sein. Geflüchtete Menschen müssen die Möglichkeit haben, Entscheidungen, die sie betreffen, zu beeinflussen.

Dieses Bewusstsein wächst aktuell. Wenngleich sich eine bedeutsame Beteiligung von Geflüchteten noch nicht als Norm im globalen Flüchtlingsschutzregime etabliert hat, lassen sich dahingehende Entwicklungen ausmachen. Staaten, das UNHCR, Nichtregierungsorganisationen und Geflüchtete selbst sehen die Teilhabe von Geflüchteten zunehmend als notwendig an.

Literatur

Alio, Mustafa, et al.: By Refugees, for Refugees: Refugee Leadership During COVID-19, and Beyond, in: Forced Migration Review, 64.2020, S. 76–78.

Alio, Mustafa / Gardi, Rez: Schluss mit dem Alibiverhalten. Geflüchtete haben Perspektiven für unsere eigene Zukunft, in: FluchtforschungsBlog, 2022, https://blog.fluchtforschung.net/schluss-mit-dem-alibiverhalten/

Forced Migration Review: Knowledge, Voice and Power, 70.2022, S. 1–63, https://www.fmreview.org/sites/fmr/files/FMRdownloads/en/issue70/magazine.pdf

Krause, Ulrike: Colonial Roots of the 1951 Refugee Convention and its Effects on the Global Refugee Regime, in: Journal of International Relations and Development, 24.2021, S. 599–626.

Milner, James / Alio, Mustafa / Gardi, Rez: Meaningful Refugee Participation: An Emerging Norm in the Global Refugee Regime, in: Refugee Survey Quarterly, 2022, online first: https://doi.org/10.1093/rsq/hdac007

Krause, Ulrike / Schmidt, Hannah: ›Refugee-led CBOs‹: Gruppen und Organisationen von Geflüchteten und ihre Rolle für Schutz- und Unterstützungsleistungen, in: L.I.S.A. Das Wissenschaftsportal der Gerda Henkel Stiftung, 2019, https://lisa.gerda-henkel-stiftung.de/refugee_led_cbos_gruppen_und_organisationen_von_gefluechteten_und_ihre_rolle_fuer_schutz_und_unterstuetzungsleistungen?nav_id=8021

Nachgefragt und nachgelesen

Jochen Oltmer

»Flüchtling«. Ein Begriff und seine Bedeutungen

Der Begriff des Flüchtlings kann auf das 17. Jahrhundert zurückgeführt werden, als sich das (Hoch-)Deutsche als Amts- und Gerichtssprache durchsetzte. Wie hat sich seither seine Verwendung gewandelt? Welche Vorstellungen verbanden sich mit den so bezeichneten Menschen? Der folgende Überblick unternimmt den Versuch, Einsichten in die Hintergründe, Bedingungen und Folgen fluchtbezogener Bezeichnungspraktiken zu gewinnen und die Bedeutung zu klären, die deutschsprachige Gesellschaften dem Begriff zumaßen und zuwiesen. Wissenschaftliche Literatur, die sich jenseits eines engeren sprachwissenschaftlichen Interesses[1] dieser Fragestellung in einer Jahrhunderte übergreifenden Perspektive widmet, findet sich nicht. Aus diesem Grund stützt sich der folgende Umriss auf Recherchen in digitalen Textarchiven, Enzyklopädien und Bibliothekskatalogen. Erst für die zweite Hälfte des 20. Jahrhunderts liegen einige wenige Publikationen vor, die Einblicke in die damalige Begriffsverwendung gewähren.

Die Formierung eines neuen Wissensfeldes im 17. und 18. Jahrhundert

Die erste Nennung des Wortes Flüchtling findet sich in einer Leichenpredigt des Jahres 1622. Dem biblischen Gleichnis folgend, ist hier der Flüchtling der verlorene Sohn, der vom Vater wieder aufgenommen wird.[2] Einen eindeutigeren Bezug auf die Suche nach Schutz vor Verfolgung bieten weitere Begriffsverwendungen des 17. Jahrhunderts. Sie verweisen auf die Vorstellung vom Aufstieg des antiken Rom durch die Aufnahme von

1 Eppert, Der politische und religiöse Flüchtling.

2 Neomenius, Exilii humani Miseria & Consolatio.

politisch oder religiös Verfolgten in großer Zahl. Auch Homers *Ilias* wird als eine Geschichte von Verfolgung und Schutzsuche verstanden.[3] Weitere, wenngleich ebenfalls seltene Bezüge lassen sich ausmachen: So gebrauchen zum Beispiel zwei Wörterbücher des Jahres 1700 den Begriff Flüchtling synonym zu »Ausreißer«,[4] womit auch der Ausbruch aus einem Gefängnis oder das Ausweichen vor Strafverfolgung gemeint sein konnte.[5] Als »Ausreißer« gelten zudem andere, für die der Begriff Flüchtling ebenfalls genutzt wird: Deserteure oder im Angesicht einer militärischen Niederlage Fliehende.[6] Mithin bietet sich in der Phase der Formierung des neuen Wissensfeldes um den Begriff im 17. Jahrhundert trotz letztlich geringer Präsenz bereits eine große Spannweite der Verwendung, die sich in den kommenden Jahrhunderten kaum mehr erweiterte: Als Flüchtlinge gelten aus politischen und weltanschaulichen Gründen Verfolgte, sie fliehen vor Gewalt, vor Strafverfolgung, aus einer Strafanstalt oder aufgrund einer militärischen Niederlage.

Vermehrt tritt der Begriff in den zwei Jahrzehnten vor und nach 1700 auf. Gemeint waren mit den »frantzösischen Flüchtlingen« protestantische Hugenotten, die vor allem nach 1685 zu Zehntausenden Frankreich verließen und in konfessionsgleichen Ländern in Europa (aber auch in Übersee) Aufnahme suchten. Flüchtlinge wurden sie in deutschen Territorien, wo sie einen Gegenstand intensiver politischer, medialer und öffentlicher Aushandlungen bildeten, allerdings selten genannt. Die überwiegend herangezogene Bezeichnung des Kollektivs ist »réfugiés«. Die in der zeitgenössischen Literatur produzierte Figur des *réfugié* verweist auf die Opfer einer ungerechten, als illegitim verstandenen Herrschaft, die sie wegen ihres bedingungslosen Eintretens für ihren Glauben verfolgt, unterdrückt und zu einer Flucht unter Entbehrungen nötigt. Die *réfugiés* sahen sich aufgrund ihres Schicksals selbst als herausgehoben

---

3 Sandrart, L'Academia Todesca.

4 Veneroni, Das kayserliche Sprach-Wörter-Buch, S. 267; Pomey, Le grand dictionnaire royal françois-latin-allemand, S. 442.

5 Meyer, Philemeri Irenici Elisii Diarium europæum. S. 345.

6 Marcel, Conspectus historiae universalis, S. 91.

an, wurden überwiegend auch von anderen (und insbesondere von den Obrigkeiten) als Elite verstanden und deshalb privilegiert. Dies, so das Narrativ weiter, ermöglichte schließlich eine gelungene Einwanderung nützlicher und treuer Untertanen.[7]

Das Wort »réfugié« war über Jahrzehnte derart eng mit den französischen Calvinisten verbunden, dass im deutschsprachigen Raum in aller Regel Hugenotten gemeint waren, wenn von *réfugiés* gesprochen wurde. Das ist keine Besonderheit im Deutschen: Auch der englische Begriff des »refugee« bezog sich zunächst ausschließlich auf sie, wie der entsprechende Eintrag in der ersten Ausgabe der Encyclopædia Britannica von 1771 deutlich macht. Erst nach Jahrzehnten löste sich der Begriff der »refugees« von dem Bezug auf die Hugenotten. So hielt denn die 4. Auflage der Encyclopædia Britannica von 1810 den Wandel der Begriffsverwendung fest: »ein Begriff, der zunächst auf die französischen Protestanten angewandt wurde, die durch die Aufhebung des Edikts von Nantes gezwungen waren, vor Verfolgung zu fliehen und in fremden Ländern Zuflucht zu suchen. Seither wurde der Begriff jedoch auf alle Personen ausgedehnt, die ihr Land in Zeiten der Not verlassen.«[8]

Für den deutschsprachigen Raum lässt sich eine solche Ablösung von dem Bezug auf die Hugenotten und seine Verallgemeinerung mit dem Bezug auf alle Verfolgten allerdings nicht ausmachen, wie ein Blick in Enzyklopädien vom 18. bis zum frühen 20. Jahrhundert zeigt. So kennt denn auch das Zedler'sche Universallexikon (1731–1754) zwar den *réfugié*, nicht aber den Flüchtling.

Gesellschaften ohne Flüchtlinge: Das 19. Jahrhundert

Im 19. Jahrhundert findet eine Verengung des Begriffs Flucht auf den Bereich des Militärischen und der Strafverfolgung statt. Einen Eintrag »Flüchtlinge« gibt es weiterhin nicht. Pierers Universallexikon (1842–1846) bezieht die Flucht auf das Desertie-

7 Schunka, Die Hugenotten, S. 9f.

8 Encyclopædia Britannica, 4. Aufl., Bd. 17, S. 684f. (Übersetzung J. O.)

ren, das »regellose Davonlaufen geschlagener Truppen« und die »Flucht eines Verbrechers«.[9] Der Brockhaus in der 14. Auflage von 1908[10] weist den Begriff Flucht drei Feldern zu: dem strafrechtlichen (der flüchtige Straftäter), dem völkerrechtlichen (der ausgewichene Kriegsgefangene) und dem staatsrechtlichen (der Deserteur).

Dass dieser Eindruck vom geringen Stellenwert des Begriffs Flüchtling in den gesellschaftlichen Debatten im deutschsprachigen Raum nicht täuscht, bestätigt eine Recherche in Bibliothekskatalogen. Das Titelstichwort »Flüchtlinge« findet sich im 19. Jahrhundert selten. Publikationen beziehen sich auf einzelne räumliche Bewegungen im Umfeld der Revolutionen von 1830 und 1848 – meist sind sie in der Schweiz als Ankunftsland erschienen. Einige belletristische Titel (gelegentlich auch Dramen und Opern) lassen sich ausmachen; immer bezieht sich die Figur des Flüchtlings auf die Flucht aus »totalen Institutionen«, deren zentrales Kennzeichen der »bürgerliche Tod« ihrer Insassen ist,[11] dem sie zu entfliehen suchen: Gefängnisse, Lager, Kasernen, Schiffe …

Während »refugee« im 19. Jahrhundert also zu einem festen, positiv konnotierten Begriff in der englischen Sprache und in den (für die Rechtsentwicklung des 20. Jahrhunderts folgenreichen) Aushandlungen über Menschen, die vor politischer Verfolgung, Gewalt und Notlagen flohen, wurde,[12] blieb in Deutschland eine solche Konjunktur aus. Hintergrund war eine Spaltung des europäischen Kontinents: Schutzsuchende stammten in der Regel aus Mittel- und Osteuropa. Ihre wichtigsten Ziele in Europa waren Staaten im Westen (Großbritannien, Frankreich, Belgien) und die Schweiz. Territorien im deutschsprachigen Mitteleuropa (sieht man von der Schweiz ab) verdrängten eine stattliche Anzahl von Menschen aus politischen Gründen, fun-

9 Pierer (Hg.), Universal-Lexikon der Gegenwart und Vergangenheit, 2. Aufl., Bd. 3, S. 472 f.

10 Brockhaus Konversations-Lexikon, 14. Aufl., Bd. 6, S. 823.

11 Goffman, Asyle, S. 26.

12 Zolberg/Suhrke/Aguayo, Escape from Violence, S. 10 f.

gierten höchstens als Transitländer für Bewegungen aus dem östlichen Europa und gewährten selten Schutz.[13]

Der Flüchtling des 20. Jahrhunderts

Mit dem Beginn des Ersten Weltkriegs wuchs die Zahl der Publikationen, die den »Flüchtling« im Titel trugen. Im amtlichen und medialen Sprachgebrauch der Weimarer Republik ist zwar gelegentlich von »russischen« oder »jüdischen Flüchtlingen« die Rede. Wenn der Begriff Flüchtlinge verwendet wurde, waren aber in aller Regel deutsche Staatsangehörige oder »Volksdeutsche« gemeint, die über die neuen Grenzen des territorial verkleinerten Reiches zuwanderten. Für das asylfeindliche nationalsozialistische Deutschland, das Teile der eigenen Bevölkerung verfolgte und exilierte, verzeichnet demgegenüber die Deutsche Bibliothek nur 19 unterschiedliche Publikationen, die im Titel den Begriff Flüchtling tragen. Etwa die Hälfte davon gehört in das Feld der Belletristik. Einzelne Titel sind außerhalb Deutschlands als Teil der »Exilliteratur« erschienen und verweisen auf die Flucht aus NS-Deutschland. Von einer Präsenz des Begriffs lässt sich im NS-Deutschland mithin nicht sprechen.

Nach dem Ende des Zweiten Weltkriegs steigt die Produktion von Literatur, die mit dem Begriff Flüchtling im Titel operiert, erneut erheblich an. Sie bezieht sich vornehmlich auf Menschen, die seit Ende 1944 vor der vorrückenden Roten Armee aus Ost-, Ostmittel- und Südosteuropa Richtung Westen flohen und das Gebiet der seit Mai 1945 eingerichteten vier Besatzungszonen in Deutschland beziehungsweise Österreich als deutsche Staatsangehörige oder als »Volkszugehörige« erreichten. Allerdings wurden die durch diesen Vorgang in Bewegung gesetzten Menschen zeitgenössisch keineswegs vorrangig unter dem Begriff Flüchtlinge subsumiert. Vielmehr setzten sich vor allem seit 1948 im Westen Deutschlands der Begriff und die Figur des »Heimatvertriebenen« durch. Dieser bezeichnete Menschen, die durch Androhung und Anwendung massiver Gewalt, ohne

13 Oltmer, Flucht, Vertreibung und Asyl im 19. und 20. Jahrhundert, S. 108–111.

Handlungsalternativen, unschuldig und unter Zurücklassung allen Hab und Guts sowie bei zahlreichen Todesopfern aus dem Osten (also dort, wo der Feind im »Kalten Krieg« zu finden war) in den Westen gelangten (wo Schutz und Sicherheit gewährt wurden und humanitäre Standards galten). Sie hätten, wie die Verwendung des Begriffs Heimat zeigen sollte, weiterhin Eigentumsrechte und Zugehörigkeitsansprüche jenseits des »Eisernen Vorhangs«.[14]

Im Westen Deutschlands bemühte sich das Bundesvertriebenengesetz von 1953 für die relevanten Begriffe um eine einheitliche Bestimmung, die für den politischen, administrativen und auch wissenschaftlichen Bereich in den kommenden Jahrzehnten eine hohe Bedeutung hatte. Es unterschied »Vertriebene« von »Heimatvertriebenen« sowie von »Sowjetzonenflüchtlingen«. Der Begriff des Flüchtlings wurde also ausschließlich auf als politische Flüchtlinge konzipierte Abgewanderte aus der Sowjetischen Besatzungszone (SBZ) beziehungsweise aus der DDR bezogen.[15] Vor dem Hintergrund solcher Bezeichnungspraktiken nahm die 16. Auflage des Brockhaus von 1954[16] erstmals den Begriff des Flüchtlings auf. Er ist »ein vor Verfolgung oder wegen Gefahr für Leib und Seele außer Landes Gehender«. Wenngleich die Definition auf eine weite Perspektive verweist, beziehen sich die im Artikel genannten Zusammenhänge überwiegend auf Deutsche: Die Rede ist von »Ostflüchtlingen«, »Heimatvertriebenen« und »Ostzonenflüchtlingen«. Den politischen Flüchtling, das bundesdeutsche Asylgrundrecht von 1949 und die Genfer Flüchtlingskonvention von 1951 kennt der Brockhaus nicht.

Bald setzte insofern eine wesentliche Veränderung ein, als der Begriff Flüchtling zunehmend auch als Bezeichnung für Migrant:innen verwendet wurde, die nicht als Deutsche galten. Auf den Bedeutungsgewinn der Bundesrepublik als Ankunftsland von nicht als deutsch markierten Schutzsuchenden vor

14 Beer, Flüchtlinge, Ausgewiesene, Neubürger, Heimatvertriebene, S. 154–160.

15 Ebd., S. 147f.

16 Der Große Brockhaus, 16. Aufl., Bd. 4, S. 149f.

dem Hintergrund von Asylgrundrecht und Genfer Flüchtlingskonvention verweist der Artikel zu Flüchtlingen in der 17. Auflage des Brockhaus von 1968.[17] Gemeint sind »alle Personen, die durch Krieg oder polit. Maßnahmen veranlaßt wurden, ihre Heimat zu verlassen«. Zwar sind »Deutsche F. und Vertriebene« weiterhin im Artikel sehr präsent, mehr Raum nimmt nun aber der Hinweis auf die »Internationalen F.« ein, die als »Ausländ. F.« die Bundesrepublik erreichen. Der Artikel versteht die Bundesrepublik zwar als Ankunftsland, nicht aber als Ort dauerhaften Bleibens: Flüchtlinge gelten vornehmlich als ein Verwaltungsproblem und eine Herausforderung für internationale Organisationen (genannt werden Völkerbund, UNRRA, IRO, UNHCR, UNRWA). Als »Staatenlose oder Quasi-Staatenlose« stehen sie in deren Verantwortung.

Die erhebliche Intensivierung gesellschaftlicher Debatten um das Asyl in der Bundesrepublik der 1980er Jahre verdeutlicht die Verfünffachung des Umfangs des Beitrags »Flüchtlinge« in der 19. Auflage des Brockhaus von 1988.[18] Warum der Begriff einen erheblichen Bedeutungsgewinn erfährt, lässt der Artikel bereits zu Beginn deutlich werden: »Seit Beginn der 80er Jahre [...] werden die westl. Industrieländer zunehmend mit dem weltweiten F.-Problem konfrontiert.« Flüchtlinge seien Opfer autoritärer politischer Systeme, von Kriegen, Bürgerkriegen und Überlebenskrisen wie Hungersnöten. »F. bleiben Treib- und Strandgut einer friedlosen Welt.« Humanitäre Hilfe sei dringend nötig.

Dass das Wort Flüchtling in einer Hochphase des bundesdeutschen Sprechens und Schreibens über Fluchtbewegungen von den späten 1970er bis in die 1990er Jahre meist positiv konnotiert blieb, darauf deuten auch Ergebnisse der Auseinandersetzung mit der Presseberichterstattung hin.[19] Wurden aber, was zwischen den 1970er und 1990er Jahren häufig geschah, Schutzsuchende abgelehnt und angefeindet, kam der Begriff des meist negativ konnotierten »Asylanten« ins Spiel oder die vielen

17 Der Große Brockhaus, 17. Aufl., Bd. 6, S. 374 f.

18 Brockhaus Enzyklopädie, 19. Aufl., Bd. 7, S. 400–402.

19 Jung/Niehr/Böke, Ausländer und Migranten im Spiegel der Presse.

negativ konnotierten Komposita von »Asyl« (»Asylproblem«, »Asylbetrüger«, »Asyltourismus«), die häufig moralisierend die Beweggründe für die Migration in Frage stellten.[20] Das heißt: Selbst wenn Fluchtbewegungen in der Bundesrepublik vornehmlich als Gefahr und Bedrohung verstanden wurden, bedurfte es keiner negativen Aufladung des Begriffs Flüchtling. Denn für Abwertungen stand der Begriff »Asyl«/»Asylant« zur Verfügung,[21] der »mit einer Art Katastrophenandrohung zu Zusammensetzungen wie Asylantenstrom, -schwemme, -druck, -flut, -lawine, -zeitbombe bis hin zu Asylantenspringflut verbunden wurde«.[22] Bis zum Ende des Ost-West-Konflikts lässt sich ein rassistisches Sortieren erkennen: Während für Menschen aus Osteuropa in der Regel der Begriff Flüchtling verwendet wurde, verband sich mit einer so bezeichneten »außereuropäischen« Herkunft meist der abwertende Begriff des »Asylanten«.[23]

Schluss

2015 wählte die Gesellschaft für deutsche Sprache den Begriff Flüchtlinge zum »Wort des Jahres«. Als Überraschung galt diese Entscheidung angesichts der intensiven gesellschaftlichen Debatten um die vermehrte Ankunft von Schutzsuchenden in Europa nicht. Kritik wurde dennoch laut: Das Wort Flüchtling sei negativ konnotiert und werde vielfach abwertend verwendet – wie so viele andere Begriffe auch, die mit dem Suffix -ling gebildet werden.[24] Ein solches Pejorativsuffix führe zu einer tendenziell abschätzigen Bezeichnung der jeweils gemeinten Menschen, weil es zu ihrer Verniedlichung beitrage (in Analogie zum »Schönling«), sie als wenig handlungsmächtig (»Prüfling«), als

20 Link, Medien und ›Asylanten‹, S. 51.

21 Jung/Niehr/Böke, Ausländer und Migranten im Spiegel der Presse, S. 28 f.

22 Strauß/Haß/Harras, Brisante Wörter, S. 86.

23 Sylla, Die ›biologische Spur‹ in der Flüchtlingskonstruktion, S. 67; Weimar, Bundesdeutsche Presseberichterstattung um ›Flucht‹ und ›Asyl‹, S. 109–114.

24 Stefanowitsch, Flüchtlinge und Geflüchtete.

kläglich (»Schreiberling«) oder sogar als niederträchtig (»Widerling«, »Emporkömmling«, »Wüstling«) erscheinen lasse. Es sei geboten, alternative Begriffe zu verwenden, auch weil das Wort nicht die Bildung von Feminina zulasse und deshalb zu dem Eindruck führe, der Flüchtling sei (immer) ein Mann.[25]

Tatsächlich gewann die Rede von den »Geflüchteten« seit Anfang der 2010er Jahre an Gewicht und konkurriert seither in der öffentlichen Diskussion mit dem Begriff des Flüchtlings. Dessen Bedeutungsverlust und die Karriere von Alternativbenennungen (zum Beispiel auch »Schutzsuchende«) ist noch nicht zureichend erklärt worden, zumal Forschungsergebnisse aus den Sprachwissenschaften deutlich machen, dass nach der Wirkung des Suffix -ling befragte Personen keineswegs überwiegend eine negative Konnotation mit ihm verbinden.[26] Nicht das Wort ist das Problem, sondern die Zuweisung von Bedeutung im Kontext intensiver gesellschaftlicher Aushandlungen.

Literatur

Beer, Mathias: Flüchtlinge, Ausgewiesene, Neubürger, Heimatvertriebene. Flüchtlingspolitik und Flüchtlingsintegration in Deutschland nach 1945, begriffsgeschichtlich betrachtet, in: ders. / Martin Kintzinger / Marita Krauss (Hg.), Migration und Integration. Aufnahme und Eingliederung im historischen Wandel, Stuttgart 1997, S. 145–167.

Brockhaus Enzyklopädie, Bd. 7, 19. Aufl., Wiesbaden 1988.

Brockhaus Konversations-Lexikon, Bd. 6, 14. Aufl., Leipzig 1908.

Der Große Brockhaus, Bd. 4, 16. Aufl., Wiesbaden 1954.

Der Große Brockhaus, Bd. 6, 17. Aufl., Wiesbaden 1968.

Encyclopædia Britannica, Bd. 17, 4. Aufl., Edinburgh 1810.

Eppert, Franz: Der politische und religiöse Flüchtling in seiner sprachlichen Bezeichnung im Deutschen, Diss. Köln 1963.

Goffman, Erving: Asyle. Über die soziale Situation psychiatrischer Patienten und anderer Insassen, Frankfurt a. M. 1973.

Jöris, Lisa: Wider den Begriff ›Flüchtling‹, 2015, https://www.boell-sachsen-anhalt.de/sites/default/files/2020-10/2015-Diskussionspaper-Fl%C3 %BCchtlingsbegriff-web%281 %29.pdf

---

25 Jöris, Wider den Begriff ›Flüchtling‹.

26 Rummel, Brisantes Suffix?

Jung, Matthias / Niehr, Thomas / Böke, Karin: Ausländer und Migranten im Spiegel der Presse, Wiesbaden 2000.
Link, Jürgen: Medien und ›Asylanten‹: Zur Geschichte eines Unwortes, in: Dietrich Thränhardt / Simone Wolken (Hg.), Flucht und Asyl, Freiburg i. Br. 1988, S. 50–61.
Marcel, Guillaume: Conspectus historiae universalis, Hamburg 1696.
Meyer, Martin: Philemeri Irenici Elisii Diarium europæum, Frankfurt a. M. 1666.
Neomenius, Johann: Exilii humani Miseria & Consolatio, Brieg 1622.
Oltmer, Jochen: Flucht, Vertreibung und Asyl im 19. und 20. Jahrhundert, in: Klaus J. Bade (Hg.): Migration in der europäischen Geschichte seit dem späten Mittelalter, Osnabrück 2002, S. 107–134.
Pierer, H. A. (Hg.): Universal-Lexikon der Gegenwart und Vergangenheit, Bd. 3. 2. Aufl., Altenburg 1842.
Pomey, François Antoine: Le grand dictionnaire royal françois-latin-allemand, latin-allemand-françois, allemand-françois-latin, Frankfurt a. M. 1700.
Rummel, Marlene: Brisantes Suffix? Zum Gewicht von -ling im Konzept des Flüchtlings, Gießen 2017.
Sandrart, Joachim von: L' Academia Todesca, Bd. 2,3, Nürnberg 1679.
Schunka, Alexander: Die Hugenotten, München 2019.
Stefanowitsch, Anatol: Flüchtlinge und Geflüchtete, 2012, http://www.sprachlog.de/2012/12/01/fluechtlinge-und-gefluechtete/
Strauß, Gerhard / Haß, Ulrike / Harras, Gisela: Brisante Wörter von Agitation bis Zeitgeist, Berlin 1989.
Sylla, Nadine: Die ›biologische Spur‹ in der Flüchtlingskonstruktion. Mediale Fluchtdiskurse in den 1970er und 1980er Jahren, in: Schahrzad Farrokhzad et al. (Hg.), Migrations- und Fluchtdiskurse im Zeichen des erstarkenden Rechtspopulismus, Wiesbaden 2021, S. 53–73.
Veneroni, Giovanni: Das kayserliche Sprach-Wörter-Buch, Frankfurt a. M. 1700.
Weimar, Lisa-Katharina: Bundesdeutsche Presseberichterstattung um ›Flucht‹ und ›Asyl‹. Selbstverständnis und visuelle Inszenierung von den späten 1950er bis zu den frühen 1990er Jahren, Wiesbaden 2021.

Zedler: Johann Heinrich Zedlers Grosses vollständiges Universal-Lexicon aller Wissenschafften und Künste, Bd. 9, Halle/Leipzig 1731–1754.

Zolberg, Aristide R./Suhrke, Astri/Aguayo, Sergio: Escape from Violence. Conflict and the Refugee Crisis in the Developing World, Oxford 1989.

Franzisca Zanker und Khangelani Moyo

Der Status des Flüchtlings als politisches Konstrukt

Das Überschreiten von Grenzen ist ohne privilegierte Staatsangehörigkeit ein komplexer, nicht-linearer und oft gefährlicher Prozess. Er wird erschwert durch Politiken der Abschottung, die vor dem Hintergrund der Kategorisierung von Menschen formuliert werden – entlang von Vorstellungen über deren ökonomischen Nutzen, kulturelle Passung oder die sicherheitspolitischen Gefahren, die sie angeblich darstellen. Ein aktuelles Beispiel bildet die Haltung der Europäischen Union gegenüber Flüchtlingen aus der Ukraine nach der russischen Invasion Anfang 2022. Sie werden bereitwillig auf der Basis der Richtlinie über den vorübergehenden Schutz (der sogenannten »Massenzustrom-Richtlinie«) aus dem Jahr 2001 aufgenommen und als vorübergehende Einwander:innen behandelt. Sie erhalten automatisch das Recht auf Arbeit und, ebenso wie Staatsbürger:innen, Zugang zu Sozialleistungen. Während die EU in diesem Fall also schnell reagierte und ukrainischen Flüchtlingen Schutz gewährte, zeigte sie sich in anderen Fällen wesentlich restriktiver und schottete sich ab. Welche Mechanismen wirkten hier?

In diesem Beitrag erörtern wir die Entwicklung der globalen Flüchtlingsschutzsysteme und insbesondere die Rahmenbedingungen, die die Genfer Konvention von 1951 formulierte. Wir argumentieren, dass die Bedeutung des Flüchtlingsbegriffs je nach räumlichem und zeitlichem Kontext politisch definiert ist. Sie folgt den Mustern der globalen Machtverteilung, bei der einflussreiche Staaten und Staatenverbünde wie die USA, Großbritannien oder die EU die Definition und die Kategorisierung von Menschen auf der Flucht maßgeblich beeinflussen oder vorgeben. Dies hat unterschiedliche Konsequenzen für Schutzsuchende, für die das Labeling als »Flüchtling« mit dem Anspruch auf bestimmte Rechte, aber auch mit Ablehnung und Diskriminierung einhergeht.

Im Beitrag beleuchten wir zunächst die Bestimmungen der Flüchtlingskonvention von 1951 und des Protokolls von 1967 über den Schutz von Flüchtlingen, um dann am Beispiel Ugandas zu erörtern, welche Bedeutung sie für die Praxis haben. Anschließend gehen wir auf den Prozess der Kategorisierung, die Gründe für die Anerkennung als Flüchtling und die damit verbundenen Folgen ein.

Die Bedeutung des Status als »Flüchtling« in Recht und Praxis

Der rechtliche Rahmen des Flüchtlingsschutzes ergibt sich aus dem Abkommen über die Rechtsstellung der Flüchtlinge (Genfer Flüchtlingskonvention) von 1951 und dem Protokoll von 1967, die beide unter der Aufsicht des UN-Flüchtlingskommissariats (UNHCR) stehen. Das UNHCR ist von den Vereinten Nationen für den Flüchtlingsschutz und die Suche nach Lösungen für Schutzsuchende mandatiert und soll die Unterzeichnerstaaten bei der Umsetzung der Bestimmungen von Konvention und Protokoll überwachen. Ein Recht auf Flüchtlingsschutz haben laut der Konvention diejenigen, die aus Furcht vor Verfolgung – aufgrund ihrer Ethnizität, Religion, Nationalität, politischen Überzeugung oder ihrer Zugehörigkeit zu einer bestimmten sozialen Gruppe – über Landesgrenzen geflohen sind. Die Konvention zielte ursprünglich auf Flüchtlinge des Zweiten Weltkriegs in Europa und enthält eine entsprechende geographische und zeitliche Einschränkung, die das Protokoll von 1967 aufhob. Erst damit wurde völkerrechtlicher Schutz für Flüchtlinge in weiten Teilen der Welt geschaffen.

Nicht zuletzt aufgrund dieser eurozentrischen Anfänge sind im Laufe der Zeit weitere regionale Abkommen und Erklärungen entstanden, die den Flüchtlingsschutz in bestimmten Teilen der Welt regeln. Prominente Beispiele sind die Konvention zur Regelung der besonderen Aspekte der Flüchtlingsprobleme in Afrika der Organisation für Afrikanische Einheit (jetzt Afrikanische Union) von 1969 sowie die Erklärung von Cartagena über Flüchtlinge von 1984 für Mittelamerika, Mexiko und Panama. Während die Konvention der Afrikanischen Union verbindlich ist, stellt die Erklärung von Cartagena eine nicht-verbindliche Absichtserklärung dar, bietet den Staaten in der Region aber eine Orientierung.

Die anhaltenden Diskussionen auf UN-Ebene über den Schutz von Flüchtlingen gipfelten 2016 in der New Yorker Erklärung für Flüchtlinge und Migranten. Sie enthält das »Comprehensive Refugee Response Framework« (CRRF), das auf die Bewältigung umfangreicher Fluchtbewegungen zielt. Aus der New Yorker Erklärung sind zwei von den Vereinten Nationen 2018 angenommene »Global Compacts« beziehungsweise Globale Pakte hervorgegangen, von denen sich einer mit Flüchtlingen und der andere mit Migrant:innen befasst. Der Globale Pakt für Flüchtlinge ist zwar für Staaten rechtlich nicht verbindlich, knüpft aber an die Genfer Flüchtlingskonvention an, ergänzt den CRRF und entwickelt ein Aktionsprogramm für die internationale Gemeinschaft, um auf große Fluchtbewegungen und langwierige Aufnahmesituationen zu reagieren.

Diese zahlreichen Konventionen, Absichtserklärungen, Programme und Rahmenregelungen sind das Resultat verstärkter Versuche der internationalen Gemeinschaft, mit der nicht enden wollenden Vertreibungsproblematik umzugehen und dem Bedarf an neuen und praktikablen Lösungen zu entsprechen. Allerdings gibt es weiterhin große Lücken in der Umsetzung dieser Regelungen, ist sie doch abhängig vom politischen Willen einzelner Länder, der zwischenstaatlichen Zusammenarbeit sowie der Bereitstellung finanzieller Mittel für den Schutz und für die Entwicklung dauerhafter Lösungen.

Die Idee des »Flüchtlings« ist nicht nur in politische Strukturen verwoben, sondern hat auch eine philosophische Grundlage. Hannah Arendt stellt die »universellen Rechte des Menschen«, welche die Allgemeine Erklärung der Menschenrechte propagiert, den Rechten moderner, auf nationaler Souveränität basierender Staaten gegenüber, die im Gegensatz zu den universell gültigen Menschenrechten an nationale Grenzen gebunden sind. Um sicherzustellen, dass die Rechte aller Menschen unantastbar bleiben, auch wenn sie aus diversen Gründen ihr Heimatland verlassen müssen oder der Schutz, den ihre Staatsangehörigkeit gewährt, nicht mehr greift, schlägt Arendt die

Idee des »Rechts, Rechte zu haben«, vor. Dieses »Recht, Rechte zu haben«, ist einer besonderen Gruppe von Menschen vorbehalten – nämlich Flüchtlingen. Welche Folgen kann der Status als Flüchtling in der Praxis haben?

Um ein Beispiel zu nennen: Uganda bildet das wichtigste afrikanische Fluchtziel und beherbergte 2021 etwa 1,5 Millionen Flüchtlinge. Sie kommen derzeit vor allem aus dem Südsudan und haben nach der Flüchtlingskonvention der Afrikanischen Union von 1969 automatisch Anspruch auf die Anerkennung als Flüchtling – sie müssen also nicht erst einen individuellen Asylantrag stellen. Dank eines neuen Flüchtlingsgesetzes aus dem Jahr 2006 und einer langen Aufnahmetradition haben Flüchtlinge in Uganda das Recht, zu arbeiten, zu studieren und sich frei im Land zu bewegen. Sie erhalten ein Stück Land, das sie sowohl für den Eigenbedarf als auch für die Erwirtschaftung eines zusätzlichen Einkommens bewirtschaften können. Die meisten Flüchtlinge leben in sogenannten Siedlungen, wo sie Zugang zu Bildungsmöglichkeiten und Gesundheitseinrichtungen erhalten. Mit anderen Worten: Obwohl sie sich nicht mehr in ihrem Herkunftsland befinden, scheint der Zugang zu grundlegenden Rechten und Leistungen weitgehend gesichert zu sein. Dies gilt jedoch nicht für die politischen Rechte: Flüchtlinge dürfen nicht wählen (außer bei einigen Kommunalwahlen), und der Erwerb der ugandischen Staatsbürgerschaft ist kaum möglich.

Damit ist Uganda kein Einzelfall, vielmehr besteht diese Problematik weltweit. Trotz der Forderung Hannah Arendts nach einem »Recht, Rechte zu haben«, hat der Flüchtlingsstatus nur selten zu umfassenden politischen Rechten geführt. Ausnahmen sind manche Staaten, die, wenngleich oft erst nach vielen Jahren, die Möglichkeit der Einbürgerung bieten oder das allgemeine Wahlrecht auf Grundlage des Wohnsitzes (und nicht der Staatsangehörigkeit) gewähren, wie in Chile, Ecuador, Malawi, Neuseeland und Uruguay (wenngleich letzteres nicht flüchtlingsspezifisch ist).

Des Weiteren ist die Sicherung der grundlegenden Rechte in der Praxis oft problematischer als auf dem Papier, selbst in Uganda: Die Grundstücke werden immer kleiner, da die Zahl der Flüchtlinge im Laufe der Jahre zugenommen hat, was zu Spannungen zwischen Flüchtlingen und zu Konflikten mit der lokalen Bevölkerung führt. Die Flüchtlinge sind außerdem an die Siedlungen gebunden, und es ist für sie schwierig, sich in andere Teile Ugandas zu begeben, nicht nur, da sie dafür eine Genehmigung und einen Passierschein benötigen, sondern auch, weil der Zugang zur Grundversorgung in den Städten kaum gesichert ist.

Trotz aller Mängel in der Umsetzung zeigt uns Uganda, was die Konsequenz des Rechtsstatus als Flüchtling sein kann und sollte: Zugang zu Unterkunft, Bildung, Arbeit und damit zu einem menschenwürdigen Leben. Die Anerkennung als Flüchtling entsteht jedoch nicht in einem politischen Vakuum – es gibt Gründe, warum einzelne Menschen auf bestimmte Weise kategorisiert werden. Darauf und auf die Auswirkungen gehen wir im Folgenden ein.

Wann ist ein Flüchtling ein Flüchtling?

Prozess der Kategorisierung

Eine Person, die Asyl beantragen möchte, muss sich auf dem Boden des Staates befinden, in dem sie diesen Antrag stellen will oder kann. Schon der Weg dorthin kann gefährlich sein, auch weil fliehende Personen vielerorts illegalisiert werden. Zwar hat man das Recht darauf, Asyl zu beantragen und Flüchtling zu werden (das »Recht, Rechte zu haben«), aber es ist oftmals mit großen Schwierigkeiten und persönlichen Kosten – dem Verlust der Heimat, der Nähe zu Freunden und Familie usw. – verbunden.

Dies geht unter anderem auf das seit langem zu beobachtende Bestreben einiger Staaten zurück, den gesamten Asylprozess in andere Länder zu verlagern, um die Zahl der Flüchtlinge auf dem eigenen Territorium zu verringern. Eines der bekanntesten Beispiele ist Australien, das seit 2012 Menschen, die versuchen, mit dem Boot ins Land zu gelangen, um Asyl zu beantragen, im Rahmen einer Offshore-Politik auf die Inseln Nauru und Manus in Papua-Neuguinea schickt. Dort müssen sie sich auf eine lange Wartezeit und ein Leben in Ungewissheit einstellen.

Und selbst wenn es zur Anerkennung als Flüchtling kommt, bleibt die Umsiedlung nach Australien ausgeschlossen. Diese Verlagerung von Asylverfahren auf das Territorium anderer Staaten soll Schutzsuchende von einer Flucht nach Australien abhalten. Dabei werden die Fluchtgründe kaum berücksichtigt.

Beim jüngsten Versuch einer solchen Verlagerung von Asylverfahren hat Großbritannien, das seit dem Verlassen der EU eine harte Haltung gegenüber Einwanderung verfolgt, unter anderem durch den Abbau des Schutzes von Asylsuchenden, einschließlich Kindern und Opfern des Menschenhandels, ein Abkommen mit Ruanda unterzeichnet. Es sieht vor, dass Asylsuchende, die mit dem Boot über den Ärmelkanal nach Großbritannien übersetzen, nach Ruanda gebracht und ihre Asylanträge dort bearbeitet werden. Werden sie als Flüchtlinge anerkannt, dürfen sie in Ruanda leben. Andernfalls droht die Rückführung in ihr Herkunftsland. Obwohl sich die Afrikanische Union bei zahlreichen Gelegenheiten lautstark gegen die Verlagerung von Asylverfahren auf den Kontinent gewehrt hat, ist diese Praxis für einzelne afrikanische Länder ein lukratives Geschäft. Dem ruandischen Präsidenten wurden als Gegenleistung für die Aufnahme der nach Großbritannien gelangten Geflüchteten großzügige Hilfszahlungen angeboten und andere Versprechungen gemacht. Daher ist die Kategorisierung an sich, einschließlich der Frage, wo, wann und für wen sie stattfindet, für Regierungen oft eine strategische Entscheidung.

Schließlich ist das Verfahren, um Asyl zu beantragen und als Flüchtling anerkannt zu werden, häufig sehr langwierig. Beispiel Südafrika: An der Grenze muss eine asylsuchende Person ein sogenanntes Transitvisum beantragen. Dann hat sie fünf Tage Zeit, um zu einem Flüchtlingsaufnahmebüro zu gelangen, wo sie ihre befristete Aufenthaltserlaubnis als Flüchtling erhält. Die Genehmigung wird in der Regel für ein paar Wochen bis zu einigen Monaten ausgestellt und muss dann verlängert werden. Fast ein Jahrzehnt lang waren jedoch nur drei der sechs Ämter voll funktionsfähig, und keines von ihnen hat seit Beginn der Pandemie wieder für Besucher:innen geöffnet. Südafrika ist eines der Länder mit den höchsten Ablehnungsquoten bei

Asylanträgen, 2016 lag sie bei 96 %. Viele Menschen, deren Asylanträge abgelehnt worden sind, legen Berufung ein. Das Berufungssystem aber ist überlastet, und nach Schätzungen von 2019 würde es 69 Jahre dauern, um den Rückstand abzuarbeiten. Das Verfahren zur Anerkennung als Flüchtling benötigt in Südafrika in der Regel zwischen fünf und zehn Jahren, manchmal auch länger. Ein Flüchtling zu werden, ist also keineswegs ein reiner Rechtsakt, er wird vielmehr von politischen und institutionellen Interessen beeinflusst, auf die im Folgenden näher eingegangen wird.

Gründe für die Kategorisierung

Ein Beispiel dafür, wie institutionelle Interessen die Kategorisierung von Menschen beeinflussen, bietet das UNHCR. Dessen Aufgabe besteht darin, Flüchtlinge zu schützen. Für das UNHCR ist jede Diskussion über eine Ausweitung der Definition des Rechtsbegriffs »Flüchtling« – wie etwa dessen Verwendung für Menschen, die vor den Folgen der Klimakatastrophe fliehen – eine Bedrohung für die eigene Existenz: Schon jetzt ist die Arbeit der Organisation aufgrund von Finanzierungslücken teilweise beeinträchtigt. Eine breitere Definition würde gezielte Schutzarbeit noch stärker gefährden.

Letztlich aber liegt die Entscheidung darüber, wer einen Schutzstatus als Flüchtling erhält und wie der Prozess der Anerkennung verläuft, bei Staaten oder Staatengemeinschaften wie der EU. Das UNHCR unterstützt nur dann, wenn ein Staat darum bittet. Die Aufnahme von Schutzsuchenden hängt im Allgemeinen von einer Reihe kalkulierter innen- oder geopolitischer Interessen der Länder ab. So war beispielsweise der frühere Staatschef von Gambia, Yahya Jammeh, für seine Großzügigkeit gegenüber der hohen Zahl von Flüchtlingen aus der benachbarten Region Casamançe im Senegal bekannt: Er verstand sie als potenzielle Wähler:innen. In den meisten Fällen jedoch bringt die politische Instrumentalisierung der Gewährung des Flüchtlingsstatus eine Ausgrenzung mit sich. So haben Staaten wie Deutschland etwa Afghanistan als sogenanntes »sicheres Herkunftsland« eingestuft, obgleich Menschen dort seit Jahrzehnten extremen Gefahren ausgesetzt sind. Länder wie Südafrika unternehmen große Anstrengungen, um das Verfahren zur Erlangung des Flüchtlingsstatus so komplex wie möglich zu gestalten. Und weiterhin müssen Schutzsuchende regelmäßig als Sündenböcke herhalten, wenn sich ein Mangel an Arbeitsplätzen einstellt oder öffentliche Dienstleistungen, etwa im Gesundheits- oder Bildungswesen, unzureichend sind. Außerdem werden die Hindernisse für Geflüchtete im Asylverfahren oft als Schuldzuweisung missbraucht: Nicht die Verfahren gelten als das Problem, sondern die Schutzsuchenden, deren Glaubwürdigkeit zum Beispiel regelmäßig in Zweifel gezogen wird, weil die Prüfung des Asylanspruchs sehr zeitaufwendig ist.

Auswirkungen der Kategorisierung

Der Flüchtlingsstatus kann und soll zu einem besonderen Schutz führen. Meinungsumfragen zeigen immer wieder, dass die breite Öffentlichkeit Schutzsuchenden gegenüber aufgeschlossener ist als gegenüber denjenigen, die als »freiwillige« Migrant:innen angesehen werden. Selbst wenn es einer Person trotz aller verfahrenstechnischer Herausforderungen und politischer Instrumentalisierung schließlich gelingt, einen Schutzstatus zu erlangen, bleiben ihre Lebensverhältnisse häufig prekär, auch wegen der Unterfinanzierung eines Großteils der Arbeit humanitärer Organisationen einschließlich des UNHCR. Nicht selten sind Flüchtlinge gezwungen, in Lagern oder geschlossenen Siedlungen zu bleiben, kaum jemals haben sie die Möglichkeit, selbst zu entscheiden, wie sie ihr Leben gestalten möchten.

Oft sind Flüchtlinge Gewalt und anderen traumatisierenden Erfahrungen ausgesetzt, auch nachdem sie Zuflucht gefunden haben. Hinzu kommt, dass Schutzsuchende häufig über Jahre und Jahrzehnte in einem Status des Dazwischen bleiben: Sie verfügen nicht über die Rechte von Staatsangehörigen, werden also gar nicht Teil der Gesellschaft des Ankunftslandes. Zugleich ist eine Rückkehr in das Herkunftsland aufgrund dort weiterhin herrschender Gewalt meist nicht möglich. Auch die Zahl der Umsiedlungen in Drittländer ist in den vergangenen Jahren aufgrund des Bedeutungszuwachses rechtspopulistischer und migrationsfeindlicher Bewegungen, Parteien und Politiken zurückgegangen.

Wird einer Person der Flüchtlingsstatus zuerkannt, ist dies oft mit der Vorstellung verbunden, sie habe es »verdient«. So werden vor allem geflüchtete Frauen und Kinder als »schutzbedürftig« angesehen, weshalb auch viele Schutz- oder Weiterbildungsprogramme erwachsene männliche Flüchtlinge weitgehend ausschließen. Schutzbedürftigkeit wird außerdem häufig entlang rassistischer Vorurteile bemessen.

Von Flüchtlingen wird außerdem zunehmend verlangt, dass sie »selbständig« werden und sich selbst versorgen. In Äthiopien sind beispielsweise Qualifizierungsmaßnahmen, Beschäftigungsmöglichkeiten und Gewerbegebiete mit Arbeitsplätzen für Flüchtlinge Teil staatlicher Integrationsstrategien unter marktwirtschaftlichen Bedingungen geworden. Bei solchen Ansätzen können Flüchtlinge selten frei entscheiden, welche Art von Arbeit sie ausüben wollen. Eine »erfolgreiche Integration« wird daran gemessen, ob Flüchtlinge produktiv im Sinne einer neoliberalen Marktwirtschaft sind und unabhängig von staatlichen Leistungen leben können.

Andere Sichtweisen zu etablieren und sich Gehör zu verschaffen, ist für Flüchtlinge schwierig. Selten werden sie als autonome Akteur:innen betrachtet. Rechte und politische Veränderungen einzufordern, gelingt kaum jemals. Obwohl also der Status des Flüchtlings Schutz bieten und Rechte verleihen soll, ist der Flüchtling in der Praxis häufig ein entpolitisiertes Subjekt, das mit restriktiven Strukturen konfrontiert ist, die kaum (politischen) Handlungsraum lassen.

Fazit

Weltweit werden Flüchtlingsrechte beschnitten. Auch in der medialen Darstellung wird die Flüchtlingskategorie in Frage gestellt, etwa indem Flüchtlingen rein wirtschaftliche Motive unterstellt werden, selbst wenn ihr Asylantrag positiv beschieden wurde. Wie ambivalent das Vorgehen von Staaten sein kann, zeigt sich aktuell besonders deutlich: Großbritannien etwa heißt Menschen aus der Ukraine willkommen, stellt für sie einen Schutzstatus bereit und lässt sie nach Beantragung eines Sondervisums mit dem Flugzeug einreisen. Zugleich sollen

Menschen aus anderen Ländern – ohne Prüfung des Asylbegehrens und ohne die menschenrechtlichen Folgen einer solchen Praxis zu bedenken – nach Ruanda abgeschoben werden. Damit folgt Großbritannien ähnlichen Bestrebungen wie die EU, die mit der Türkei und mit Ländern Nordafrikas Vereinbarungen getroffen hat, um die Bewegung syrischer und afrikanischer Schutzsuchender zu stoppen.

Solche Beispiele zeigen, dass der Status des »Flüchtlings« ein politisches Konstrukt ist, er wird entlang politischer Konjunkturen vergeben oder verweigert. Zwar bieten verschiedene Instrumente wie etwa die Genfer Flüchtlingskonvention von Gewalt bedrohten oder Gewalt ausgesetzten Menschen in großen Teilen der Welt einen Schutzstatus. Er bleibt aber in seiner Reichweite und Wirkung begrenzt, die Möglichkeiten, einen Schutzstatus zu erlangen, sind durch Willkür geprägt. Den universellen Anspruch, ein »Recht, Rechte zu haben«, vermag das internationale Flüchtlingsrecht nicht einzulösen.

Literatur

Krause, Ulrike/Schmidt, Hannah: Refugees as Actors? Critical Reflections on Global Refugee Policies on Self-Reliance and Resilience, in: Journal of Refugee Studies, 33.2020, H. 1, S. 22–41, https://doi.org/10.1093/jrs/fez059

Moyo, Khangelani/Zanker, Franzisca: No Hope for the ›Foreigners‹: The Conflation of Refugees and Migrants in South Africa, in: Journal of Immigrant & Refugee Studies, 20.2022, H. 2, S. 253–265, https://doi.org/10.1080/15562948.2021.2007318

Paynter, Eleanor: Border Crises and Migrant Deservingness: How the Refugee/Economic Migrant Binary Racializes Asylum and Affects Migrants' Navigation of Reception, in: Journal of Immigrant & Refugee Studies 20.2022, H. 2, S. 293–306, https://doi.org/10.1080/15562948.2021.1980172

Turner, Lewis: »#Refugees Can Be Entrepreneurs Too!« Humanitarianism, Race, and the Marketing of Syrian Refugees, in: Review of International Studies, 46.2022, H. 1, S. 137–155, https://doi.org/10.1017/S0260210519000342

Ulrike Krause

Ein kritischer Blick auf den Umgang mit Zahlen über Geflüchtete in Medien und Politik

Mediale Berichte und politische Stellungnahmen über Flucht beginnen häufig mit der Nennung von Zahlen geflüchteter Menschen, die etwa staatliche Behörden oder internationale Organisationen erheben. Mitunter konzentrieren sie sich völlig auf die Auslegung dieser quantitativen Angaben und erörtern beispielsweise, wie viele Menschen aus gewissen Ländern in andere Länder fliehen, wie viele Frauen und Kinder sich unter ihnen befinden oder welche Routen sie nehmen. Manche Berichte und Stellungnahmen nennen auch Zahlen über bestimmte rechtliche Statusgruppen wie »Asylsuchende«, »Flüchtlinge«, Menschen mit »subsidiärem Schutz« und »Geduldete« in Asylländern oder gehen auf Quoten über Aufnahmen und Abschiebungen etwa im Vergleich der EU-Mitgliedstaaten ein. Auch Todesfälle fliehender Menschen werden quantifiziert. Dass das Mittelmeer mittlerweile als Massengrab beschrieben wird, beruht allen voran auf der hohen Zahl an Menschen, die auf der Flucht im Mittelmeer ihr Leben verloren haben.

Doch welche Bedeutung kommt solchen Zahlen zu? Der Beitrag zielt nicht darauf ab, einen Überblick über das aktuelle globale, regionale, nationale oder lokale Ausmaß von Flucht zu bieten, das so häufig in Medien und Politik thematisiert wird. Vielmehr setzt sich der Beitrag kritisch mit der Nutzung und der Wirkung solcher quantitativen Angaben über Flucht aus drei Perspektiven auseinander: Wofür werden die Zahlen verwendet, wie exakt sind sie, und welche Folgen hat ihre Auslegung in Politik und Medien? Damit einhergehend wird zunächst dargelegt, dass die quantitativen Angaben für die Ausrichtung von Politiken und die Etablierung von Schutz- oder Abwehrmaßnahmen relevant sind, da Bedarfe von schutzsuchenden Menschen erfasst oder etwa Ziele der Regulierung von Zuflucht verfolgt werden. Im Folgenden wird dargelegt, dass Statistiken zwar politisch erwünscht und einflussreich sind und häufig den Anschein erwecken, »harte Fakten« zu bieten, aber tatsächlich nur selektive und fragmentierte Angaben über Flucht vermitteln können. Zudem trägt die Quantifizierung Geflüchteter zu deren Entmenschlichung bei, da sie zu »Datenobjekten« werden. Schließlich sind nicht nur die Zahlen an sich relevant, sondern auch ihre Auslegung und somit die Art und Weise, wie sie in Politik und Medien beschrieben werden. Durch sprachliche Bilder und Metaphern wie »Flüchtlingsfluten« und »Invasionen« oder auch »massenhaftes Leid« werden große Zahlen von Fliehenden entweder als Gefahr dargestellt, die es einzudämmen oder gar abzuwehren gilt, oder als Opfer, die dringend Hilfe benötigen. Daher werden durch die Auslegung von Zahlen Diskurse wie Viktimisierung von fliehenden Menschen oder auch Versicherheitlichung von Flucht hervorgerufen und bedient, was folgenreich ist.

Relevanz von Zahlen für Schutz- oder Abwehrpolitik

Wie einleitend erwähnt, ist das Erheben von Daten über die Anzahl von Menschen, die in ein Land fliehen und dort Asyl suchen, bedeutsam für Behörden und Hilfsorganisationen, um Politiken auszurichten sowie Leistungen zu planen und bereitzustellen. Aus staatlicher Perspektive stellen diese Schutzleistungen keine rein humanitären und freiwilligen Hilfen dar. Denn Staaten, die die Genfer Flüchtlingskonvention von 1951 unterzeichnet haben (was weltweit auf knapp 150 Staaten zutrifft), verpflichten sich zur Einhaltung der darin enthaltenen Rechte von Flüchtlingen. Sie betreffen unter anderem Bildung, Wohnungswesen, Erwerbstätigkeit, soziale Sicherheit und Zugang zu Gerichten. Zudem verpflichten sich Staaten dazu, mit dem Flüchtlingshochkommissariat der Vereinten Nationen (UNHCR) zusammenzuarbeiten sowie Auskünfte über die Umsetzung der Konvention und statistische Angaben über die Situation von Flüchtlingen zu geben.

Ähnliche Regelungen bestehen für Staaten ferner durch regionale Abkommen. Afrikanische Staaten, die die afrikanische Flüchtlingskonvention von 1969 unterzeichnet haben, verpflichten sich etwa, entsprechende statistische Angaben mit der Afrikanische Union zu teilen. Auch europäische Staaten sollen unter dem Schirm des Gemeinsamen Europäischen Asylsystems statistische Auskünfte erteilen. Wie wichtig der EU der Austausch solcher Zahlen unter europäischen Staaten ist, deutet die Verordnung Nr. 862/2007 des Europäischen Parlaments und des Rates »zu Gemeinschaftsstatistiken über Wanderung und internationalen Schutz« an.

Daher tragen Staaten die Verantwortung für statistische Erhebungen. Diese dienen nicht nur der Berichterstattung für internationale Organisationen. Auch innerhalb von Staaten, in denen Menschen Zuflucht suchen, werden quantitative Angaben auf allen Ebenen – von den Kommunen bis zur Regierung – zur Planung, Umsetzung, zum Monitoring und zur Evaluierung von Maßnahmen herangezogen. Um etwa die Unterbringung für Schutzsuchende sicherzustellen, müssen Kommunen die Anzahl der benötigten Schlafplätze und Räumlichkeiten kennen oder prognostizieren können. Dies gilt etwa auch für die Bereitstellung von medizinischer Versorgung, Nahrungsmitteln, Zugang zu Schulbildung, sozialer Sicherung, Ausbildungsplätzen, Maßnahmen zur Arbeitsmarktintegration und diversen weiteren Leistungen. Damit einhergehend sind quantitative Angaben für die Planung von Budgets und logistischen Vorgängen nötig. Das zeigt, dass gewisse Kalkulationen an operative Entscheidungen geknüpft sind und wiederum neue Zahlen hervorbringen.

Politische Akteur:innen nutzen die quantitativen Angaben aber auch für die Legitimierung und operative Durchführung von Abwehrmaßnahmen. Beispielsweise soll die Europäische Agentur für die Grenz- und Küstenwache (Frontex) die EU-Außengrenzen kontrollieren, um die – wie es politisch bezeichnet wird – »irreguläre« Migration zu verhindern und die Zahl der ankommenden Schutzsuchenden zu reduzieren. Zudem unterstützt Frontex zunehmend die Rückführung von abgelehnten Asylsuchenden. Dies stellt eine weitere Maßnahme zur Minderung der Zahl der Schutzsuchenden in europäischen Staaten dar. Zur Erreichung solcher Ziele hat die EU eine andere Zahl deutlich erhöht – und zwar den Etat von Frontex. Er hat sich seit 2012 verachtfacht und belief sich 2022 auf rund eine Dreiviertelmilliarde Euro.

(Un-)Genauigkeit von Zahlen

Vor dem Hintergrund der Tatsache, dass quantitative Angaben politisch erwünscht und einflussreich sind, drängt sich die Frage auf, wie genau und wie aussagekräftig die von politischen Akteur:innen erhobenen Zahlen über geflüchtete Menschen eigentlich sind.

Die internationale numerische Erfassung von fliehenden Menschen reicht bereits etwa ein Jahrhundert zurück. Durch den Ersten Weltkrieg (1914–1918) sowie gewaltsame Konflikte etwa auf dem Balkan (1912–1913), im Kaukasus (1918–1921), zwischen Griechenland und der entstehenden Türkei (1919–1922) und in Russland (1917–1922) waren Anfang der 1920er Jahre viele Menschen auf der Flucht, aber es fehlte an einer zentralen Koordinierungsstelle für den Flüchtlingsschutz. Auf Drängen des Internationalen Komitees vom Roten Kreuz entschieden die Mitglieder des Völkerbundes 1921, das Amt des Hohen Kommissars für russische Flüchtlinge einzurichten, welches der Polarforscher und Diplomat Fridtjof Nansen als Erster übernahm. Zusätzlich zur Klärung rechtlicher Fragen sollte Nansen Schutzleistungen koordinieren sowie Flüchtlinge in Herkunftsländer zurückführen oder in Anstellungsverhältnisse in anderen Ländern vermitteln. Hierfür ließ er in einem ersten Schritt den Umfang der Flüchtlingsbevölkerung ermitteln. Auch als sein Mandat in den Folgejahren auf bulgarische und armenische Flüchtlinge sowie vereinzelt andere Gruppen erweitert wurde, blieben solche quantitativen Erhebungen relevant. Sie dienten aber nicht nur der Registrierung und Bereitstellung von Leistungen; darüber hinaus spielten politische Interessen der Kontrolle von Fluchtbewegungen und Fragen der Verteilung von Flüchtlingen unter den Staaten eine wichtige Rolle.

Diese politischen Beweggründe prägten auch die erste internationale Quantifizierung von Flucht, die der ehemalige britische Kolonialbeamte und Völkerbundbeauftragte John Hope Simpson Ende der 1930er Jahre leitete. Anne Schult erläutert, wie die Zählung von Flüchtlingen zu unterschiedlichen Klassifizierungen weißer Menschen aus westlichen Staaten und kolonisierter Menschen aus südlichen Staaten beitrug. Diese Zahlen unterstützten staatliche Bemühungen, Flucht und Aufnahme nach eigenen Interessen zu regulieren, und prägten Flüchtlingspolitiken und -schutz in den Folgejahren.

Erst zwanzig Jahre später etablierte sich eine bis heute anhaltende strukturierte Erfassung von weltweiten Flüchtlingszahlen durch das UNHCR. Als das UNHCR 1951 die Arbeit aufnahm, lag der Fokus zunächst auf Menschen, die aufgrund der Folgen des Zweiten Weltkriegs in Europa geflohen waren. Weil Fluchtbewegungen auch in anderen Regionen der Welt auftraten, beschloss die Generalversammlung der Vereinten Nationen 1959, dass das UNHCR von nun an global Schutz leisten sollte. Dies führte auch zur zunehmenden Erhebung von Daten über geflüchtete Menschen. Das UNHCR konzentrierte sich zunächst auf die in der Genfer Flüchtlingskonvention von 1951 völkerrechtlich definierte Kategorie des Flüchtlings – also Menschen, die aus begründeter Furcht vor Verfolgung über Landesgrenzen hinweg fliehen und in einem anderen Staat als ihrem Herkunftsland Asyl suchen. Rasch aber kam es zur Ausweitung der Kategorien. 1961 beauftragte die Generalversammlung das UNHCR, Unterstützung für Rückkehrende bereitzustellen und 1972 für Binnenvertriebene (das heißt für Menschen, die innerhalb ihres Herkunftslandes auf der Flucht sind), was jeweils die quantitative Erfassung dieser Gruppen erforderte. Darüber hinaus wurden Erhebungen mit der Zeit verfeinert und Daten über Unterkategorien gesammelt, so zum Beispiel über Herkunfts- und Zufluchtsland oder -region, Geschlecht und Alter der Geflüchteten.

Solche Quantifizierungen gibt es noch heute. Um über die globalen Zahlen entlang dieser und weiterer Kategorien aufzuklären, veröffentlicht das UNHCR regelmäßig statistische Jahrbücher und den sogenannten Global Trends Report. Darin sind nicht nur vom UNHCR gesammelte Angaben enthalten; auch Staaten erheben weiterhin Daten, die sie mit dem UNHCR oder anderen internationalen Organisationen teilen. Wenngleich sich die Erhebung und internationale Weitergabe von Daten über geflüchtete Menschen mit der Zeit professionalisiert haben, bestehen weiterhin Herausforderungen.

Denn die Daten wie auch ihre Darstellung in Tabellen und Schaubildern vermitteln zwar den Eindruck, vermeintliche »objektive Wahrheiten« und »harte Fakten« darzulegen, aber ihre Aussagekraft ist begrenzt. In den frühen Erhebungen ging es zunächst um Flüchtlinge spezifischer Nationalität, dann um Flüchtlinge weltweit und erst später um verschiedene rechtliche Statusgruppen geflüchteter Menschen. Das bedeutet, dass nur Angaben für bestimmte Kategorien – in diesem Fall Personengruppen – erfasst werden, und diese Kategorien bedürfen Definitionen, damit Daten über sie erfasst werden können. Folglich wird nur das erfasst, was Entscheidungstragende zuvor als relevant definiert haben, und das ist nur ein kleiner Teil der komplexen gesellschaftlichen Zusammenhänge.

Angesichts dieser Komplexität und der höchst dynamischen Fluchtbewegungen kritisieren Wissenschaftler:innen seit langem, dass akkurate Quantifizierungen durch politische Akteur:innen kaum möglich sind. Zum Beispiel werden im Zuge der Registrierung von »Asylsuchenden«, »Flüchtlingen«, »Binnenvertriebenen« oder anderen geflüchteten Personen auch Daten über die Form und den Ort ihrer Unterbringung erfasst. Als Formen der Unterbringung gelten etwa Lager oder individuelle Unterkünfte, als Orte die geographischen Bezeichnungen (zum Beispiel der Name eines Aufnahmelagers). Wie diese Kategorien und die zugehörigen Daten in Berichten des UNHCR von 2002 bis 2021 dargestellt werden, habe ich untersucht, und es zeigen sich Unzulänglichkeiten. Unter anderem sind die Kategorien vage definiert, und mitunter werden einzelne Orte von einem Jahr zum nächsten einer anderen Kategorie zugeordnet. So wird etwa ein zuvor als Lager kategorisierter Ort im Folgejahr als individuelle Unterkunft benannt. Zudem bleiben in den Statistiken Weitergewanderte unberücksichtigt, denn den Angaben zufolge befinden sich diese Personen noch an dem Ort, dem sie bei der Registrierung und Datenerfassung zugeteilt wurden.

Auch für andere Bereiche lassen sich die Grenzen solcher Quantifizierungen von Flucht darstellen. So werden zwar seit Jahren über »Flüchtlinge«, »Asylsuchende«, »Binnenvertriebene« und »Rückkehrende« geschlechtsspezifische Angaben erhoben, diese bleiben aber in einer heteronormativen Binarität gefangen. Denn die Menschen werden den binären Geschlechterkategorien Mann/Frau zugeordnet, ohne Genderidentitäten und sexuelle Orientierungen zu berücksichtigen. Gemäß den Statistiken des UNHCR wie auch der meisten Staaten gibt es keine lesbischen, schwulen, bisexuellen, transgender, queeren, intergeschlechtlichen, asexuellen, agender oder nicht-binären Personen (LGBTQIA+) unter den Schutzsuchenden weltweit, was natürlich nicht der Fall ist. Die Gründe für das Ausbleiben einer gendersensiblen Datenerhebung sind vielfältig, lassen sich aber im Grundsatz auf fehlendes politisches Interesse zurückführen.

Solche politischen Kategorisierungen und die Zahlen, die auf ihnen beruhen, vermitteln folglich nur selektives und fragmentiertes Wissen über Flucht und das Leben von Geflüchteten. Und sie simplifizieren die Verhältnisse, denn die Individuen mit ihren Erfahrungen bleiben unsichtbar. Darüber hinaus wird der Eindruck erweckt, dass die Menschen klar kategorisier- und quantifizierbar seien – eine Abstrahierung, die zur Entsubjektivierung und Entmenschlichung der Individuen als Datenobjekte führt. Diese Darstellung lässt Geflüchtete schließlich kontrollierbar und Flucht regier- und regulierbar erscheinen.

Interpretation hoher Zahlen in Politik und Medien

Für eine kritische Auseinandersetzung mit der Quantifizierung von Flucht und Geflüchteten bedarf es auch eines Blickes darauf, wie die Zahlen interpretiert und beschrieben werden. Denn politische Stellungnahmen oder mediale Berichte über Flucht geben selten ausschließlich quantitative Angaben wieder. Vielmehr legen sie die Zahlen aus und schreiben ihnen so Bedeutungen zu.

Unzählige Beispiele seit 2015 zeigen, wie eindringlich die Beschreibungen über die Zunahme von Schutzsuchenden in

Politik und Medien sind. Wiederkehrend wurde etwa hervorgehoben, dass heute »die höchsten Flüchtlingszahlen seit dem Zweiten Weltkrieg« zu verzeichnen seien, dass die Welt »massenhaftem Leid« gegenüberstehe und dass der Anstieg »dramatisch«, »rasant«, »sprunghaft« oder gar »rekordverdächtig« sei. Solche Beschreibungen können ganz unterschiedliche Wirkungen erzeugen.

Einerseits stellt die Betonung des Leids von Geflüchteten einen besonders dringenden Handlungsbedarf heraus, um zum Schutz der Menschen beizutragen. Auf internationaler, staatlicher und gesellschaftlicher Ebene wird zu Unterstützung, Zusammenarbeit und Solidarität aufgerufen. Insbesondere in wirtschaftsstarken Ländern wird dieser Aufruf nicht selten mit dem Argument verbunden, dass ein Arbeitskräftemangel bestehe und die Aufnahme einer hohen Zahl schutzsuchender Menschen einen wirtschaftlichen Nutzen habe.

Andererseits – und in den letzten Jahren deutlich häufiger – wird die hohe Zahl an Schutzsuchenden immer wieder betont und als drohende Gefahr und potenzielle Unsicherheit für Aufnahmeländer und -gesellschaften dargestellt. Dazu finden Metaphern von Naturkatastrophen, wie »Wellen«, »Fluten«, »Ströme« und »Lawinen«, oder gar Bezüge auf den militärischen Bereich, wie der Begriff »Invasion«, Verwendung. Solche bildhaften Schilderungen sind keinesfalls neu oder auf die aktuelle Zeit begrenzt, sondern wurden schon in der Vergangenheit genutzt. So bildete »Das Boot ist voll« eine prominente Metapher für eine hohe Zahl Geflüchteter, die vermeintlich nicht mehr aufgenommen werden könne. Sie reicht bis in die 1940er Jahre zurück und fand in den 1980er und 1990er Jahren breite Verwendung. Auch die Beschreibung umfangreicher Fluchtbewegungen als »Flüchtlingsströme« und die damit verbundene Warnung vor »Überfremdung« der »heimischen Gesellschaft« haben über Jahrzehnte angehalten. Dies ist auch jüngst zu beobachten, wird doch in politischen und medialen Debatten über »Flüchtlingsströme« oder »-fluten« vor der vermeintlichen »Islamisierung« der Gesellschaft gewarnt. Folglich konstruiert dieser Sprachgebrauch Geflüchtete als potenzielle Bedrohung und trägt zu einer bewussten Unterscheidung zwischen dem »Wir«

und den »Anderen« oder den »Fremden« bei, die vermeintlich nicht zugehörig seien.

Solche Zuordnungen führen im Kern zur Darstellung umfangreicher Fluchtbewegungen als krisenhafte Phänomene, was sich seit 2015 in aller Deutlichkeit in der politischen und medialen Sprache zeigt. Denn die »Flüchtlingskrise« ist ein vielfach genutzter Begriff geworden, der aber ebenfalls nicht neu ist, denn bereits 1979 war im Kontext der Flucht südostasiatischer »boat people« von einer »globalen Flüchtlingskrise« die Rede. Mit Blick auf das aktuelle Labeling wird in der Forschung wiederkehrend betont, wie problematisch und folgenschwer die Krisenzuschreibung ist. Sie reflektiert nicht in erster Linie die politischen Herausforderungen in der Schutzbereitstellung für Geflüchtete, sondern markiert die Menschen als »Krisentreiber«. Ein solcher Sprachgebrauch kann zur Ausgrenzung von Schutzsuchenden beitragen und gesellschaftliche Spannungen hervorrufen. Dies gilt nicht nur für politische Stellungnahmen, sondern insbesondere auch für mediale Berichte. Denn Medien haben die Aufgabe, die breite Öffentlichkeit zu informieren, und prägen mit der Art und Weise, wie sie Inhalte darstellen, die öffentliche Meinungsbildung in besonderem Maße. Mit reißerischen Überschriften und überspitzten Schilderungen ordnen sie nicht Entwicklungen sachgerecht ein, vielmehr schreiben sie Geflüchteten krisentreibende Merkmale zu und stellen Flucht als abzuwehrendes Problem dar.

Diese gefahrenbezogenen Bilder werden keineswegs auf alle schutzsuchenden Menschen bezogen. In politischen und medialen Debatten in Deutschland wie auch in anderen europäischen Staaten nach 2015 wurden insbesondere junge geflüchtete Männer aus Syrien, Afghanistan und weiteren Staaten durch ethnisierende, stereotypisierende und islamfeindliche Bilder als bedrohlich dargestellt. Frauen und Kinder wurden hingegen primär als vulnerable, zu schützende Opfer abgebildet. Dass diese Debatten mit rassistischen Vorstellungen verwoben sind, zeigte sich jüngst im Kontext der Zuflucht von Menschen aus der Ukraine. Trotz der hohen Zahl der Schutzsuchenden trugen Beschreibungen und Fotos von weißen Frauen mit Kindern in Medien und Politik in westeuropäischen Ländern dazu bei, sie als hilfsbedürftige, aber auch fürsorgliche und tapfere Mütter zu porträtierten. Kurz nach Beginn der Flucht folgten Bilder von vereinzelten schwarzen Menschen und People of Color, insbesondere jungen Männern, denen zunächst der Grenzübertritt verwehrt wurde, obwohl sie aus den gleichen konfliktbedingten Gründen wie die weißen Menschen flohen. Wenngleich es sich dabei um eine deutlich kleinere Zahl handelte, stellten die Abbildungen der verärgerten, weil an der Grenze aufgehaltenen Menschen sie als potenziell bedrohlich dar.

An diesen Beispielen wird deutlich, wie Zahlen Bedeutungen zugemessen werden, die stark variieren können und tiefgreifende Folgen für die Wahrnehmung von Fluchtbewegungen und einzelnen Menschen haben. Das Sprechen über vermeintliche »Flüchtlingsmassen« – wie es bei syrischen Geflüchteten ab 2015 der Fall war – ging mit stigmatisierenden Identitätszuschreibungen einher und trug zu Bedrohungsdarstellungen bei. Im Kontrast dazu wurden ukrainische Geflüchtete trotz ihrer hohen Zahl als schutzbedürftig und -würdig beschrieben. Politische und mediale Debatten führen in besonderem Maße dazu, dass solche und andere Zuschreibungen Einzug in Alltagsdiskurse halten und sowohl eine erhöhte Aufnahmebereitschaft als auch die Ausgrenzung von Menschen und gesellschaftliche Konflikte befördern können.

Abschließende Gedanken

Die Diskussion über die Quantifizierung von Flucht und geflüchteten Menschen in diesem Beitrag legt dar, dass die Erhebung von Daten zwar wichtig ist, um den Schutz und die Unterstützung der Menschen zu planen und umzusetzen, die quantitativen Angaben aber kritischer Reflexion bedürfen. Statistiken sind stets selektiv. Sie bilden immer nur einen kleinen Teil höchst komplexer und dynamischer Entwicklungen ab, weswegen ihre Erhebung, Verwendung und Auslegung durchdacht geschehen muss. Hinter den in den Medien und der Politik häufig zitierten »Millionen von Flüchtlingen« stecken Individuen mit vielen unterschiedlichen Schicksalen, die nicht außer Acht gelassen werden dürfen.

Literatur

Espahangizi, Kijan: Der Migration-Integration-Komplex. Wissenschaft und Politik in einem (Nicht-)Einwanderungsland, 1960–2010, Konstanz 2022.

Glasman, Joël: Humanitarianism and the Quantification of Human Needs: Minimal Humanity, London 2019.

Harrell-Bond, Barbara E./Voutira, Eftihia/Leopold, Mark: Counting the Refugees: Gifts, Givers, Patrons and Clients, in: Journal of Refugee Studies, 5.1992, H. 3/4, S. 205–225.

Krause, Ulrike: The Powerful (Vagueness of) Numbers? (Non) Knowledge Production about Refugee Accommodation Quantifications in UNHCR's Global Trends Reports, in: Migration and Society, 5.2022, H. 1, S. 141–151.

Scheel, Stephan/Ustek-Spilda, Funda: The Politics of Expertise and Ignorance in the Field of Migration Management, in: Environment and Planning D: Society and Space, 37.2019, H. 4, S. 663–681.

Schult, Anne: Interwar Statistics, Colonial Demography, and the Making of the Twentieth-century Refugee, in: Journal of Global History, 2022, online first: https://doi.org/10.1017/S1740022822000195

Flucht regional

Abdirahman A. Muhumad, Merlin Flaig und Jörn Grävingholt

Äthiopien

Äthiopien hat eine lange Geschichte als Aufnahmeland von Geflüchteten aus seiner ostafrikanischen Nachbarschaft. Das mit etwa 114 Millionen Einwohner:innen zweitbevölkerungsreichste Land Afrikas war zugleich immer wieder auch Schauplatz erheblicher Binnenvertreibungen aufgrund politischer Unruhen. Nachdem 2020 ein militärischer Konflikt im Bundesstaat Tigray im Norden des Landes ausbrach, der sich rasch zu einem Bürgerkrieg ausweitete, sind Millionen Menschen vertrieben worden. Zehntausende von ihnen flohen in den benachbarten Sudan. Der vorliegende Beitrag behandelt beide Seiten der äthiopischen Fluchtverhältnisse: Er erörtert sowohl die durch den Tigray-Krieg ausgelöste Vertreibungskrise als auch die Situation Hunderttausender ausländischer Geflüchteter, die seit vielen Jahren, oft Jahrzehnten, im Land leben.

Der Bürgerkrieg im Norden Äthiopiens

Der Tigray-Krieg brach im November 2020 infolge zunehmender Spannungen zwischen der Regierung von Premierminister Abiy Ahmed und der Tigray People's Liberation Front (TPLF) aus, jener politischen Bewegung, die von 1991 bis zur Amtsübernahme Abiys Anfang April 2018 die herrschende Parteienkoalition EPRDF (Ethiopian People's Revolutionary Democratic Front) dominiert hatte. Die militärische Konfrontation veranlasste die äthiopische Regierung, im November 2020 den Ausnahmezustand auszurufen. Der Bürgerkrieg blieb zunächst weitgehend auf den Bundesstaat Tigray beschränkt, weitete sich aber 2021 auf die Bundesstaaten Amhara und Afar aus. Auch eritreisches Militär und regionale Streitkräfte aus Amhara und Afar waren als Verbündete der äthiopischen Armee in die Kämpfe gegen die TPLF verwickelt. Infolge des Krieges kam es zu Menschenrechtsverletzungen durch alle Konfliktparteien, der Zerstörung ziviler Einrichtungen, Kommunikationsblockaden und massiver Vertreibung der Zivilbevölkerung. Am 2. November 2022 einigten sich die äthiopische Regierung und die TPLF auf ein Friedensabkommen, den sogenannten »Pretoria Deal«.

Als Aufnahmeland für Geflüchtete und Asylsuchende aus dem Ausland rühmt sich Äthiopien seit langem seiner »Politik der offenen Tür«. Doch der aktuelle Konflikt im Norden des Landes ist das jüngste Beispiel für eine ebenso lange Geschichte, in der das Land selbst Vertreibungen verursacht hat. Über 63 000 Äthiopier:innen flüchteten seit Ende 2020 über die Staatsgrenze und überquerten den Tekeze-Fluss, um in den Sudan zu gelangen. In Reaktion darauf haben die sudanesische Regierung, das UN-Flüchtlingskommissariat (UNHCR) und weitere UN-Partner die Flüchtlingslager Tunaydhbah und Um Rakuba im Bundesstaat Gadaref im Ostsudan errichtet. Jedes der Lager beherbergt derzeit über 22 000 äthiopische Geflüchtete. Die Gewalt in Tigray traf indes nicht nur Äthiopier:innen, sondern auch eritreische Geflüchtete in den Lagern Mai Aini, Adi Harush, Shimelba und Hitsats. Vor Kriegsausbruch beherbergten diese vier Lager in Tigray 96 000 eritreische Geflüchtete. Seit Beginn des Konflikts waren die fast 25 000 Geflüchteten in Mai Aini und Adi Harush Einschüchterungen, Schikanen, neuen Gewaltwellen und ständiger Angst ausgesetzt. Deshalb richtete das UNHCR ein neues Lager, Alem-Wach, in der Amhara-Region ein und siedelte Tausende eritreische Geflüchteter dorthin um.

Insgesamt hat sich die humanitäre Lage in Äthiopien deutlich verschlechtert und gibt Anlass zu großer Sorge. Einem UN-Bericht zufolge benötigten Anfang 2022 insgesamt 29 Millionen Menschen Schutz und humanitäre Hilfe. Sowohl die Geflüchteten als auch die Binnenvertriebenen sind mit einer katastrophalen humanitären Lage konfrontiert. Kommunikationsunterbrechungen, Stromausfälle sowie fehlender Zugang zu grundlegenden Dienstleistungen und humanitärer Hilfe gehören zu den größten Herausforderungen für die Menschen im Norden des Landes. Mehr als 6000 Schulen wurden aufgrund des Konflikts ganz oder teilweise zerstört, fast 1,5 Millionen Kinder können das zweite oder dritte Jahr in Folge die Schule nicht besuchen. Laut einer Notfallbewertung des Welternährungsprogramms vom Januar und Februar 2022 benötigten mehr als 13 Millionen Menschen in Nordäthiopien Nahrungsmittelhilfe. Nach einer längeren umfassenden Blockade der Region durch die Regierung konnten von April bis September 2022 wieder humanitäre Hilfskonvois fahren. Dann flammte der Konflikt erneut auf. Das überraschende Friedensabkommen im November 2022 hat den Krieg zwar beruhigt und erneut Zugänge für humanitäre Hilfe ermöglicht. Dennoch bleibt die Situation aufgrund der Beteiligung vieler Konfliktparteien und einer äußerst komplizierten innenpolitischen Lage schwierig.

Ausländische Geflüchtete in den Bundesstaaten Afar, Amhara und Tigray sind zudem seit Ausbruch des Krieges verstärkt dem Risiko physischer Gewalt ausgesetzt. Anfang 2021 zerstörten eritreische Truppen zwei Flüchtlingslager in Hitsats und Shimelba in Tigray. Nachdem monatelang kein Zugang zu den Lagern möglich war, bestätigten die Vereinten Nationen im März 2021, dass die Geflüchteten vertrieben, einige von ihnen getötet und viele vermutlich gewaltsam nach Eritrea entführt worden waren. Human Rights Watch berichtete von Tötungen, Vergewaltigungen, Plünderungen und anderen Menschenrechtsverletzungen gegen eritreische Geflüchtete in Tigray sowohl durch eritreische als auch durch tigrayische Kräfte.

Mitte 2022 wurde das Flüchtlingslager Mai Aini in Tigray von einem Luftangriff getroffen, bei dem nach Angaben des UNHCR drei Geflüchtete, darunter zwei Kinder, getötet und vier Geflüchtete verletzt wurden. Im März 2022 berichtete das UNHCR, dass es mehr als drei Wochen lang keinen Zugang zu den Flüchtlingslagern Mai Aini und Adi Harush hatte. Nach Zurückerlangung des Zugangs sprachen die Vereinten Nationen von einer katastrophalen Situation: kein Zugang zu Nahrungsmitteln, sauberem Wasser, Medikamenten und Gesundheitsdiensten, was zu zwanzig vermeidbaren Todesfällen in den Lagern Mai Aini und Adi Harush führte. Ebenso wurde im April 2022 von Schüssen auf eritreische Geflüchtete im neuen Flüchtlingslager Alem-Wach berichtet, die zu Verletzungen und – aufgrund fehlender medizinischer Versorgung – auch zu Todesfällen führten.

Eritreische Geflüchtete in Tigray wurden innerhalb Äthiopiens immer wieder vertrieben und zurückgeschickt oder auf ihrem Weg nach Addis Abeba angehalten und gewaltsam zurückgebracht. Die Lage in den Lagern im Norden des Landes ist nach wie vor prekär und der Zugang zu grundlegenden Dienstleistungen kaum oder gar nicht möglich. Der Weg in den Sudan ist aufgrund der Spannungen zwischen Äthiopien und dem Sudan schwierig und gefährlich. Aus diesem Grund können viele Menschen Nordäthiopien nicht verlassen und sehen sich humanitären und sicherheitspolitischen Bedrohungen aus verschiedenen Richtungen ausgesetzt.

Alle Konfliktparteien haben schwerwiegende Menschenrechtsverletzungen begangen, darunter wahllose Massentötungen, Vergewaltigungen und Vertreibungen einer großen Zahl von Menschen. Dazu zählt auch die Verweigerung des Zugangs zu Nahrungsmitteln, Medikamenten und anderen Hilfsgütern sowie zu Bank- und Kommunikationsdienstleistungen. Auch weitere Verbrechen gegen die Menschlichkeit, wie der Einsatz von Hunger als Kriegswaffe, wurden gemeldet. Darüber hinaus haben Beamte des US-Außenministeriums angedeutet, dass die äthiopische Regierung und mit ihr verbündete Kräfte ethnische Säuberungen begingen, indem sie »gewaltsame Kampagnen zur kollektiven Bestrafung der Bevölkerung von Tigray« durchführten.

Dennoch arbeiten das UNHCR und andere Partner mit der äthiopischen Regierung zusammen, um den vom Krieg Betroffenen zu helfen. Das UNHCR hat neue Lager für eritreische und äthiopische Geflüchtete in der äthiopischen Region Amhara und im sudanesischen Bundesstaat Gadaref einrichten können. Die äthiopische Regierung hob auch die langwährenden Beschränkungen für die Lieferung humanitärer Hilfsgüter auf. Nach dem humanitären Waffenstillstand konnten die UN und andere Partner ab April 2022 Hilfskonvois nach Tigray schicken.

Schon seit 2016 sind Gewaltkonflikte Ursache für Binnenvertreibung in Äthiopien. Bereits vor Ausbruch des Bürgerkriegs im Norden im Jahr 2020 waren in Äthiopien rund 2 Millionen Menschen binnenvertrieben, die meisten von ihnen aufgrund des Konflikts in den Bundesstaaten Somali und Oromia zwischen den dort jeweils dominanten Volksgruppen der Somali und Oromo. Für das Jahr 2021 meldete das Internal Displacement Monitoring Centre (IDMC) dann mehr als 5,1 Millionen Binnenvertriebene, davon 2,6 Millionen im nördlichen Teil des Landes. Allein die Region Tigray beherbergte mehr als 1,8 Millionen Binnenvertriebene, insbesondere Frauen und Kinder. Im Mai 2022 waren nach Angaben der International Organization for Migration 4,5 Millionen Menschen innerhalb Äthiopiens vertrieben, eine der umfangreichsten Binnenvertreibungen weltweit.

Ausländische Geflüchtete in Äthiopien

Gleichzeitig ist Äthiopien derzeit das drittgrößte Aufnahmeland für Geflüchtete in Afrika. Nach Angaben des UNHCR beherbergte das Land am 31. Juli 2022 rund 872 000 Geflüchtete aus 19 Ländern, von denen die meisten aus dem Südsudan (46,3 %), Somalia (28,6 %) und Eritrea (18,5 %) sowie dem Sudan (5,5 %) stammten. Die wichtigsten Aufnahmegebiete für Geflüchtete in Äthiopien befinden sich in unmittelbarer Nähe der Grenze zum Südsudan in der Region Gambella im Westen des Landes, die 42,7 % aller Geflüchteten beherbergt, und in der Somali-Region im Osten, die 28,5 % der Geflüchteten Schutz bietet. Die übrigen Geflüchteten sind in Benishangul-Gumuz im Nordwesten (8,6 %), Addis Abeba (8,2 %) als einzigem städtischen und nicht grenznahen Gebiet, Afar im Nordosten (6,6 %) und anderen Regionen (5,5 %) untergebracht. Die überwiegende Mehrheit von ihnen befindet sich in einer langanhaltenden Fluchtsituation, da sie vor fünf oder mehr Jahren aus ihren Herkunftsländern geflohen sind.

Der Hauptgrund, der die Geflüchteten nach Äthiopien gebracht hat, sind anhaltende, politisch motivierte, gewaltsame Konflikte und autoritäre Regime in ihren Heimatländern. Dazu gehören die andauernden jahrzehntelangen Bürgerkriege im Sudan und in Somalia, von denen der erste zur Abspaltung des

Südsudan und zu einer fortwährenden Instabilität des jungen Landes führte. Im Fall der eritreischen Geflüchteten trieben die repressive Diktatur und die Angst vor politischer Verfolgung die Menschen nach Äthiopien. Gleichzeitig brechen in den Nachbarländern aufgrund von Streitigkeiten um knappe Ressourcen und bewohnbares Land immer häufiger gewaltsame Konflikte aus, die die Menschen zur Flucht nach Äthiopien veranlassen. Diese Situation wird durch die zunehmende Häufung von Extremwetterereignissen am Horn von Afrika, wie schweren Dürren und Überschwemmungen, noch verschärft.

Über die letzten Jahre hat Äthiopien seine Flüchtlingspolitik grundlegend überarbeitet. Als die UN-Generalversammlung im September 2016 die New Yorker Erklärung für Flüchtlinge und Migranten verabschiedete, um auf das bis dahin ungekannte Ausmaß der Vertreibung zu reagieren, gehörte Äthiopien zu den ersten Ländern, die sofortige Maßnahmen versprachen. Als einer von sieben Gastgebern des »Leaders' Summit« von US-Präsident Obama, der am Tag nach der UN-Abstimmung stattfand, nutzte die äthiopische Regierung diese Plattform, um eine Reihe von politischen Zusagen zu veröffentlichen, die als »Nine Pledges« (Neun Versprechen) bekannt wurden. In diesen Zusagen wird der Beitrag des Landes zu den Zielen des »Comprehensive Refugee Response Framework« (CRRF) beschrieben, das den Eckpfeiler der New Yorker Erklärung bildet. Der CRRF forderte Verbesserungen bei der Aufnahme von Geflüchteten, eine bessere Unterstützung für unmittelbare und laufende Bedürfnisse, Unterstützung für die Aufnahmegemeinschaften und dauerhafte Lösungen angesichts einer ständig wachsenden Zahl von Langzeitgeflüchteten. Äthiopien versprach also, diese Aufgaben mit konkreten Schritten in den Bereichen Bildung, Arbeit und Lebensunterhalt, Landnutzungsrechte, Ausweisdokumente und sozialer Zusammenhalt anzugehen. Ein zentraler Bestandteil der Zusagen war die Verringerung der Zahl der in Lagern lebenden Geflüchteten durch die Ausweitung einer bestehenden »Out-of-Camp«-Politik auf insgesamt 10 % der Lagerbevölkerung. Bis dahin hatten Geflüchtete in Äthiopien in der Regel in ausgewiesenen Flüchtlingslagern leben müssen. Geflüchteten aus Eritrea wurde aufgrund der gemeinsamen Geschichte der beiden Länder das Recht zugebilligt, einen Antrag auf einen »Out-of-Camp«-Status zu stellen, um mit der einheimischen Bevölkerung zusammenzuleben, den Lebensunterhalt zu verdienen und das öffentliche Gesundheits- und Bildungssystem zu nutzen.

Im Jahr 2017 entwickelte die äthiopische Flüchtlingsagentur ARRA einen Ablaufplan zur Umsetzung dieser Ziele, und die Regierung sprach sich dafür aus, Äthiopien zu einem von fünfzehn offiziellen Pilotländern des »Comprehensive Refugee Response Framework« werden zu lassen. Damit hoffte sie, sich sowohl internationale Aufmerksamkeit als auch entsprechende Gebermittel zu sichern, um ihren eigenen »Wachstums- und Transformationsplan« zu unterstützen – eine Fünfjahresstrategie, deren zweite Auflage erst wenige Monate vor der New Yorker Erklärung und angesichts einer wachsenden Auslandsschuldenkrise verabschiedet worden war. Diese Krise ging einher mit massiven politischen Protesten und Unruhen, die seit 2016 in mehreren Teilen Äthiopiens aufgetreten waren und schließlich im April 2018 zu einem Wechsel an der Spitze des Landes führten, als Abiy Ahmed das Amt des Premierministers übernahm.

Abiy setzte die Flüchtlingspolitik der Vorgängerregierung im Wesentlichen fort, in deren Mittelpunkt das Versprechen der Umsetzung des »Comprehensive Refugee Response Framework« stand. Bereits im Mai 2018 wurde mit den Gebern eine Vereinbarung über den »Ethiopia Job Compact« getroffen, eine Finanzierungsvereinbarung in Höhe von mehr als 500 Millionen Euro zur Unterstützung der Industrialisierungs-, Beschäftigungs- und Flüchtlingspolitik des Landes, die dem mit Jordanien vereinbarten »Jordan Compact« nachempfunden ist. Im Januar 2019 verabschiedete das äthiopische Parlament ein neues Flüchtlingsgesetz, die »Refugee Proclamation« (Flüchtlingsproklamation), die nicht nur eine Rechtsgrundlage für die Erfüllung der »Nine Pledges« schuf, sondern sogar über diese hinausging. Die Proklamation zielt darauf ab, dauerhafte lokale Lösungen zu schaffen, indem sie Hürden für Geflüchtete abbaut, einer wirtschaftlichen Tätigkeit nachzugehen. De jure hatten nun alle Geflüchteten und Asylbewerber:innen im selben

Maße Anspruch auf eine Arbeitserlaubnis wie jede:r meistbegünstigte ausländische Staatsangehörige. In Verbindung mit einem Recht auf Freizügigkeit innerhalb des ganzen Landes eröffnete die Proklamation den Geflüchteten die Aussicht auf ein völliges Ende der jahrzehntelangen Lagerpolitik. Sie bot ihnen darüber hinaus eine bessere Rechtsgrundlage für den Zugang zu nationalen Dienstleistungen wie Grundschulbildung, Gesundheitsversorgung, Justiz, Bankwesen, Telekommunikation und Meldewesen.

Das UNHCR, das am Entwurfsprozess des Gesetzes beteiligt war, begrüßte es als »eines der fortschrittlichsten Flüchtlingsgesetze in Afrika«. Allerdings wurden verwaltungstechnische Schutzklauseln in das Gesetz aufgenommen, die der ARRA beispielsweise das Recht einräumten, »Orte oder Gebiete festzulegen, in denen Geflüchtete und Asylsuchende leben können«. Außerdem wurde in der Proklamation keine Frist festgelegt, innerhalb derer die neuen Vorschriften de facto in Kraft treten und angemessene Verfahren eingerichtet werden sollten. In der Praxis werden Geflüchtete weiterhin unterschiedlich behandelt, was vor allem von ihrer finanziellen Situation, ihren sozialen Netzen und ihrer Staatsangehörigkeit abhängig ist. So bleibt die »Out-of-Camp«-Politik, die die Freizügigkeit von Geflüchteten ermöglicht, bisher weitestgehend einer begrenzten Zahl eritreischer Geflüchteten vorbehalten, die jetzt in Addis Abeba leben.

Vor allem aber hat die Verabschiedung der Proklamation große Probleme bei der Umsetzung ungelöst gelassen. Die Entscheidungsfindung über das Gesetz war auf die höchsten Ebenen der äthiopischen Regierung begrenzt gewesen. Weder die Fachministerien noch die regionalen und lokalen Behörden waren angemessen konsultiert worden. Nun blieben sie mit der Frage allein, wie sie die im Gesetz gemachten Versprechungen einlösen sollten, deren Umsetzung ihnen oblag. In Ermangelung geeigneter sekundärer Rechtsvorschriften blieben die Finanzierungsregelungen für den Übergang der Zuständigkeiten von der Flüchtlingsverwaltung auf reguläre Regierungsstellen unklar. Die unterbesetzten und unzureichend ausgestatteten lokalen Behörden haben oftmals ohnehin schon Schwierigkeiten, die einheimische Bevölkerung mit öffentlichen Dienstleistungen zu versorgen, und angesichts der allgemeinen sozioökonomischen Situation des Landes entspricht deren Qualität mitunter nicht einmal den Standards, die aufgrund internationaler Abkommen in den Flüchtlingslagern gelten und mit internationalen Mitteln umgesetzt werden.

Gleichzeitig ist die Haltung der regionalen und lokalen Regierungen gegenüber der Idee, die Lagerunterbringung zu beenden und den Geflüchteten eine lokale Integration zu ermöglichen, von Region zu Region sehr unterschiedlich. Auch die Bevölkerung steht den Neuankömmlingen unterschiedlich aufgeschlossen gegenüber. Am einen Ende des Spektrums, in der historisch multiethnischen westlichen Gambella-Region, stößt die Aussicht, den Geflüchteten volle Integration und Freizügigkeit zu gewähren, bei den Vertreter:innen der dominierenden ethnischen Gruppe der Anuak auf entschiedenen Widerstand. Sie befürchten, dass die Integration der hauptsächlich ethnischen Nuer aus dem Südsudan das empfindliche ethnische Gleichgewicht in der Region zu ihren Ungunsten kippen könnte. Ethnisch begründete Konflikte um Ressourcen und Landnutzung sind bereits vorgekommen. Für die lokale Regierung gestaltet sich ein Umgang mit der Situation wegen der schwachen lokalen Regierungsstrukturen und der damit verbundenen geringen Anerkennung als schwierig. Am anderen Ende der Skala setzen sich lokale Behörden und die Bevölkerung in der östlichen Somali-Region dafür ein, den Geflüchteten die Möglichkeit zu bieten, integriert in der lokalen Gesellschaft zu leben und zu arbeiten. Hier sind die Geflüchteten hauptsächlich somalischer Herkunft und oft bereits informell in die örtliche äthiopisch-somalische Bevölkerung integriert, die dieselbe Sprache, dieselben Bräuche und sogar Clan-Zugehörigkeiten teilt. Zwar kommt es in dem ressourcenarmen Gebiet auch zu Streitigkeiten über Ressourcen und Land, allerdings meist auf individueller Ebene oder zwischen Clans. Diese werden in der Regel durch informelle, von den Konfliktparteien anerkannte Streitbeilegungsverfahren und nicht durch formelle staatliche Strukturen geschlichtet.

Doch selbst unter den relativ günstigen Bedingungen in der Somali-Region waren Fortschritte bei der Umsetzung der von Äthiopien im Rahmen des »Comprehensive Refugee Response

Framework« eingegangenen Verpflichtungen nur schwer zu erzielen. Bis zum Sommer 2020 war ein Programm, das den Geflüchteten einen Status außerhalb der Lager und die Erteilung von Arbeitserlaubnissen ermöglicht, noch nicht angelaufen. Dann brachte die Eskalation der Tigray-Krise die Angelegenheit praktisch zum Stillstand. Die Geber legten die Finanzierung von Hilfsprogrammen auf Eis, und die äthiopische Regierung war voll und ganz mit der Bewältigung des Bürgerkriegs und seiner innenpolitischen Auswirkungen beschäftigt. Damit fehlte es an politischem Kapital, um sekundäre Rechtsvorschriften zu einem potenziell kontroversen Thema zu entwickeln und umzusetzen.

Schlussfolgerungen

Die »progressive Flüchtlingspolitik« Äthiopiens steht auf der Kippe. Aufgrund des massiven internen Konflikts scheinen im Moment keine politischen Ressourcen vorhanden zu sein, um eine international gelobte, wenn auch innenpolitisch nicht unumstrittene Initiative voranzutreiben, die potenziell Hunderttausenden von Geflüchteten eine neue Integrationsperspektive bieten würde. Im Gegenteil: Je länger die innenpolitischen Spannungen und Konflikte andauern, desto größer ist die Gefahr, dass die Geflüchteten und ihre Situation in den politischen Kampf hineingezogen werden, wobei jede Konfliktpartei versucht wäre, kurzfristige Erfolge bei ihren Kernwählerschaften zu erzielen, um ihre Unterstützungsbasis zu konsolidieren, was jedoch auf Kosten dauerhafter Lösungen für Geflüchtete ginge.

Zuletzt hat sich die humanitäre Notlage der Binnenvertriebenen in und aus dem Norden zwar verbessert, allerdings geben nun verschobene Konfliktlinien Anlass zur Sorge. Es gibt Anzeichen dafür, dass im Tigray-Krieg die Grundprinzipien des humanitären Rechts, einschließlich der Gewährung des Zugangs für humanitäre Helfer:innen zu den betroffenen Bevölkerungsgruppen, regelmäßig und systematisch verletzt wurden. Daher kann ein ähnliches Vorgehen in möglichen weiteren Konflikten nicht ausgeschlossen werden.

Die negativen Auswirkungen einer großen Dürre im Jahr 2022 in Verbindung mit der weltweiten Versorgungskrise bei

Getreide infolge des russischen Krieges gegen die Ukraine lassen die Aussichten für die nahe Zukunft noch trüber erscheinen.

Literatur

Binkert, Eva / Flaig, Merlin / Frucht, Lukas / Grävingholt, Jörn / König, Jannis / Kuhnt, Jana / Lendle, Philipp / Muhumad, Abdirahman A. / Potinius, Katharina: Local Governments and the Sustainable Integration of Refugees in Ethiopia (Discussion Paper. German Development Institute / Deutsches Institut für Entwicklungspolitik), 2021, https://doi.org/10.23661/DP21.2021

Carver, Freddie: Refugee and Host Communities in Ethiopia. 2018–2019 Integrated National Study, 2020, https://cdn.odi.org/media/documents/Refugee_and_host_communities_in_Ethiopia_20182019_integrated_national_study.pdf

Hagos, Samuel Z.: Refugees and Local Power Dynamics: The Case of Gambella Region of Ethiopia (Discussion Paper. German Development Institute / Deutsches Institut für Entwicklungspolitik), 2021, https://doi.org/10.23661/DP25.2021

Labzaé, Mehdi: The War in Tigray (2020–2021): Dictated Truths, Irredentism and Déjà-vu, in: Jean-Nicolas Bach (Hg.), Routledge Handbook of the Horn of Africa, London 2022, S. 239–250, https://doi.org/10.4324/9780429426957

Miller, Sarah: Nowhere to Run: Eritrean Refugees in Tigray. Refugees International Issue Brief, 2022, https://www.refugeesinternational.org/reports/2022/3/1/nowhere-to-run-eritrean-refugees-in-tigray

Katja Mielke und Conrad Schetter

Afghanistan

Nicht erst seit der Machtübernahme der Taliban im Sommer 2021 ist Afghanistan ein zentraler Brennpunkt des globalen Fluchtgeschehens und Ausgangspunkt der wichtigsten langwierigen Fluchtsituation Asiens. Nach mehr als 40 Jahren Gewalt im eigenen Land stellen Afghan:innen mit mehr als 2,8 Millionen Geflüchteten 2022 die viertgrößte durch das Flüchtlingswerk der Vereinten Nationen (UNHCR) registrierte Fluchtbevölkerung der Welt – hinter Syrer:innen, Venezolaner:innen und Ukrainer:innen. Viele Afghan:innen erlebten zudem mehrfache Vertreibungen und befinden sich seit Jahrzehnten auf der Flucht. In der Europäischen Union (550 000), den USA (155 000), Großbritannien (80 000) und Australien (23 000) gehören Afghan:innen zu den größten Flüchtlingsgruppen. In Europa leben die meisten Afghan:innen in Deutschland (149 000) und den Niederlanden (44 000). Abschiebungen aus Europa nach Afghanistan sind mit dem Regimewechsel ausgesetzt worden. Demgegenüber waren seit 2016 bis einschließlich Sommer 2021 ca. 1000 Afghan:innen aus Deutschland nach Afghanistan abgeschoben worden.

Hunderttausende Afghan:innen befinden sich gegenwärtig auf den Fluchtrouten aus Afghanistan über den Iran und die Türkei in Richtung Europa – in der Regel männliche Jugendliche und junge Erwachsene. In der Türkei hielten sich 2022 etwa 182 000 registrierte Afghan:innen und ca. 120 000 nichtregistrierte Afghan:innen auf. Da die Türkei 2019 ihre Gesetzgebung gegenüber Geflüchteten deutlich verschärfte, gesteht sie Afghan:innen kaum noch einen Flüchtlingsstatus zu, schiebt vielmehr nach Afghanistan ab. In den ersten vier Monaten 2022 sind 11 000 Abschiebungen gezählt worden – ein siebzigprozentiger Zuwachs im Vergleich zum Vorjahr. 2022 machten Afghan:innen bis Mitte August 13,5 Prozent der offiziell registrierten Flüchtlinge aus, die Europa über das Mittelmeer und die westafrikanische Atlantikroute erreichten. In den großen Flüchtlingslagern an Europas Außengrenzen (unter anderem Lesbos) wie entlang der »Balkanroute« gehören Afghan:innen mit den Syrer:innen zur größten Gruppe. Besonders betroffen sind Afghan:innen in Griechenland und in Südosteuropa von Pushbacks, mit 41 % aller bekannten Fälle.[1]

Historische Migration, Konfliktgeschehen und Flucht

Die sowjetische Intervention 1979 löste in der ersten Hälfte der 1980er Jahre die ersten massiven Fluchtbewegungen in Afghanistan mit über fünf Millionen Geflüchteten aus. Seitdem entstanden immer wieder neue große Fluchtbewegungen, die nicht nur durch eine lineare Abwanderung, sondern auch durch zirkuläre Wanderungsbewegungen geprägt sind. Afghanistans Nachbarstaaten Pakistan und Iran waren über die letzten vier Jahrzehnte die wichtigsten Fluchtdestinationen; ca. 80 % aller afghanischen Geflüchteten leben in diesen beiden Ländern. Mit der Militarisierung und Ausbildung von Afghanen als Kämpfer (sogenannte Mudschahedin) in den 1980er Jahren hat insbesondere Pakistan versucht, die Flüchtlingsbevölkerung zu instrumentalisieren. Unbestritten ist der Einfluss Pakistans und islamistischer Parteien und Akteure aus den Golfstaaten auf die Radikalisierung großer Teile der Afghan:innen durch die Politisierung des Islam, die Verbreitung dschihadistischer Weltbilder und islamistischer Propaganda. Teile der Talibanbewegung sind das Resultat dieser Entwicklung.

In Pakistan leben etwa 3,4 Millionen Afghan:innen, vor allem in den afghanisch-pakistanischen Grenzregionen Belutschistans und Khyber-Pakhtunkhwa, unter anderem in den Städten Quetta und Peschawar wie auch der Megacity Karatschi.[2] Die Mehrheit der Afghan:innen in Pakistan sind ethnische Paschtun:innen. Insgesamt leben ca. 1,5 Millionen vom UNHCR registrierte afghanische Geflüchtete (Oktober 2022) in

1 Augustová/Hakimi, Migration from Afghanistan under the Taliban.
2 Alimia, Refugee Cities. How Afghans Changed Urban Pakistan.

Pakistan, weitere 840 000 besaßen bis zum Ablauf der Gültigkeit ihrer Afghan Citizen Card am 30. Juni 2020 einen Schutzstatus vor Abschiebung, hinzu kommen neuesten Schätzungen zufolge 775 000 undokumentierte Afghan:innen und bis zu 300 000 seit September 2021 neu Geflohene, die auf eine Aussiedlung in Drittstaaten hoffen. Bis auf die vom UNHCR registrierten Afghan:innen verfügen die anderen hier genannten Gruppen über keinen gesicherten Flüchtlingsstatus, zumal Pakistan der Genfer Flüchtlingskonvention nicht beigetreten ist. Im Iran – hier insbesondere in den Zentren Maschhad, Teheran und Isfahan – leben nach offiziellen Angaben rund 780 000 registrierte afghanische Geflüchtete und ca. 2,2 Millionen undokumentierte Afghan:innen, darunter vor allem viele schiitische Hazara. In beiden Ländern dürfte die Dunkelziffer der Afghan:innen jedoch um einiges höher sein – zumal Tausende Menschen täglich die Grenzen beider Länder mit Hilfe von Schmugglern (in den Iran) oder lokalen Anwohner:innen (zwischen Kandahar und Quetta) inoffiziell überschreiten.

Im Iran und punktuell auch in Pakistan fanden und finden willkürlich Abschiebungen unterschiedlichen Umfangs nach Afghanistan statt – in der Vergangenheit besonders dann, wenn die innen- oder wirtschaftspolitische Lage einen »Sündenbock« benötigte, um von dem jeweiligen Regierungsversagen abzulenken. Seit den 1990er Jahren insistiert Pakistans Regierung auf der (freiwilligen) Repatriierung aller Afghan:innen, wobei in den 2010er Jahren, vor allem 2016, de facto erzwungene Rückführungen stattfanden. Iran deportiert seit Jahren jährlich Tausende Afghan:innen, die keine Papiere haben, nach Afghanistan. Angesichts zunehmender Zahlen von Binnenvertriebenen in Afghanistan selbst führte dies in der Vergangenheit immer wieder zur Überlastung staatlich bereitgestellter Aufnahmekapazitäten, so dass die Rückkehrenden trotz einzelner Programme de facto sich selbst überlassen waren und in vielen Fällen direkt erneut ins jeweilige Nachbarland gingen. Die Politisierung der Migration und das Andauern der Gewalt in Afghanistan haben das bilaterale Verhältnis der Nachbarn zu Afghanistan kompliziert gemacht. In der Folge sind Afghan:innen in beiden Ländern zunehmend stigmatisiert worden und werden heute von der pakistanischen Regierung und von Teilen der Öffentlichkeit pauschal mit Terrorismus, Unsicherheit und Kriminalität in Verbindung gebracht.[3] In Phasen abebbender Gewaltwellen (zum Beispiel ab 1990) und des Wiederaufbaus (vor allem 2001–2012) kehrten viele Afghan:innen – teils freiwillig, teils aufgrund politischen Drucks – aus den Nachbarländern nach Afghanistan zurück. Aufgrund von Landenteignungen während des Krieges ging das Gros dieser Remigrant:innen allerdings nicht in ihre Heimatorte zurück, sondern siedelte sich in den großen Städten Afghanistans, vor allem in Kabul und Dschalalabad, an.

Verbunden mit dem dynamischen Konfliktgeschehen und periodischen Fluchtbewegungen wurde die Flucht der Afghan:innen zunehmend durch andere Migrationstypen überformt, unter denen vor allem die Arbeits- und die Bildungsmigration dominieren. So sind Afghan:innen als kostengünstige Arbeitskräfte in Pakistan und Iran, aber auch in den Golfstaaten und der Türkei vor allem in ungelernten Tätigkeiten zu finden. In Teheran dominieren sie etwa das Baugewerbe und stellen knapp 2 % der arbeitenden Bevölkerung Irans. Zudem finden sich in den Golfstaaten und in Indien größere afghanische Gemeinden, bei denen eine Unterscheidung zwischen Geflüchteten und Migrant:innen kaum möglich ist. So handelt es sich oftmals um wohlhabendere Afghan:innen, die über die letzten Jahre hinweg aufgrund der verschlechterten Sicherheitslage ihren Familienmittelpunkt aus Afghanistan ins Ausland verlagerten. Gerade die afghanische Diaspora in den Golfstaaten ist in internationale Handelsnetzwerke eingebunden.

Transnationale Netzwerke

Blickt man auf die Afghan:innen in den afghanischen Nachbarstaaten und in Europa, so fällt auf, wie sehr deren Lebensrealitäten durch transnationale Netzwerke und hohe Mobilität geprägt sind. In der afghanischen Gesellschaft bildete sich seit den 1980er Jahren eine hohe Translokalität aus, die auf ausgedehn-

3 Mielke et al., Figurations of Displacement in and beyond Pakistan.

ten, höchst dynamischen Verwandtschafts- und Netzwerkbeziehungen beruht.[4] Diese Translokalität überschreitet nationale Grenzen und Kontinente, verfügt über unzählige lokale Pole und hat sich über Generationen hinweg reproduziert. Die Verbindungen über die verschiedenen Netzwerkknoten unterliegen einer hohen Dynamik, da die Menschen zwischen diesen Polen hin- und herreisen und zirkuläre Migration dominiert. Zudem werden Kontakte über Telefon, soziale Medien und Besuche gepflegt. Heiratsarrangements nehmen hierbei eine besonders wichtige Rolle ein. Diese translokalen Netzwerke bilden zudem die Grundlage für Geld- und Warentransfers nach Afghanistan. Gerade in der akuten humanitären Krise (siehe unten) übernehmen diese translokalen Netzwerke eine wichtige Funktion für das nackte Überleben vieler Afghan:innen in Afghanistan.

Binnenflucht

Aufgrund der hohen Anzahl afghanischer Geflüchteter in anderen Ländern wird oftmals unterschätzt, dass in Afghanistan selbst allein 4,3 Millionen Menschen zum Jahresende 2021 als Binnenvertriebene aufgrund von Gewaltkonflikten galten. Hinzu traten mehr als 890 000 Binnenvertriebene aufgrund von häufig auftretenden Naturkatastrophen wie Erdbeben, Überflutungen oder extremen Dürren, die in den letzten Jahren dazu beigetragen haben, dass die Anzahl der Binnenvertriebenen – in der Regel vom Land in die Städte – anstieg. Insgesamt gelten die Binnenvertriebenen – gerade in den Städten – als eine sozial höchst immobile Gruppe, da ihnen die finanziellen Ressourcen, das soziale Kapital und die Netzwerke für einen sozialen Aufstieg fehlen. Man schätzt, dass allein in Kabul heutzutage weit über eine Millionen Binnenvertriebene leben.

Auch bei der Binnenflucht sind Kriegshandlungen sowie gewaltsame Landenteignungen die wichtigsten Auslöser. Jedoch sind die verschiedenen Regionen Afghanistans hiervon unterschiedlich stark betroffen: In den 1990er Jahren, als die Mudschahedin die Hauptstadt Kabul in Schutt und Asche bombten,

4 Mielke/Etzold, Afghans' Narrowing Mobility Options in Pakistan.

floh die Kabuler Bevölkerung vor allem nach Nordafghanistan oder aufs Land. In den letzten zwanzig Jahren waren es dagegen die Kampfhandlungen zwischen den Taliban und der afghanischen Regierung sowie der NATO, die viele Afghan:innen dazu zwangen, ihre Heimat zu verlassen. Nun bildete Kabul das zentrale Ziel vieler Geflüchteter, während vor allem Süd- und Ostafghanistan gewaltsame Vertreibungen erlebten. So führte die Offensive der Taliban im Frühjahr und Sommer 2021 zu 667 000 neuen Binnenflüchtlingen, davon über 60 % Kinder unter 18 Jahren. Im Jahresverlauf 2021 addierte sich die Zahl neuer Binnenflüchtlinge auf insgesamt 1,4 Millionen. 2022 waren es bis Oktober knapp 400 000, vor allem infolge des Erdbebens im Südosten des Landes im Frühsommer.

Rückkehr der Taliban

Die Machtübernahme der Taliban am 15. August 2021 bedingte eine neue Dynamik in den afghanischen Fluchtbewegungen. In den Wochen vor dem Sturz von Kabul sollen täglich Zehntausende Afghan:innen über Land Afghanistan verlassen haben. Im Oktober 2021 waren es 12 000 am Tag. Zudem sorgte die US-amerikanische Luftbrücke dafür, dass in der zweiten Augusthälfte 2021 über 116 000 Afghan:innen das Land verlassen konnten. Immer noch befinden sich 12 000 auf eine Ausreise wartende Ortskräfte im Land (Stand Oktober 2022), die als besonders gefährdet gelten, weil sie für staatliche Organisationen der Bundesrepublik Deutschland gearbeitet haben und denen daher eine Aufnahme zugesichert worden ist. Insgesamt erteilte die Bundesregierung 21 000 Visa für Ortskräfte und deren Familienangehörige.

Im Jahr 2021 stellten Afghan:innen (hinter Syrer:innen) die zweithöchste Anzahl von Asylanträgen in den EU-Staaten sowie in Norwegen und der Schweiz: insgesamt 102 000 Anträge in 29 Ländern. Die Mehrzahl der Asylanträge (53 %) im Jahr 2021 kamen von männlichen Minderjährigen. Die Zahl der Erstgesuche von Afghan:innen belief sich auf 14 400 im September 2021 und pendelte sich danach auf 6000–8000 Erstanträge monatlich ein. Das Gros der Asylgesuche geht von zuvor abgelehnten Neu-Antragstellern aus, die bis zur Machtübernahme der Taliban geringe Bleibeperspektiven hatten, weil ihnen ein Schutzstatus verweigert worden war.[5]

Insgesamt kann konstatiert werden, dass mit der Rückkehr der Taliban vor allem die gut ausgebildeten Afghan:innen das Land verlassen haben, während die ländliche Bevölkerung, die urbane untere Mittelschicht und Ärmere sowie weniger gut Ausgebildete im Land geblieben sind. Eine Massenflucht der Afghan:innen nach Pakistan und in den Iran blieb nach der Machtübernahme der Taliban, anders als erwartet, aus. Pakistan hat fast ausschließlich Afghan:innen mit zuvor ausgestellten Visa akzeptiert und den Aufbau von Flüchtlingslagern wie die Aufnahme von Menschen mit einem Flüchtlingsstatus abgelehnt. Hinzu kommt, dass das Land kaum zugänglich ist, weil die Grenze in den letzten beiden Jahrzehnten massiv befestigt worden ist. Außerdem sind Afghan:innen wegen der anti-afghanischen Stimmung in der pakistanischen Bevölkerung wenig willkommen.

Jüngsten Zahlen zufolge kehrten zwischen Januar 2022 und dem 24. Oktober desselben Jahres fast 727 900 Afghan:innen aus den Nachbarländern nach Afghanistan zurück, darunter mehr als 66 000 aus Pakistan. Das waren mehr als viermal so viele Rückkehrer:innen als 2021, zudem in einem ausgewogenen Geschlechterverhältnis (26 % erwachsene Frauen, 54 % Kinder unter 18), was vor dem Hintergrund aktuell kaum auftretender Deportationen aus Pakistan auf Familienrückkehrbewegungen schließen lässt. Die 662 000 Rückkehrer:innen aus dem Iran (bis 24. Oktober 2022) waren weiterhin vorwiegend Männer (43 %) und Minderjährige (43 %), wohl zumeist undokumentierte Arbeitsmigranten, die von iranischen Behörden abgeschoben worden waren. In Afghanistan selbst sollen 2021/22 etwa 4,6 Millionen Binnenflüchtlinge in ihre Heimat zurückgekehrt sein (3,9 Millionen im Jahr 2021 und 700 000 bis Oktober 2022), was vor allem auf die Verbesserung der Sicherheitslage nach der Machtübernahme der Taliban zurückzuführen ist.

Heute verlassen auch Afghan:innen, die keiner Verfolgung

---

5 Sökefeld, Nations Rebound: German Politics of Deporting Afghans.

ausgesetzt sind, das Land vor allem aufgrund der sich stetig verschlechternden ökonomischen Gesamtsituation. Die ohnehin sehr schwache afghanische Wirtschaft brach durch den Wegfall der internationalen Budgetsubventionen – der afghanische Staatshaushalt war bis August 2021 bis zu 75 % von internationalen Zahlungen abhängig – sowie durch das Einfrieren der afghanischen Währungsreserven bei internationalen Banken ein. Eine bereits seit Jahren anhaltende Dürre verschärft die humanitäre Katastrophe zusätzlich. Im zweiten Halbjahr 2022 sollen Berichten zufolge über 90 % der afghanischen Bevölkerung von Nahrungsmittelhilfen abhängig sein.

Schluss

Es ist davon auszugehen, dass Afghan:innen auch in den kommenden Jahren beträchtlich am weltweiten Fluchtgeschehen teilhaben werden. Afghanistan ist in Asien eines der Länder mit einem hohen Bevölkerungswachstum (2,84 %) und dementsprechend mit einer schnell wachsenden Bevölkerung (33 Millionen Einwohner:innen im Jahr 2021). Dem steht gegenüber, dass Afghanistan selbst widrige Lebensumstände bietet. Gewaltkonflikte und mangelnde Sicherheit haben das Land über Jahrzehnte geprägt und die Gesellschaft fragmentiert. Die mangelnde strukturelle Ressourcenausstattung (vor allem kultivierbares Land) und die desolate Wirtschaftslage werden daher auch in Zukunft Hungersnöte und eine allgemeine Perspektivlosigkeit im Land bedingen. Während in der Vergangenheit informelle Wege der Arbeitsmigration ein wichtiges Ventil für die Kompensation dieser Ausgangsbedingungen darstellten, erschweren heutige Migrationsregime, die Politisierung von Flucht, feindliche Stimmungsmache gegenüber Afghan:innen in den Nachbarländern wie in der Türkei und zunehmend verschlossene Grenzen diese Möglichkeiten, während gleichzeitig keine regulären Wege der Arbeitsmigration eröffnet werden. Vor diesem Gesamthintergrund stellt Afghanistan potenziell einen konstanten Nährboden für binnenstaatliche und grenzüberschreitende Fluchtbewegungen dar.

Literatur

Augustová, Karolína/Hakimi, Hameed: Migration from Afghanistan under the Taliban. Implications and Strategies in the Neighbourhood and Europe, Bonn 2021.

Mielke, Katja et al.: Figurations of Displacement in and beyond Pakistan: Empirical Findings and Reflections on Protracted Displacement and Translocal Connections of Afghans, 2021, https://trafig.eu/output/working-papers/figurations-of-displacement-in-and-beyond-pakistan/D054-TWP-Figurations-of%20Displacement-Pakistan-Mielke-etal-2021-v02p-2021-11-05.pdf

Mielke, Katja/Etzold, Benjamin: Afghans' Narrowing Mobility Options in Pakistan and the Right to Transnational Living: a Figurational Perspective, in: Journal of Ethnic and Migration Studies, 2022, S. 1–18, https://doi.org/10.1080/1369183X.2022.2090156

Sökefeld, Martin: Nations Rebound: German Politics of Deporting Afghans, in: International Quarterly for Asian Studies, 50.2019, H. 1–2, S. 91–118.

Christiane Fröhlich

Syrien

Seit 2011 wütet in Syrien ein Krieg, der mehr als die Hälfte der syrischen Bevölkerung entweder innerhalb des Landes oder über die Landesgrenzen hinweg in die Flucht getrieben hat. Anfänglich friedliche Demonstrationen wurden von staatlicher Seite mit exzessiver Gewalt beantwortet, und der Konflikt weitete sich rasch zu einem verheerenden und bis heute andauernden Bürgerkrieg aus. Nach mehr als zehn Jahren des Kampfes, in denen Präsident Baschar al-Assad zeitweilig kurz davorstand, den Krieg zu verlieren, hat er nunmehr mit Hilfe russischer und iranischer Unterstützung die Kontrolle über die großen städtischen Zentren Syriens und die Küste zurückgewonnen. Das Land bleibt jedoch politisch zersplittert, wobei die Gebiete nordöstlich des Euphrat unter der Kontrolle der Autonomen Verwaltung Nord- und Ostsyriens stehen, die von der kurdischen Partei der Demokratischen Union (PYD) dominiert wird. Den Nordwesten Syriens, einschließlich des Gouvernements Idlib, kontrollieren türkisch unterstützte Milizen und eine Rebellenregierung unter der islamistischen Hay'at Tahrir al-Sham (HTS, Organisation zur Befreiung der Levante). Sie ist aus dem Umfeld von al-Qaida hervorgegangen.

Das Ausmaß der Kampfhandlungen in Syrien ist seit 2019/20 zurückgegangen. Das veranlasste einige Analyst:innen dazu, den Konflikt als eingefroren zu bezeichnen oder sogar ein baldiges Ende des Krieges vorauszusagen, was einen Diskurs über den Wiederaufbau und über die Rückkehr von Millionen geflüchteter Syrer:innen befeuerte. Dagegen sprechen allerdings die Beteiligung ausländischer Akteur:innen an dem Konflikt, der anhaltende Widerstand in den von der Regierung kontrollierten Gebieten und die ausgeprägte Kriegsmüdigkeit der syrischen Bevölkerung. Zudem besteht Präsident al-Assad weiterhin auf der Rückeroberung aller nicht von seinem Regime kontrollierten Gebiete, was einen dauerhaften Waffenstillstand oder eine nachhaltige Konfliktlösung unwahrscheinlich macht.

Mehr als die Hälfte der syrischen Vorkriegsbevölkerung von rund 21 Millionen Menschen wurde seit 2011 gewaltsam vertrieben. Das Flüchtlingshilfswerk der Vereinten Nationen (UNHCR) schätzt, dass etwa 6,7 Millionen Syrer:innen innerhalb des Landes vertrieben wurden, oft zum zweiten oder dritten Mal. Die Zahl der seit 2011 aus Syrien geflohenen Menschen beläuft sich auf 6,6 Millionen Menschen. Die meisten von ihnen leben in den Nachbarstaaten: etwa 3,5 Millionen in der Türkei, 815 000 im Libanon, 661 000 in Jordanien, 258 000 im Irak und 145 000 in Ägypten (Stand: Februar 2023). Diese hohe Zahl an Geflüchteten stellt eine massive Belastung für die Infrastruktur und die soziale Kohäsion in den Ankunftsstaaten dar, so dass der Konflikt auch auf die Nachbarländer ausstrahlt.

Binnenvertriebene

Fast sieben Millionen Menschen in Syrien sind während des Krieges aufgrund von Gewalt und Verfolgung, in den späteren Kriegsjahren häufig auch aufgrund von wirtschaftlichem Zerfall, in andere Landesteile geflohen. Auf der Mikro-Ebene beginnt eine Flucht in einer Kriegssituation oft aufgrund von akuter Gefahr und Bombardierung; in der Regel ist die Fluchtbewegung dann ungeplant und kurzfristig, und oft flüchten sich die Menschen zu Verwandten. Diese Form der Flucht wird in den üblichen Statistiken nicht erfasst; gleichzeitig ist sie häufig die erste von vielen Vertreibungen. Flucht über größere Distanzen umfasst in der Regel längere Zeiträume: Sie kann im Falle Syriens innerhalb eines Hoheitsgebietes geschehen oder Konfliktlinien zwischen Hoheitsgebieten überschreiten, denn das syrische Regime hatte im Laufe des Bürgerkriegs nicht nur teilweise die Kontrolle über seine Außengrenzen verloren, manche Frontlinien verwandelten sich außerdem in Binnengrenzen. Nichtstaatliche Akteure kontrollieren auch weiterhin Teile des syrischen Territoriums und verwalten aktiv Grenzabschnitte, an denen sie neue Grenzübergänge errichten.

Ein zentraler Grund für eine Binnenflucht in Syrien war und

ist die Belagerung und Bombardierung von Rebellenhochburgen durch die Regierung während des gesamten Krieges. Auch die Praxis, Zivilist:innen in von der Opposition kontrollierten Gebieten gezielt ins Visier zu nehmen, kann Flucht begünstigen. Überhaupt richtet sich staatliche Repression nicht zufällig gegen jene Landesteile und Stadtviertel, die lange Zeit unter der Kontrolle oppositioneller Milizen standen und in denen überwiegend Angehörige der sunnitischen Bevölkerungsmehrheit wohnen. Während regimeloyale Unternehmer:innen und Protegés von der Kriegswirtschaft profitieren, treibt zum Beispiel ein Eigentumsgesetz von 2018 die Entrechtung unerwünschter Bevölkerungsteile voran und sorgt so dafür, dass der Staat für die Wiederaufbauphase freie Hand bei Enteignungen und Landumverteilungen hat. De facto kommt dieses Gesetz einer Enteignung Geflüchteter gleich, da nur ein Bruchteil von ihnen einen Eigentumsnachweis (17 %) und einen gültigen Identifikationsnachweis (7 %) mit sich führt und innerhalb der vorgegebenen Einspruchsfrist Eigentum für sich reklamieren kann. Darüber hinaus stammen viele Geflüchtete aus informellen Siedlungen, für die keine Eigentumsnachweise existieren. Die Lage zurückkehrender Flüchtlinge wird sich ob der fehlenden Dokumente zur Rückerlangung ihres Eigentums verschärfen, da das Assad-Regime Bescheinigungen nicht akzeptiert, die während des Bürgerkriegs durch andere Akteure ausgestellt wurden.

In Landesteilen, die nicht vom syrischen Regime kontrolliert werden, gestaltet sich die Binnenflucht anders. Die Türkei zum Beispiel hat im Zuge ihrer militärischen Interventionen seit 2016 ihre Einflusssphäre in Syrien ausgeweitet: Sie trainiert Polizei und Militärpolizei in den von ihr kontrollierten Gebieten und sorgt dafür, dass kurdische Akteure ausgeschlossen werden. Auch hat Ankara begonnen, die kurdische Bevölkerung durch syrische Binnenvertriebene auszutauschen, also massiv und mutmaßlich völkerrechtswidrig in Bevölkerungszusammensetzung und Gesellschaftsstruktur der dortigen Gemeinden einzugreifen. Demgegenüber herrschen die HTS und die von ihr eingesetzte »Syrische Erlösungsregierung« (Syrian Salvation Government) in gewisser Weise über eine »Notgemeinschaft«

umgesiedelter und geflohener Rebellenkämpfer aus diversen syrischen Landesteilen.

Insgesamt sind Binnenvertriebene in Syrien, ebenso wie Frauen, Kinder, Menschen mit Behinderung und LGBTQI+-Personen, aufgrund ihrer intersektionalen, oftmals mehrfachen Marginalisierung einem besonderen Risiko ausgesetzt. Zudem verursachte die Kriegsgewalt nicht nur Fluchtbewegungen, sondern führte für Millionen von Syrer:innen im Gegenteil zu anhaltender Immobilität, da Ressourcen zur Flucht fehlen und innere wie äußere Grenzen geschlossen wurden.

Geflüchtete in der Region und in Europa

Seit Beginn des syrischen Bürgerkrieges im Jahr 2011 haben Syriens Nachbarstaaten Hunderttausende syrischer Geflüchteter aufgenommen und ihnen temporären Schutz gewährt. Zur Legitimation dieser »Politik der offenen Tür« beriefen die jeweiligen Regierungen sich häufig auf die islamische *Umma*. Der rasche Erfolg ähnlicher Aufstände in Ägypten, Tunesien und im Jemen und die daher scheinbar hohe Wahrscheinlichkeit eines schnellen Endes des Konflikts in Syrien waren sicher auch ein maßgeblicher Grund für die Bereitschaft, die Zuwanderung aus Syrien zunächst zu dulden. Ab dem Jahr 2014, als klar wurde, dass der Syrienkrieg unabsehbar lange andauern und die Geflüchteten wahrscheinlich eher bleiben als zurückkehren würden, ist es für Syrer:innen allerdings immer schwieriger geworden, in die Nachbarländer einzureisen. Der Libanon beispielsweise ging von einem Abkommen über gegenseitige Mobilität, das in den Anfangsjahren des Konfliktes noch eingehalten wurde, zu einer restriktiven Politik über, die durch Grenzschließungen und die explizite Aufforderung zu und Förderung von Rückkehr gekennzeichnet ist. Ein Grund besteht darin, dass die internationale Gemeinschaft nicht gewillt war, die Lasten zu teilen, was sich sowohl an der gravierenden Unterfinanzierung des UNHCR als auch an der starken Fokussierung auf die Abschreckung von (nicht-europäischen) Einwander:innen zeigt. Zudem trugen innenpolitische Entwicklungen – wie etwa die Eskalation des Kurdenkonfliktes und ein Putschversuch in der

Türkei, die fortschreitende politische Zersplitterung des Libanon oder wirtschaftliche Schwierigkeiten in Jordanien – dazu bei, dass die Gastfreundschaft gegenüber syrischen Geflüchteten an Bedeutung verlor.

Weil sie in den Nachbarländern immer weniger Schutz fanden, machten sich immer mehr Geflüchtete aus Syrien auf den gefährlichen Weg nach Europa. Dies hat zur sogenannten »europäischen Flüchtlingskrise« geführt: einer politischen Krise der Asyl- und Einwanderungspolitik in der Europäischen Union. Nach einer kurzen, humanitär geprägten Phase in (Teilen) Europas im Jahr 2015 ist die EU inzwischen zu einer feindseligeren Einwanderungs- und Asylpolitik zurückgekehrt – mit Schwerpunkt auf der Abschreckung von Schutzsuchenden und der Auslagerung des EU-Grenzschutzes in Nicht-EU-Staaten wie Libyen und die Türkei. Diese Entwicklung hat einen Teufelskreis in Gang gesetzt: Je restriktiver die Einwanderungspolitik der EU, desto stärker der Druck, Geflüchtete »in der Region« oder »in Wohnortnähe« festzuhalten. Seit ungefähr 2020 werden zudem immer mehr Forderungen nach »Rückkehr« laut, die allerdings in den wenigsten Fällen das Wohlergehen der geflüchteten Syrer:innen im Sinn haben.

Rückkehr

Obwohl einige Gebiete nach wie vor nicht unter seiner Kontrolle stehen, scheint das Assad-Regime mit Hilfe seiner Verbündeten den militärischen Konflikt für sich entschieden zu haben. Nach Jahren der Militarisierung, Polarisierung und staatlichen Gewaltanwendung ist die alte politische Ordnung allerdings zerrüttet und erreicht darüber hinaus nicht alle Landesteile. Wegen dieser geographischen Fragmentierung und der Vielzahl der neu auf den Plan getretenen Akteure müsste ein neuer, landesweit gültiger Gesellschaftsvertrag ausgehandelt werden. Ausländische Bündnispartner und deren Interessen sowie die katastrophale wirtschaftliche Lage schränken die Politikgestaltungskraft und den Handlungsspielraum aller Akteure jedoch empfindlich ein. Dies gilt in besonderem Maße für die syrische Zivilgesellschaft, die in ihrem Land Repressionen fürchten muss und die sich daher vor allem in der Diaspora organisiert, wo sie über gewisse Handlungsspielräume verfügt. So haben sich zum Beispiel zahlreiche oppositionelle, insbesondere soziale Netzwerke nutzende Medien herausgebildet, die häufig aus dem Ausland operieren – teils gezwungenermaßen nach Rückeroberungen von Gebieten durch das Assad-Regime.

Insgesamt setzt sich der Konflikt besonders in der Region Idlib fort, in die verbleibende Oppositionskämpfer umgesiedelt wurden: Das 2020 von der Türkei und von Russland verhandelte (und überwachte) Waffenstillstandsabkommen wird immer wieder durch lokal begrenzte Gefechte gebrochen. In der Provinz Dar'a im Südwesten wurde im August 2021 nach heftigen Gefechten und der Belagerung durch das syrische Militär von Russland innerhalb eines »Versöhnungsprozesses« ebenfalls ein Waffenstillstand verhandelt; es kommt aber auch hier immer wieder zu bewaffneten Auseinandersetzungen. Nicht auszuschließen ist, dass die Protestbewegung in Dar'a, die von Stammesführern gestützt und vorangetrieben wird, deren bisher regional beschränkte Legitimität festigen und vielleicht sogar ausweiten kann.

Auch die Lage in den türkisch kontrollierten Gebieten nördlich von Aleppo bleibt angespannt. Ein erneutes Wiederaufflammen der Gefechte in anderen Gebieten ist derzeit eher unwahrscheinlich, angesichts wiederholter Attentate (zum Beispiel durch den IS) und Entführungen jedoch nicht auszuschließen. Insbesondere die prekäre Wirtschaftslage und Schwierigkeiten eines Großteils der Bevölkerung, ihren Lebensunterhalt zu bestreiten, könnten jedoch zu erneuten Protesten beziehungsweise ihrer Ausweitung in Dar'a führen.

In dieser Situation birgt die Frage, was mit den Millionen Flüchtlingen und Binnenvertriebenen passieren wird, großes Konfliktpotenzial. Angesichts der wirtschaftlichen Lage und der weitgehenden Entrechtung und Exklusion derjenigen, die als Unterstützer:innen der Opposition gelten, scheint eine Rückkehr und Reintegration von Geflüchteten derzeit äußerst unwahrscheinlich. Die Organisation einer Rückkehr-Konferenz durch das Regime im November 2020 ist vor diesem Hintergrund als ein reines Lippenbekenntnis zu werten. Doch auch in den Aufnahmeländern der Region, insbesondere in der Türkei und im Libanon, werden die Stimmen lauter, die auf eine Rückkehr drängen. Die innen- und wirtschaftspolitische Lage im Libanon (Corona-Pandemie, Finanzkrise, politische Krise und Wiederaufbau nach der Hafenexplosion im August 2020) erschwert zum Beispiel die angemessene Versorgung der Geflüchteten und trägt zum Wunsch der Regierung nach baldiger Rückkehr bei.

Ausblick

Das Assad-Regime fordert eine Rückkehr zum alten, ungleichen Gesellschaftsvertrag, allerdings unter Ausschluss jener gesellschaftlichen Kräfte, die sich aus Sicht des Regimes als illoyal erwiesen haben und daher oftmals das Land oder von der Regierung kontrollierte Gebiete verlassen mussten. Der Reformwille der Regierung beschränkt sich auf Bereiche, in denen der eigene Machtanspruch untermauert werden soll oder Anhänger:innen und Bündnispartner:innen für ihre ideelle oder materielle Unterstützung während des Bürgerkriegs belohnt werden sollen. Ehemalige Oppositionskämpfer:innen, rückkehrende Geflüchtete sowie Bewohner:innen umkämpfter Gebiete werden dagegen ausgeschlossen oder nur nach vom Regime diktierten Bedingungen wieder eingegliedert. Gleichzeitig hat Präsident al-Assad aufgrund des gewaltigen Ausmaßes an Zerstörung durch den Krieg, der hohen Opfer- und Flüchtlingszahlen, seiner exklusiven Politik zugunsten von Protegés und Bündnispartner:innen sowie seines dürftigen Corona-Krisenmanagements an Legitimität in den Augen vieler, inzwischen überwiegend in Armut lebender Syrer:innen eingebüßt. Aufgrund von Kriegsökonomie, Währungs- und Gesundheitskrise sowie einer schweren Dürre befindet sich Syrien in einer zunehmend aussichtslosen Situation, nicht zuletzt da wichtige Bündnis- und Handelspartner (Libanon, Iran) ebenfalls von schweren Krisen betroffen sind. Das plausibelste Szenario scheint daher eine weitere Verschärfung der wirtschaftlichen und humanitären Lage zu sein, mit gravierenden Folgen für syrische Geflüchtete in Syrien und in der Region.

Literatur

Norman, Kelsey P.: Reluctant Reception: Refugees, Migration and Governance in the Middle East and North Africa, Cambridge 2021.

Pearlman, Wendy: What Makes the ›Refugee Crisis‹ a Crisis? Displaced Syrians' Reflections on Dignity, in: Digest of Middle East Studies, 30.2021, H. 4, S. 278–283.

Tsourapas, Gerasimos: The Syrian Refugee Crisis and Foreign Policy Decision-Making in Jordan, Lebanon, and Turkey, in: Journal of Global Security Studies, 2019, S. 1–18.

Vignal, Leïla: War-Torn: The Unmaking of Syria, 2011–2021, London 2021.

Yaatsil Guevara González

Venezuela

Der venezolanische Exodus

Historisch stellt Venezuela primär ein Aufnahmeland für Migrant:innen und Geflüchtete dar. Doch jüngste Entwicklungen haben dazu geführt, dass aus Venezuela die weltweit zweithöchste Zahl an Menschen geflohen ist. Nur Syrien verzeichnet einen stärkeren Exodus. In den 2010er Jahren hat die soziopolitische und ökonomische Lage in Venezuela etwa sieben Millionen Menschen zur Flucht aus dem Land veranlasst. Die Faktoren, die dazu beitrugen, sind mit einer Reihe historischer Ereignisse verwoben, die ihre Wurzeln in den 1980er und 1990er Jahre haben: Der Zusammenbruch der internationalen Ölpreise verursachte eine Rezession in Venezuela, hohe Arbeitslosigkeit und hohe Inflationsraten führten zu einem starken Haushaltsungleichgewicht. Dieser wirtschaftliche Kontext und der Beginn der Amtszeit des sozialistischen Präsidenten Hugo Chávez (1999–2013) markierten einen Wendepunkt in der venezolanischen Migrationsgeschichte.

Die politischen und sozioökonomischen Bedingungen des Landes verschlechterten sich zu Beginn des 21. Jahrhunderts, und der venezolanische Exodus begann allmählich. Forschende identifizieren gemeinhin drei Phasen der venezolanischen Abwanderung: In der ersten Phase (2000–2012) konstituierte sich die Bewegung hauptsächlich aus Migrant:innen der Mittelschicht, die nicht mit der neuen politischen Ideologie der Regierung übereinstimmten und neue Lebensmöglichkeiten vor allem in den Vereinigten Staaten und in Spanien suchten. Die zweite Phase (2012–2015) stand in unmittelbarem Zusammenhang mit dem Tod von Präsident Hugo Chávez und der Übernahme der Präsidentschaft durch Nicolás Maduro. Staatliche Repressionen, ökonomische Ungleichgewichte und der Anstieg der Kriminalitätsrate veranlassten Tausende von Venezolaner:innen, ihr Land zu verlassen, diesmal auch in Nachbarländer wie

Kolumbien, Panama, Peru, Chile, Ecuador und die Dominikanische Republik. Die dritte Phase (2015 bis heute) bildet den Höhepunkt der humanitären Krise in Venezuela: Das Sozialsystem ist kollabiert, Lebensmittel- und Medikamentenknappheit sind Teil des Alltags, die Sterblichkeitsrate ist angestiegen, öffentliche Dienstleistungen haben sich als unzureichend erwiesen, die Kriminalität ist so hoch wie nie zuvor. Allein zwischen 2013 und 2019 verlor das Land 63 % seines Bruttoinlandprodukts. Ernährungsunsicherheit prägt das Leben der Venezolaner:innen seit Jahren. Schätzungen zufolge leben gegenwärtig 96 % der Bevölkerung in Armut, und 90 % der Haushalte haben keine ausreichende Ernährung. Außerdem verhängten die USA (und auch andere Länder wie Panama, Mexiko, die Schweiz, Curaçao und das Vereinigte Königreich) ein Embargo gegen Venezuela, was die sozioökonomische Lage im Land noch verschlimmerte. Nach offiziellen Angaben warten derzeit etwa eine Million Venezolaner:innen weltweit auf ihren Asylbescheid, und mindestens 2,4 Millionen leben mit anderen Aufenthaltstiteln auf dem amerikanischen Kontinent. Der venezolanische Exodus ist die größte humanitäre Krise für Migrant:innen in der lateinamerikanischen Geschichte.

Die Reise in den Norden

Dem UN-Flüchtlingshochkommissariat (UNHCR) zufolge leben 68 % (ca. 4,6 Millionen) der venezolanischen Geflüchteten in den Nachbarstaaten, hauptsächlich in Kolumbien, Peru, Chile, Ecuador, Argentinien und Brasilien. Andere setzten ihre Reise in Richtung Norden fort. Die Entfernung, die eine Person zwischen Maracaibo, einer der westlichsten Städte in Venezuela, und Mexikos südlicher Grenze zurücklegen muss, beträgt ungefähr 3500 Kilometer. Die meisten Migrant:innen durchqueren Kolumbien und gelangen dann über den sogenannten Darién Gap nach Panama. Der Darién Gap bildet eine Lücke in der Straßenverbindung zwischen Feuerland und Alaska, also der bis auf diese Unterbrechung durchgängigen Panamericana. Migrant:innen müssen versuchen, das durch Berge und Sümpfe geprägte Regenwaldgebiet, in dem es an Verkehrsinfrastruktur mangelt, zu Fuß zu durchqueren. Hinzu kommt, dass der Darién Gap noch immer von Kämpfer:innen der Revolutionären Streitkräfte Kolumbiens (FARC) besetzt ist und Migrant:innen entführt oder getötet werden können. Nach der Überquerung des Darién Gap reisen Migrant:innen weiter zu Fuß, mit dem Bus, mit dem Auto (oder manchmal auch mit dem Boot) durch den mittelamerikanischen Migrationskorridor bis in die USA: Sie bewegen sich durch Costa Rica, Nicaragua, Honduras oder El Salvador und Guatemala. Wenn sie Mexiko erreichen, sind Venezuelaner:innen mit strengen Einwanderungskontrollen entlang der südlichen Grenze Mexikos sowie im Inland konfrontiert.

Mexikos südliche Grenze ist schrittweise militarisiert worden, um unerlaubte Grenzübertritte zu verhindern. Es gibt auf den Straßen mehr Kontrollpunkte als je zuvor, und polizeiliche Operationen, um als illegal angesehene Migration zu unterbinden, laufen ununterbrochen. Migrant:innen werden auf diese Weise immobilisiert, was ihre Vulnerabilität erhöht. Sie suchen nach neuen Wegen, um ihre Reise fortzusetzen. Dies veranlasst sie, gefährliche Routen auf sich zu nehmen oder Menschen zu finden, die ihnen bei der Überwindung der Migrationskontrollen helfen. Mitunter nutzen Schlepper (sogenannte Kojoten) oder die lokale Bevölkerung die Situation der Menschen aus und verlangen Geld. Auch während ihrer Reise sind die Migrant:innen Gewalt in vielen Formen ausgesetzt: von sozialer Exklusion, Arbeitsausbeutung über den fehlenden Zugang zu Lebensmitteln und Gesundheitsversorgung bis hin zu Vergewaltigung, Entführung und Mord.

Das beschwerliche Reisen trägt dazu bei, dass viele Migrant:innen bei ihrer Ankunft in Mexiko bereits entmutigt sind. Die Reisedauer variiert stark. Sie schwankt von ein paar Wochen bis hin zu Jahren. Selbst wenn sich keine größeren Hindernisse auf dem Weg von Venezuela nach Mexiko ergeben, ist mit etwa drei Monaten zu rechnen. In Mexiko angekommen, beantragen viele Venezolaner:innen Asyl, um das Land durchqueren zu können. Sollte ihr Ziel, die USA zu erreichen, scheitern, haben sie zumindest in Mexiko einen legalen Status. Mexiko wird also genutzt, um eine Rückfallposition zu haben, falls keine Möglichkeit besteht, die Grenze zu den USA zu überqueren.

Schutz für Venezolaner:innen in Lateinamerika und in den USA

Die meisten Zielländer von Venezolaner:innen haben die Genfer Flüchtlingskonvention von 1951 unterzeichnet. Die Länder, die die Konvention nicht vollumfänglich ratifizierten, wie zum Beispiel Kolumbien, Peru und Ecuador, integrierten stattdessen die Erklärung von Cartagena über Flüchtlinge in ihre Migrationsgesetze. Diese wurde 1984 im Rahmen eines Kolloquiums über den internationalen Schutz von Flüchtlingen in Mittelamerika und Mexiko unterzeichnet. Die Flüchtlingsdefinition der Erklärung von Cartagena ist weiter gefasst als jene der Genfer Flüchtlingskonvention, denn sie schließt Personen ein, die aus ihrem Land geflohen sind, weil ihr Leben, ihre Sicherheit oder ihre Freiheit durch allgemeine Gewalt, ausländische Aggression, inländische Konflikte, massive Menschenrechtsverletzungen oder andere Umstände, die die öffentliche Ordnung ernsthaft stören, bedroht sind. Darüber hinaus erfasst sie auch die Kategorie der Binnenvertriebenen. Venezolaner:innen werden oft entweder nach der Genfer Flüchtlingskonvention oder nach der Erklärung von Cartagena als Flüchtlinge anerkannt.

Neben diesen internationalrechtlichen Instrumenten führten manche lateinamerikanischen Länder zu Beginn der Krise in unterschiedlichem Maße neue Migrationsregelungen ein oder passten bestehende Regelungen an, um auf den venezolanischen Exodus zu reagieren. Im Jahr 2017 schuf beispielsweise Kolumbien einen Grenzpassierschein, der es Venezolaner:innen erlaubt, uneingeschränkt zwischen beiden Ländern zu reisen. Im gleichen Jahr reagierte Peru ähnlich und vergab einen befristeten Aufenthaltstitel für Venezolaner:innen. Auch Brasilien und Chile gingen vergleichbare Wege, indem sie eine ein- bis zweijährige befristete Aufenthaltsgenehmigung anboten. Argentinien und Uruguay folgten mit besonderen Bedingungen für Venezolaner:innen für das Beantragen einer befristeten Aufenthaltsgenehmigung.

Die Abwanderung erreichte 2018 ihren Höhepunkt. In dieser Situation erschwerten viele Länder die Erteilung von befristeten oder speziellen Aufenthaltsgenehmigungen und beschränkten so den Zugang zu Hilfen. Außerdem sahen sich die zuständigen Ämter wegen einer sehr großen Zahl von Anträgen auf spezielle Visa und auf Asyl überfordert. Der Ausbruch der COVID-19-Pandemie verschlechterte die Situation für venezolanische Schutzsuchende weiter, da viele Regierungen die Bearbeitung von Visa und Asylanträgen aussetzten oder annullierten, wodurch sie Tausende von Venezolaner:innen in einem rechtlichen Schwebezustand ließen.

In der Folge führten manche Länder, wie zum Beispiel Ecuador, Peru und Chile, strengere Vorschriften für Venezolaner:innen ein. Xenophobie und Gewalt gegen venezolanische Geflüchtete nahmen zu. Wie schwierig die Lage für sie wurde, zeigt sich auch an den Reaktionen der USA und Mexikos. Im Jahr 2020 stammten vier von zehn Geflüchteten in Mexiko aus Venezuela, und zwischen 2017 und 2020 wurden 99 % aller Asylanträge von Venezolaner:innen anerkannt. Dennoch einigten sich Mexiko und die USA am 13. Oktober 2022 in einem Abkommen, eine Regelung, die als »Title 42« bekannt ist, für Venezolaner:innen umzusetzen. »Title 42« erlaubt der US-amerikanischen Direction of the Centers for Disease Control and Prevention (CDC), die Einreise jener Personen zu verbieten, die eine »ernsthafte Gefahr der Einschleppung einer [übertragbaren] Krankheit in die Vereinigten Staaten« darstellen. Diese Abwehrpolitik war bereits während der COVID-19-Krise 2020 und 2021 auf Mittelamerikaner:innen angewendet worden und soll Migrierende davon abhalten, Asyl in den USA zu suchen. Zwar war der »Title 42« unter der Präsidentschaft Joe Bidens im April 2022 abgeschafft worden. Aufgrund der Zunahme neuer Ankünfte von Venezolaner:innen in den USA im Haushaltsjahr 2022 um 293 % wurde das US-amerikanisch-mexikanische Abkommen im Oktober 2022 aber wieder eingeführt. Die USA haben angekündigt, alle Venezolaner:innen, die die Grenze zu Fuß oder schwimmend überqueren, nach Mexiko zurückzuschicken.

Die Regelung nach »Title 42« legalisiert die Abschiebung venezolanischer Migrant:innen auf mexikanisches Staatsgebiet. Eine Folge davon ist, dass mexikanische Städte entlang der nördlichen Grenze überfüllt und nicht in der Lage sind, den Bedürfnissen von Tausenden von Migrierenden gerecht zu werden, die hier festsitzen. Auch für Migrant:innen aus Mittelamerika und der Karibik (insbesondere aus Kuba und Haiti) sind diese Regionen zu einer Art Gefängnis ohne Gitter geworden. Internationale Organisationen (Rotes Kreuz, Ärzte ohne Grenzen, UNHCR) sind zwar vor Ort, ihre humanitäre Hilfe reicht aber nicht aus. Viele der Migrant:innen warten entweder darauf, einen Asylantrag in den USA stellen zu können, oder hoffen, genug Geld zu sparen, um mit Hilfe von Schmuggler:innen die Grenze irregulär zu überqueren. Schließlich gibt es jene, die nicht weiterwissen und die nicht über die Ressourcen und den Willen verfügen, in den Süden zurückzukehren.

Der venezolanische Exodus verweist auf mindestens zwei auch für die Forschung wichtige Aspekte. Einerseits lassen die millionenfachen Bewegungen noch einmal deutlich werden, dass Ursachen erzwungener Migration vielfältig sind: Wirtschaftskrisen, Embargos, politische Zusammenbrüche, Ernährungsunsicherheit, Gewalt. Andererseits beeinflusst die Art und Weise, wie diese Ursachen mit globalen Interessen verflochten sind, administrative Regelungen. Denn wie die süd- und mittelamerikanischen Länder mit der venezolanischen Einwanderung umgehen, ist untrennbar mit den Maßnahmen der Länder des Nordens, in diesem Fall der USA und Mexikos, verbunden. Wenn die USA und Mexiko ihre Aufnahmepolitik verschärfen, stellt dies die Transitländer und die Staaten, die die meisten venezolanischen Migranten aufnehmen, vor noch komplexere Herausforderungen.

Literatur

Bull, Benedicte/Rosales, Antulio: The Crisis in Venezuela: Drivers, Transitions, and Pathways, in: European Review of Latin American and Caribbean Studies/Revista Europea de Estudios Latinoamericanos y Del Caribe, 109.2020, S. 1–20, https://www.jstor.org/stable/26936900

Freier, Luisa Feline/Parent, Nicolas: The Regional Response to the Venezuelan Exodus, in: Current History, 118.2019, S. 56–61, https://doi.org/10.1525/curh.2019.118.805.56

Instituto Nacional de Migración: Tema Migratorio 061220. Infor-

mación Migratoria Nacional, 2020, https://www.inm.gob.mx/gobmx/word/index.php/tema-migratorio-061220/
UNHCR: Venezuela Situation, 2022, https://www.unhcr.org/venezuela-emergency.html
Vivas Peñalver, Leonardo/Páez, Tomás: The Venezuelan Diaspora, Another Impending Crisis?, Washington, DC 2017.

Fluchtziel
Bundesrepublik Deutschland

Herbert Brücker

Der steinige Weg in den Arbeitsmarkt. Empirische Befunde zur Arbeitsmarktintegration von Geflüchteten in Deutschland

Geflüchtete sind beim Übergang in den Arbeitsmarkt im Vergleich zu anderen Migrant:innen und der bereits im Lande lebenden Bevölkerung benachteiligt.[1] Die Gründe hierfür sind vielfältig: Geflüchtete können sich in der Regel nicht auf Migration und die Teilhabe am Arbeitsmarkt der Zielländer vorbereiten, sie verfügen in der Regel über keine Sprachkenntnisse des Ziellandes, ihr Humankapital bildet häufig kein gutes »Match« zur Arbeitsnachfrage in den Zielländern, sie sind durch Asylverfahren, Beschäftigungsverbote und Wohnsitzauflagen zahlreichen rechtlichen Hürden und einer hohen Rechts- und Planungsunsicherheit ausgesetzt und häufig, wenn auch nicht immer, stärker als andere Gruppen von Migrant:innen von Diskriminierung betroffen. Ihre Arbeitsmarktintegration, hier definiert als die Aufnahme einer Erwerbstätigkeit, erfolgt deshalb im Durchschnitt langsamer als bei anderen Gruppen von Migrant:innen. Zudem sind zumindest zu Beginn die Verdienste geringer und die Beschäftigungsverhältnisse, etwa gemessen am Umfang befristeter Arbeitsverhältnisse und der Arbeitnehmerüberlassung, prekärer als bei anderen Gruppen. All dies ist zutreffend und für Deutschland wie auch andere Zielländer der Fluchtmigration in der Europäischen Union (EU) und für andere Hocheinkommensländer der OECD durch umfassende empirische Evidenz bestätigt.[2] Zugleich können wir aber auch

---

1 Brell et al., The Labor Market Integration of Refugees; Brücker et al., Fünf Jahre »Wir schaffen das«.

2 Brell et al., The Labor Market Integration of Refugees; Fasani et al., (The Struggle for) Refugee Integration.

erhebliche Fortschritte bei der Integration von Geflüchteten in den Arbeitsmarkt beobachten. So sind die Erwerbstätigenquoten der Geflüchteten, die im Zuge der Fluchtmigration Mitte der 2010er Jahre nach Deutschland gekommen sind, stark gestiegen. Insgesamt verläuft die Arbeitsmarktintegration in diesem Fall schneller als in der Vergangenheit, etwa im Vergleich zu den Geflüchteten, die im Zuge der Kriege in den Nachfolgestaaten des früheren Jugoslawiens in den 1990er Jahren nach Deutschland gekommen sind. Erste Anzeichen sprechen auch dafür, dass sich Geflüchtete aus der Ukraine schneller als andere Geflüchtete in den Arbeitsmarkt integrieren.

Dieser Beitrag untersucht die Herausforderungen, Probleme und Erfolge bei der Integration in den und Teilhabe am Arbeitsmarkt in Deutschland. Viele der Probleme des Übergangs von Geflüchteten in den Arbeitsmarkt haben ihre Ursachen in rechtlichen und institutionellen Rahmenbedingungen, die wiederum das Ergebnis politischer Entscheidungen sind. Auf diesen Fragen und der Diskussion politischer Handlungsalternativen liegt der Schwerpunkt dieses Beitrages.

Viele der präsentierten Befunde beruhen auf der IAB-BAMF-SOEP-Befragung von Geflüchteten in Deutschland, einer Längsschnittbefragung von mehr als 10000 Haushalten, aus der sich repräsentative Schlussfolgerungen über die in den Jahren 2013–2016 nach Deutschland gekommenen Geflüchteten ziehen lassen.[3]

Krieg, Fluchtrisiken und die Voraussetzungen für die Arbeitsmarktteilhabe

Geflüchtete repräsentieren nicht den Durchschnitt der Bevölkerung in den Herkunftsländern, sondern sind in vielerlei Hinsicht eine sehr spezifische Gruppe. Die Zusammensetzung der Geflüchteten wird einerseits durch Krieg, Verfolgung und Vertreibung, andererseits durch die Kosten und Risiken der Flucht beeinflusst, die wiederum maßgeblich von der Asyl- und Grenz-

3 Brücker et al., IAB-BAMF-SOEP-Befragung von Geflüchteten 2016.

politik der Aufnahmeländer bestimmt werden. Das hat nachhaltige Folgen für die Chancen der Geflüchteten auf strukturelle Integration und soziale Teilhabe in den Zielländern.

Die ökonomischen Theorien der »Selbstselektion«[4] von Migrant:innen gehen davon aus, dass die relativen Erträge von Bildung und arbeitsmarktrelevanten Fähigkeiten zusammen mit den monetären und sozialen Kosten der Migration die Zusammensetzung der Migrationsbevölkerung beeinflussen. So erwarten diese Theorien, dass das durchschnittliche Niveau der Bildung und anderer arbeitsmarktrelevanter Fähigkeiten der Migrationsbevölkerung im Vergleich zur Bevölkerung in den Herkunftsländern steigen, wenn die relativen Erträge für diese Eigenschaften in den Zielländern höher als in den Herkunftsländern sind – und umgekehrt.[5] Wenn der Anteil der Migrationskosten an den Verdiensten mit zunehmenden Einkommen sinkt, ist ebenfalls ein überdurchschnittliches Bildungs- und Fähigkeitsniveau der Migrantinnen und Migranten zu erwarten.[6]

Aus diesen Theorien ergeben sich wichtige Schlussfolgerungen für die Analyse von Fluchtbewegungen. So argumentieren Aksoy und Poutvaara, dass mit zunehmenden Risiken durch Krieg und Verfolgung in den Herkunftsländern die in Hinblick auf Bildung und materielle Ressourcen besser Gestellten überdurchschnittlich häufig die Herkunftsländer verlassen.[7] Dies ist darauf zurückzuführen, dass auch dann, wenn die elementaren Lebensrisiken für die physische und psychische Gesundheit und Sicherheit für alle sozialen Gruppen gleich verteilt sind, die ökonomischen Risiken für die besser Gestellten höher sind. Umgekehrt dämpfen zunehmende Risiken der Flucht die Migrationsanreize für die wirtschaftlich besser Gestellten, weil neben den elementaren Lebensrisiken auch die wirtschaftlichen Erträge der Migration fallen, wenn die Fluchtrisiken steigen. Zudem ist zu erwarten, dass vulnerable Gruppen, die von Fluchtrisiken

4 Borjas, Self-Selection and the Income of Immigrants.

5 Ebd.

6 Chiswick, Are Immigrants Favorably Self-Selected?

7 Aksoy/Poutvaara, Refugees' and Irregular Migrants' Self-selection into Europe.

besonders betroffen sind, wie etwa Frauen und Kinder, mit der Zunahme der Fluchtrisiken unterdurchschnittlich migrieren.[8]

Diese Hypothesen lassen sich empirisch bestätigen: Tatsächlich ist das durchschnittliche Bildungsniveau der Geflüchteten in Deutschland deutlich höher als dasjenige der Bevölkerungen in den Herkunftsländern.[9] Ähnliches zeichnet sich nach ersten vorliegenden Informationen auch für die Geflüchteten aus der Ukraine ab.[10] Nach eigenen Berechnungen auf Grundlage der IAB-BAMF-SOEP-Befragung von Geflüchteten ist zudem das durchschnittliche Bildungsniveau von Geflüchteten, die über die besonders risikoreichen Fluchtrouten migriert sind (zum Beispiel die zentrale Mittelmeerroute), im Durchschnitt geringer als das durchschnittliche Bildungsniveau von Geflüchteten, die über die weniger risikoreichen Fluchtrouten nach Deutschland gelangt sind.

Auch wenn das durchschnittliche Bildungsniveau von Geflüchteten deutlich höher ist als dasjenige der Bevölkerung in den Herkunftsländern, so besteht dennoch ein erhebliches Gefälle zwischen dem durchschnittlichen formalen Bildungsniveau der Bevölkerung in Deutschland und den der Geflüchteten, die 2013–2016 nach Deutschland gekommen sind. Das Gefälle ist bei der Schulbildung, gemessen an den Schuljahren und Schulabschlüssen, weniger ausgeprägt als bei der beruflichen Bildung. Die Anteile mit beruflichen Abschlüssen sind verschwindend gering, die Anteile mit Universitäts- und Hochschulabschlüssen deutlich geringer als unter der Bevölkerung in Deutschland.[11] Das ist teils auf das Einkommensniveau der Herkunftsländer, teils auf die unterschiedliche Struktur der Bildungs- und Ausbildungssysteme zurückzuführen.

Das bedeutet aber nicht, dass die Geflüchteten über keine oder schlechte berufliche Qualifikationen verfügen. Rund 75 % der geflüchteten Männer und 37 % der geflüchteten Frauen waren vor der Flucht beziehungsweise vor dem Zuzug nach Deutsch-

---

8 Ebd.

9 Guichard, Self-selection of Asylum Seekers.

10 Brücker et al., Geflüchtete aus der Ukraine in Deutschland.

11 Brücker et al., Fünf Jahre »Wir schaffen das«.

land erwerbstätig. Das durchschnittliche Anforderungsniveau der ausgeübten Tätigkeiten und seine Verteilung entspricht dabei in den Herkunftsländern demjenigen der Erwerbstätigen in Deutschland.[12] Der wesentliche Unterschied ist, dass diese Qualifikationen nicht durch formal strukturierte Bildungs- und Ausbildungsgänge erworben wurden. In einem sehr stark durch berufliche Ausbildungsgänge strukturierten Arbeitsmarkt wie in Deutschland ist das Fehlen formaler Ausbildungs- und Studienabschlüsse ohne Zweifel ein erheblicher Nachteil für den Übergang in eine Erwerbstätigkeit. Allerdings kann dies in Teilen durch Berufserfahrung ausgeglichen werden.

Krieg, Verfolgung und andere Formen der Gewalt und die hohen Risiken der Flucht haben bei Geflüchteten auch in anderer Hinsicht Spuren hinterlassen. Ihr physischer Gesundheitszustand ist zwar vergleichbar oder bei bestimmten Altersgruppen sogar im Durchschnitt besser als der der in Deutschland lebenden Bevölkerung, aber es gibt in den Daten starke Hinweise auf erhebliche Beeinträchtigungen der psychischen Gesundheit sowie post-traumatische Belastungsstörungen, insbesondere bei geflüchteten Frauen.[13] Auch dies kann die Chancen auf Integration in den Arbeitsmarkt wie auch in andere gesellschaftliche Bereiche verringern.

Erwerbstätigenquoten und Verdienste steigen mit der Aufenthaltsdauer

Die Erwerbstätigenquoten der Geflüchteten steigen, ähnlich wie bei anderen Migrant:innen, mit der Aufenthaltsdauer. Schaubild 1 zeigt die Entwicklung der Erwerbstätigenquoten und der Monatsverdienste der in der IAB-BAMF-SOEP-Befragung repräsentierten Geflüchteten im Vergleich zu anderen Migrant:innen (ohne Geflüchtete) und Personen ohne Migrationsgeschichte: So steigen die Erwerbstätigenquoten von 6 % im Zuzugsjahr auf 53 % bei einer Aufenthaltsdauer von sechs Jahren und mehr im Vergleich zu 75 % bei den anderen

12 Ebd.

13 Brücker et al., Zweite Welle der IAB-BAMF-SOEP-Befragung.

Migrant:innen und gut 80 % in der Bevölkerung ohne Migrationsgeschichte.

Schaubild 1: Verlauf der Arbeitsmarktintegration nach Aufenthaltsdauer

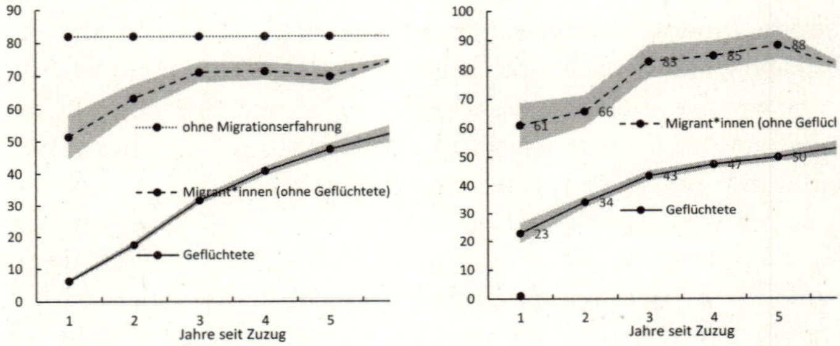

Anmerkungen:
Die grau schraffierten Flächen geben das 95-Prozent-Konfidenzintervall an. Erwerbstätigenquoten sind hier als der Anteil der Erwerbstätigen an der Bevölkerung im Alter von 18 bis 65 Jahren definiert.

Quelle: Jaschke et al., Beschäftigungsaufnahme von Geflüchteten. Grundlage ist die IAB-BAMF-SOEP-Befragung von Geflüchteten, gewichtete Werte.

Bei den Verdiensten sind die Unterschiede, wie Schaubild 1 zeigt, noch ausgeprägter: Ausgehend von einem sehr niedrigen Lohnniveau von 600 Euro im Monat oder 23 % des durchschnittlichen Lohnniveaus der Bevölkerung ohne Migrationsgeschichte, steigt es nach sechs und mehr Jahren Aufenthaltsdauer auf 53 % (1529 Euro) des durchschnittlichen Verdienstniveaus der Bevölkerung ohne Migrationsgeschichte.

Es handelt sich hier um unkonditionale Vergleiche, das heißt, es wird nicht für Alter, Geschlecht, Bildung und andere erklärende Humankapitalvariablen kontrolliert. Diese Faktoren spielen in dem senioritätsbezogenen Arbeitsmarkt in Deutschland eine große Rolle. Das durchschnittliche Alter der Geflüchteten lag beim Zuzug bei 21 Jahren und ist bis 2021 im Durchschnitt auf 28 Jahre gestiegen.[14] Ein erheblicher Teil befindet sich deshalb noch im Bildungs- und Ausbildungsalter beziehungsweise in dem Alter des Übergangs von Ausbildung und Studium in den Beruf. In diesen Alterskohorten sind auch in der deutschen Bevölkerung die durchschnittlichen Erwerbstätigenquoten sehr viel geringer als im Durchschnitt der Bevölkerung im erwerbsfähigen Alter. Gleiches gilt für die Verdienste: In dem deutlich senioritätsbezogenen Arbeitsmarkt steigen die Verdienste im Lebensverlauf stark an und sind zu Beginn der Erwerbsverläufe geringer. Bei den Geflüchteten kommt hinzu, dass viele in den ersten Jahren bezahlte Praktika absolviert haben, die das geringe Ausgangsniveau der Löhne in den ersten Jahren nach Zuzug erklären. Bei der Berücksichtigung des Alters fallen die Diskrepanzen zwar deutlich geringer aus als bei der Durchschnittsbetrachtung in Schaubild 1, es bleiben aber immer noch erhebliche Unterschiede bestehen.

Schaubild 2: Erwerbstätigenquoten von Geflüchteten nach Geschlecht und Aufenthaltsdauer

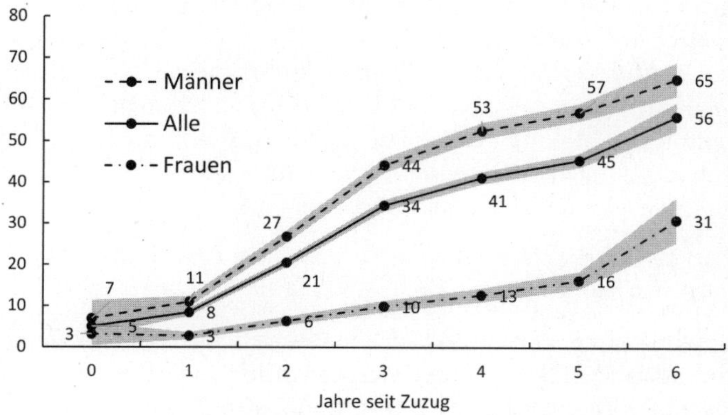

Anmerkungen:
Erwerbstätigenquoten sind hier als der Anteil der Erwerbstätigen an der Bevölkerung im erwerbsfähigen Alter definiert. Die grau

14 Statistisches Bundesamt, Schutzsuchende 2021.

schraffierten Flächen geben das 95-Prozent-Konfidenzintervall an.

Quelle: Eigene Berechnungen auf Grundlage der IAB-BAMF-SOEP-Befragung von Geflüchteten, gewichtete Werte.

Es besteht ein erhebliches Gefälle in den Arbeitsmarktchancen von geflüchteten Männern und Frauen. Geflüchtete Frauen integrieren sich später in den Arbeitsmarkt und weisen deutlich geringere Erwerbstätigenquoten als Männer auf (Schaubild 2). Als der stärkste beeinflussende Faktor dafür erweist sich die Sorgearbeit von Frauen, vor allem die Versorgung und Betreuung von Kleinkindern beziehungsweise die fehlende Unterstützung bei der Kinderbetreuung und anderer Sorgearbeit. Demgegenüber spielen kulturelle Faktoren, Unterschiede in den Einstellungen, etwa zur Gleichstellung von Frauen, oder religiöse und politische Wertvorstellungen keine statistisch signifikante Rolle.[15]

Multivariate Analysen zeigen ferner, dass die Erwerbstätigkeitswahrscheinlichkeit von geflüchteten Männern und Frauen nicht nur mit der Aufenthaltsdauer, sondern auch mit dem erfolgreichen Abschluss der Asylverfahren, dem Abschluss von Integrations- und anderen Sprachkursen, dem Niveau der Deutschsprachkenntnisse, der Durchführung von arbeitsmarktpolitischen Maßnahmen und dem Bildungsniveau steigt.[16] Ähnliches gilt für die Verdienste.

Lange Asylverfahren beeinträchtigen Arbeitsmarktintegration

Asylbewerber:innen unterliegen in Deutschland zunächst einem dreimonatigen Beschäftigungsverbot. Auch danach unterliegen sie einem Beschäftigungsverbot, wenn sie verpflichtet sind, in Gemeinschaftsunterkünften zu wohnen. Schließlich ist zu erwar-

15 Gambaro, The Effect of Early Childhood Education and Care Services; Kosyakova et al., Arbeitsmarktintegration in Deutschland.

16 Brücker, Fünf Jahre »Wir schaffen das«; Kosyakova et al., Arbeitsmarktintegration in Deutschland.

ten, dass die Ungewissheit über den Ausgang der Asylverfahren unabhängig von den Arbeitsverboten die Beschäftigungschancen beeinträchtigt: Die Aufnahme von Beschäftigungsverhältnissen ist auf beiden Seiten – Arbeitgeber wie Arbeitnehmer – an Investitionen gebunden. Auf Seiten der Arbeitgeber, müssen neben den administrativen Einstellungskosten Investitionen in Bildung, Ausbildung und Anpassungsqualifikationen getragen werden, auf Seiten der Arbeitnehmer die Kosten der Arbeitssuche, der Anpassung ihrer Qualifikationen, des Erwerbs von Sprachkenntnissen und Ähnlichem. Je höher die Ungewissheit über die Laufzeit eines Beschäftigungsverhältnisses ist, desto niedriger die Wahrscheinlichkeit des Beginns eines solchen Verhältnisses.

Empirisch zeigt sich: Eine Verlängerung der Asylverfahren um sechs Monate verringert die Wahrscheinlichkeit des Übergangs in die erste Erwerbstätigkeit um 11 %. Es verlangsamt sich auch der Übergang in den ersten Sprachkurs, was sich wiederum indirekt negativ auf die Arbeitsmarktintegration auswirkt.[17] Ähnlich negative Auswirkungen wie die Länge des Asylverfahrens haben die Beschäftigungsverbote im Rahmen von Asylverfahren.[18]

Wohnortzuweisungen und Wohnsitzauflagen sind ineffizient

Die staatliche Zuweisung des Wohnortes und Wohnsitzauflagen, die die räumliche Mobilität einschränken, beeinflussen die Integrationschancen in den Arbeitsmarkt erheblich. Migrant:innen sind in der Regel räumlich stärker als die Bevölkerung ohne Migrationsgeschichte konzentriert und siedeln sich vor allem in den urbanen Ballungsräumen mit verdichteten und stark diversifizierten Arbeitsmärkten an. Dies erhöht die Wahrscheinlichkeit, dass eine den Qualifikationen und Fähigkeiten adäquate Stelle gefunden werden kann. Zudem ist bei Migrant:innen, die keiner räumlichen Verteilung und Wohnsitzauflage unter-

17 Kosyakova/Brenzel, The Role of Length of Asylum Procedure.

18 Marbach, The Long-term Impact of Employment Bans.

liegen, etwa den Staatsangehörigen aus der EU und dem Europäischen Wirtschaftsraum (EWR), zu beobachten, dass sie sich überdurchschnittlich in prosperierenden Ballungsräumen mit unterdurchschnittlichen Arbeitslosenquoten ansiedeln.[19]

Staatliche Verteilungspolitiken und Wohnsitzauflagen können ambivalent wirken. Auf der einen Seite ist zu erwarten, dass bei einer freien Wohnortwahl aus mikroökonomischer Perspektive die Informations- und Suchkosten sinken, so dass die Effizienz des »Arbeitsmarktmatches« und damit die Beschäftigungswahrscheinlichkeit und die Verdienste steigen. Zudem ist davon auszugehen, dass Personen, die ein ökonomisches Kalkül bei der Wahl des Wohnortes berücksichtigen, sich eher in prosperierenden Räumen niederlassen oder in Arbeitsmärkten, wo ihre Qualifikationen gefragt sind. Schließlich können ko-ethnische Netzwerke die Informations- und Suchkosten senken und andere Ressourcen bereitstellen, die den Übergang in den Arbeitsmarkt erleichtern.[20]

Auf der anderen Seite kann eine räumliche Konzentration ko-ethnischer Gruppen die Kontakte zur Mehrheitsbevölkerung reduzieren, wodurch wiederum die Informations- und Suchkosten steigen und die Beschäftigungswahrscheinlichkeit sinkt. Auch können mit starker ko-ethnischer Konzentration die Anreize sinken, in den Erwerb deutscher Sprachkenntnisse zu investieren.[21]

Die 2013–2016 zugezogenen Geflüchteten wurden nach dem Königsteiner Schlüssel, der sich an Bevölkerung und Steueraufkommen orientiert, auf die Bundesländer verteilt, und von den Bundesländern wiederum auf die Kreise und Kommunen. Im Ergebnis wurden die Geflüchteten überdurchschnittlich häufig in Kreisen mit ungünstigen Arbeitsmarktbedingungen, das heißt in solchen mit einer überdurchschnittlich hohen Arbeitslosenquote, untergebracht. Dies hat sich ungünstig auf die

---

19 Brücker et al., Beschränkungen der Wohnortwahl für anerkannte Geflüchtete.

20 Dustmann et al., Referral-based Job Search Networks.

21 Danzer/Yaman, Ethnic Concentration and Language Fluency of Immigrants.

Arbeitsmarktintegration ausgewirkt: So sind Geflüchtete, die Landkreisen mit hohen Arbeitslosenquoten zugewiesen wurden, schlechter in den Arbeitsmarkt und damit einhergehend auch schlechter sozial integriert.[22]

Die mit dem »Integrationsgesetz« von 2016 beschlossene Verlängerung der Wohnsitzauflage auch für anerkannte Asylbewerber hat die Chancen auf Arbeitsmarktintegration zusätzlich verschlechtert. In einer kausalen Analyse kommen Brücker et al. zu dem Ergebnis, dass die Einführung der Wohnsitzauflage die Beschäftigungswahrscheinlichkeit statistisch signifikant gesenkt hat, Gleiches gilt für die Wahrscheinlichkeit, eine private Unterkunft zu finden.[23] Demgegenüber hat die Wohnsitzauflage keine statistisch signifikanten Effekte auf die Teilnahme an Integrationskursen und das Niveau der Deutschsprachkenntnisse.[24] Damit lässt sich die Vermutung, dass die höhere räumliche Konzentration von Geflüchteten bei einer freien Mobilität negative Auswirkungen auf die Entwicklung der Deutschsprachkenntnisse hat, nicht bestätigen. Auch Kanas et al. kommen zu dem Befund, dass die räumliche Konzentration von Geflüchteten (»ethnische Enklaven«) keine Auswirkungen auf die Entwicklung der Deutschsprachkenntnisse hat.[25]

Sprachkurse und Arbeitsmarktprogramme erhöhen die Beschäftigungschancen

Kenntnisse der Landessprache sind häufig eine Schlüsselqualifikation für die Integration in den Arbeitsmarkt. Zahlreiche Studien zeigen, dass Kenntnisse der Sprache des Ziellandes die

---

22 Aksoy et al., Local Conditions and Multi-dimensional Integration of Refugees; Brücker et al., Beschränkungen der Wohnortwahl für anerkannte Geflüchtete; Fasani et al., (The Struggle for) Refugee Integration.

23 Brücker, Herbert et al., Beschränkungen der Wohnortwahl für anerkannte Geflüchtete.

24 Ebd.

25 Kanas et al., Linguistic Enclaves, Sorting, and Language Skills of Immigrants.

Beschäftigungswahrscheinlichkeit und die Verdienste erheblich erhöhen, und zwar auch dann, wenn für potenzielle Selektionseffekte kontrolliert wird.[26] In Deutschland wurde der Zugang zu dem umfassendsten Sprachprogramm der Bundesregierung, den Integrationskursen, erst im Herbst 2005 für Asylsuchende geöffnet. Teilnahmeberechtigt sind aber nur Asylsuchende aus Ländern mit guter Bleibeperspektive. Für die übrigen Gruppen wurde der Zugang erst nach der Entscheidung über die Asylanträge geöffnet. Zahlreiche Studien zeigen, dass sich solche Sprachkurse positiv auf die Deutschkenntnisse[27] und den Übergang in Beschäftigung und die Verdienste auswirken.[28] Neben den Integrationskursen hat Deutschland im Zuge der Fluchtmigration ab 2015 eine Reihe von berufsspezifischen Deutschsprachkursen, häufig in Verbindung mit Arbeitsmarktprogrammen, eingeführt. Diese Kurse und Maßnahmen zielen auf die berufsbezogene Sprachförderung, die Förderung von theoretischem berufsspezifischen Sachunterricht in Schulen zur Erlangung bestimmter Qualifikationen und auf Betriebsbesuche vor Ort, die gezielte Einschätzung von Berufskompetenz und Weiterqualifizierungsbedarfen von Neuankömmlingen und die Vermittlung in geeignete Berufe. Die Teilnahme an den berufsspezifischen Sprachkursen und Arbeitsmarktprogrammen mit Sprachförderung geht mit einer verbesserten Arbeitsmarktintegration von Geflüchteten einher.[29]

Auch die meisten Arbeitsmarktprogramme fördern den Übergang in Beschäftigung.[30] In diesem Kontext ist ein institutioneller Aspekt relevant: Asylsuchende und Geduldete erhalten

---

26 Chiswick/Miller, The Endogeneity Between Language and Earnings; Dustmann/Fabbri, Language Proficiency and Labour Market Performance of Immigrants.

27 Kosyakova et al., The Dynamics of Recent Refugees‹ Language Acquisition.

28 Unter anderem: Lochmann et al., The Effect of Language Training.

29 Zum Beispiel: Brücker et al., Fünf Jahre »Wir schaffen das«; Fossati/Liechti, Integrating Refugees through Active Labour Market Policy.

30 Bonin et al., Begleitevaluation.

im Bedarfsfall Leistungen nach dem Asylbewerberleistungsgesetz. Sie können sich zwar bei den Arbeitsagenturen als arbeitssuchend oder arbeitslos melden und haben dann Zugang zu der Förderinfrastruktur, dies ist aber eher die Ausnahme als der Regelfall. Insofern profitieren die meisten Geflüchteten erst dann von den arbeitsmarktpolitischen Programmen und der öffentlichen Arbeitsvermittlung, wenn sie im Falle einer Anerkennung ihres Schutzanspruches Leistungen der Grundsicherung nach dem Sozialgesetzbuch II (»Hartz-IV« beziehungsweise »Bürgergeld«) erhalten. Dann werden sie automatisch in die Förderstruktur der Jobcenter integriert. Dies zieht dann erkennbar einen Anstieg der Programmpartizipation und der Beschäftigungswahrscheinlichkeit nach sich, wie eigene deskriptive Auswertungen der IAB-BAMF-SOEPP-Befragung von Geflüchteten ergeben. Insofern ist die Abtrennung des Asylbewerberleistungsgesetzes von dem Leistungssystem der Grundsicherung aus Arbeitsmarktperspektive ein Integrationshemmnis.

Zwar bringt nur ein Teil der Geflüchteten berufliche Abschlüsse mit, die in Deutschland anerkannt werden können. Aber für diese Gruppe ist die Anerkennung ihrer Abschlüsse ähnlich relevant wie für andere Migrant:innen. Die Anerkennung beruflicher Abschlüsse kann durch ihren Signalwert erheblich dazu beitragen, Informationsasymmetrien im Arbeitsmarkt abzubauen und damit die Arbeitsmarktintegration zu fördern.[31] Die Anerkennung beruflicher Abschlüsse erhöht die Beschäftigungschancen von Migrant:innen langfristig um 25 Prozentpunkte und ihre Verdienste um 20 %.[32] Allerdings beantragt nur eine Minderheit der Migrant:innen die Anerkennung ihrer Abschlüsse. Die Gründe dafür sind vielschichtig und deuten unter anderem auf Hindernisse beim Anerkennungsverfahren hin.

31 Brücker et al., Occupational Recognition.

32 Ebd.

Schlussfolgerungen und Ausblick auf die Geflüchteten aus der Ukraine

Nach der vorliegenden empirischen Evidenz integrieren sich Geflüchtete zwar langsamer als andere Migrant:innen in den Arbeitsmarkt, die Erwerbstätigenquoten und Verdienste gleichen sich aber mit zunehmender Aufenthaltsdauer Schritt für Schritt an. Besonders ausgeprägt ist bei den Geflüchteten das Gender-Gefälle in den Erwerbstätigenquoten, das aber – anders als in der Öffentlichkeit häufig vermutet – nicht im Wesentlichen durch kulturelle Einstellungen, sondern durch strukturelle Faktoren wie die Zahl der minderjährigen Kinder im Haushalt und Engpässe bei der Kinderbetreuung erklärt werden kann. Der Ausbau von Betreuungsangeboten ist deshalb einer der Schlüsselfaktoren für die Arbeitsmarktintegration von geflüchteten Frauen wie auch der Geflüchteten insgesamt.

Die empirischen Befunde zeigen auch, dass institutionelle Hürden die erfolgreiche Arbeitsmarktintegration von Geflüchteten behindern. Dabei spielen zunächst die Asylverfahren eine zentrale Rolle. Mit zunehmender Dauer der Asylverfahren sinken nicht nur kurzfristig, sondern auch langfristig die Integrationschancen. Die Länge der Asylverfahren hat insbesondere für die Geflüchteten, die 2014/15 in Deutschland angekommen sind, die Integration in den Arbeitsmarkt spürbar erschwert. Erst für die 2016 und später zugezogenen Geflüchteten wurden die Asylverfahren spürbar beschleunigt und damit die Integrations- und Teilhabechancen nachhaltig verbessert.

Neben den Asylverfahren ist die räumliche Verteilung von Geflüchteten in Verbindung mit Wohnsitzauflagen ein zentrales Hindernis für die Integration in den Arbeitsmarkt. Auch die Wohnungssuche wird behindert. Nun stehen die Kommunen und andere staatliche Akteure bei größeren Fluchtbewegungen immer vor dem Problem, dass sie auf angespannten Wohnungsmärkten Unterkünfte, aber auch die sonstige Infrastruktur wie Kinderbetreuungs- und Bildungseinrichtungen, Sprach- und andere Integrationsprogramme und vieles andere bereitstellen müssen. Das setzt der räumlichen Konzentration von Geflüchteten Grenzen. Insofern besteht ein Zielkonflikt zwischen den höheren Anfangskosten der Versorgung und Unterbringung, die sich bei einer räumlichen Konzentration von Geflüchteten auf die prosperierenden Ballungsräume ergeben, und den schlechteren Integrationschancen von Geflüchteten, die sich bei einer Verteilung auf strukturschwache Regionen mit ausreichendem Wohnraum ergeben. Dieser Zielkonflikt wurde 2015 zu Lasten der Integrations- und Teilhabechancen der Geflüchteten gelöst. Brücker et al. haben gezeigt, dass bei einer räumlichen Verteilung, die neben den Kosten der Unterbringung auch Arbeitsmarkt- und andere Integrations- und Teilhabekriterien wie den Zugang zu Betreuungs- und Bildungseinrichtungen berücksichtigt, die Beschäftigungschancen der Geflüchteten um etwa 10 % gegenüber einer Verteilung nach dem Königsteiner Schlüssel gesteigert werden können.[33] Damit ergäben sich nicht nur bessere Arbeitschancen und Lebensbedingungen der Geflüchteten, sondern es könnten zugleich die fiskalischen Kosten der Versorgung von Geflüchteten gesenkt werden. Grundsätzlich gilt, dass Wohnsitzauflagen immer zeitlich eng zu begrenzen sind, weil zumindest mittelfristig die freie Wahl des Wohn- und Lebensorts ökonomisch wie auch sozial einer staatlich-administrativen Zuweisung überlegen ist.

Schließlich zeigt eine breite empirische Evidenz, dass die Teilnahme an Sprach- und arbeitsmarktpolitischen Programmen sowie die öffentliche Arbeitsvermittlung die Beschäftigungschancen von Geflüchteten erheblich erhöhen können. Der Ausschluss bestimmter Gruppen, etwa aus bestimmten Herkunftsländern, wirft deshalb hohe Kosten für die Geflüchteten, aber auch für die öffentlichen Haushalte und die Gesellschaft insgesamt auf. Gleiches gilt für institutionelle Barrieren bei der Integration in die öffentlichen Förder- und Arbeitsvermittlungsangebote, die durch die Trennung der Leistungssysteme des Asylbewerberleistungsgesetzes und des Leistungssystems der Grundsicherung nach dem Sozialgesetzbuch II entstanden sind.

Aus diesen Befunden lassen sich auch eine Reihe von Schlussfolgerungen für die Perspektiven der Geflüchteten aus

33 Brücker et al., Ein Vorschlag zur Verteilung von Geflüchteten aus der Ukraine.

der Ukraine ziehen. Durch die Aktivierung der sogenannten »Massenzustrom-Richtlinie« (Richtlinie 2001/55/EG) und die Visumsfreiheit in der EU unterscheiden sich die Flucht- und Integrationsbedingungen grundlegend von denen der Geflüchteten, die Mitte des vergangenen Jahrzehnts nach Deutschland gekommen sind: Sie können, sofern sie nicht wie die Männer im wehrpflichtigen Alter einem Ausreiseverbot unterliegen, frei in die EU einreisen; auch die Sekundärmigration in andere EU-Mitgliedstaaten ist nicht beschränkt. Aus ökonomischer und arbeitsmarktpolitischer Perspektive sind damit Effizienzgewinne verbunden, weil sie sich in den Ländern niederlassen können, wo die Arbeitsproduktivität höher und die Lebensbedingungen besser sind. Das erleichtert die Arbeitssuche und erhöht die Beschäftigungschancen.

Zudem räumt die »Massenzustrom-Richtlinie« den Geflüchteten ein befristetes Aufenthaltsrecht ohne Asylverfahren ein. Das schafft schnell Rechts- und Planungssicherheit und erleichtert damit die Integration in den Arbeitsmarkt. Die zeitliche Befristung schafft allerdings auch Ungewissheit, die mit der zeitlichen Nähe zum Ablauf der Frist zunehmen wird. Das kann die Beschäftigungschancen beeinträchtigen. Es wäre daher wünschenswert, dass die Bundesregierung und der Europäische Rat frühzeitig über die Verlängerung des Aufenthaltsrechts entscheiden und damit Perspektiven für einen dauerhaften Aufenthalt eröffnen würden.

Zwar kann die Bundesregierung auch den Geflüchteten aus der Ukraine einen Wohnort zuweisen und Wohnsitzauflagen erlassen. Dies wird aber gegenwärtig nur auf diejenigen Geflüchteten aus der Ukraine angewendet, die in einer Gemeinschaftsunterkunft leben oder die auf staatliche Unterbringung angewiesen sind. Das unterscheidet sie von anderen Geflüchteten, die verpflichtet sind, während der Asylverfahren zunächst in einer Gemeinschaftsunterkunft zu leben. Tatsächlich ist ein großer Teil der Geflüchteten aus der Ukraine privat untergebracht, nur eine kleine Minderheit lebt in Gemeinschaftsunterkünften. Damit verbinden sich drei Effekte: Erstens wird die Wohnungssuche erleichtert und die Wohnsituation verbessert. Zweitens kann die Mehrheit den Wohn- und Lebensort frei wählen, wodurch sich die Integrations- und Teilhabechancen in allen Bereichen des sozialen Lebens verbessern. Das gilt auch für die Beschäftigungschancen. Drittens schließlich werden der Staat und die öffentlichen Haushalte entlastet, weil nur ein Teil der Geflüchteten in staatlichen Unterkünften untergebracht werden muss.

Schließlich werden die Geflüchteten aus der Ukraine unmittelbar nach Ankunft in die gesamte Integrationsinfrastruktur integriert, die sich seit 2015 in Deutschland entwickelt hat: Sie sind sofort berechtigt, an Integrationskursen und anderen Sprachprogrammen teilzunehmen, und werden auch unmittelbar in die Förder- und Arbeitsvermittlungsstruktur der Jobcenter einbezogen, weil sie Leistungen der Grundsicherung nach dem Sozialgesetzbuch II und nicht nach dem Asylbewerberleistungsgesetz beziehen.[34]

All das dürfte die Teilhabe- und Integrationschancen gegenüber anderen Geflüchteten erheblich verbessern. Es steht außer Frage, dass durch die Aktivierung der »Massenzustrom-Richtlinie« und eine Reihe anderer politischer Entscheidungen zwischen den Geflüchteten aus der Ukraine und anderen Geflüchteten unterschieden wird. Aus empirischer Perspektive könnte dieser Umstand als »natürliches Experiment« betrachtet werden, aus dem sich viel über den Einfluss der rechtlichen, institutionellen und politischen Rahmenbedingungen auf die Integrations- und Teilhabechancen von Geflüchteten lernen lässt. Aus normativer Perspektive ist diese Ungleichbehandlung allerdings, zumindest wenn universalistische Kriterien für die Schutzgewährung angelegt werden, schwer zu rechtfertigen. Es bleibt zu hoffen, dass aus der Auswertung der Erfahrungen mit der Aufnahme von Geflüchteten aus der Ukraine auch Schlussfolgerungen für die Neuordnung der europäischen und deutschen Asyl- und Integrationspolitiken gezogen werden.

---

34 Ebd.

Literatur

Aksoy, Cevat G./Poutvaara, Panu: Refugees' and Irregular Migrants' Self-selection into Europe, in: Journal of Development Economics, 152. 2021, https://doi.org/10.1016/j.jdeveco.2021.102681.

Aksoy, Cevat G./Poutvaara, Panu/Schikora, Felicitas: First Time Around: Local Conditions and Multi-dimensional Integration of Refugees, CESifo Working Paper, Nr. 8747, 2020.

Bonin, Holger et al.: Begleitevaluation der arbeitsmarktpolitischen Integrationsmaßnahmen für Geflüchtete, Berlin 2021.

Borjas, George J.: Self-Selection and the Income of Immigrants, in: American Economic Review, 77. 1987, S. 531–553.

Brell, Courtney/Dustmann, Christian/Preston, Ian: The Labor Market Integration of Refugees in High-Income Countries, in: Journal of Economic Perspectives, 34. 2020, Nr. 1, S. 94–121.

Brücker, Herbert et al.: Ein Vorschlag zur Verteilung von Geflüchteten aus der Ukraine, IAB-Forschungsbericht 5/2022.

Brücker, Herbert et al.: Geflüchtete aus der Ukraine in Deutschland. Flucht, Ankunft und Leben, IAB-Forschungsbericht 24/2022.

Brücker, Herbert/Glitz, Albrecht/Lerche, Adrian/Romiti, Agnese: Occupational Recognition and Immigrant Labor Market Outcomes, in: *Journal of Labor Economics*, 39. 2021, Nr. 2, S. 497–525.

Brücker, Herbert et al.: Fünf Jahre »Wir schaffen das« – eine Bilanz aus der Perspektive des Arbeitsmarktes, IAB-Forschungsbericht 11/2020.

Brücker, Herbert/Hauptmann, Andreas/Jaschke, Philipp: Beschränkungen der Wohnortwahl für anerkannte Geflüchtete: Wohnsitzauflagen reduzieren die Chancen auf Arbeitsmarktintegration, IAB-Kurzbericht, 3/2020.

Brücker, Herbert et al.: Zweite Welle der IAB-BAMF-SOEP-Befragung: Geflüchtete machen Fortschritte bei Sprache und Beschäftigung, IAB-Kurzbericht 3/2019.

Brücker, Herbert/Rother, Nina/Schupp, Jürgen (Hg.): IAB-BAMF-SOEP-Befragung von Geflüchteten 2016: Studiendesign, Feldergebnisse sowie Analysen zu schulischer wie beruflicher Qualifikation, Sprachkenntnissen sowie kognitiven Potenzialen, Berlin 2017.

Chiswick, Barry R.: Are Immigrants Favorably Self-Selected?, in: American Economic Review, 89. 1999, Nr. 2, S. 181–185.

Chiswick, Barry R./Miller, Paul W.: The Endogeneity between Language and Earnings: International Analyses, in: Journal of Labor Economics, 13. 1995, Nr. 2, S. 246–288.

Danzer, Alexander M./Yaman, Firat: Ethnic Concentration and Language Fluency of Immigrants: Evidence from the Guestworker Placement in Germany, in: Journal of Economic Behavior and Organization, 131.2016, Nr. 4742, S. 151–165.

Dustmann, Christian/Glitz, Albrecht/Schönberg, Uta/Brücker, Herbert: Referral-based Job Search Networks, in: Review of Economic Studies, 83.2016, Nr. 2, S. 514–546.

Dustmann, Christian/Fabbri, Francesco: Language Proficiency and Labour Market Performance of Immigrants in the UK, in: The Economic Journal, 113.2003, Nr. 489, S. 695–717.

Fasani, Francesco/Frattini, Tommaso/Minale, Luigi: (The Struggle for) Refugee Integration into the Labour Market: Evidence from Europe, in: Journal of Economic Geography, 22.2021, Nr. 2, S. 351–393.

Fossati, Flavia/Liechti, Fabienne (2020): Integrating Refugees through Active Labour Market Policy: A Comparative Survey Experiment, in: Journal of European Social Policy, 30.2020, Nr. 5, S. 601–615.

Gambaro, Ludovica/Neidhöfer, Guido/Spieß, C. Katharina: The Effect of Early Childhood Education and Care Services on the Integration of Refugee Families, in: Labour Economics, 72.2020, 102053.

Guichard, Lucas: Self-selection of Asylum Seekers: Evidence from Germany, in: Demography, 57.2020, Nr. 3, S. 1089–1116.

Jaschke, Philipp/Vallizadeh, Ehsan/Brücker, Herbert/Altenburg, Marc: Beschäftigungsaufnahme von Geflüchteten: Anspruchslöhne sinken mit längerer Aufenthaltsdauer, IAB-Kurzbericht 20/2022.

Kanas, Agniesca/Kosyakova, Yuliya/Vallizadeh, Ehsan: Linguistic Enclaves, Sorting, and Language Skills of Immigrants, in: Journal of Immigrant and Refugee Studies, 41.2022, Nr. 4–5, S. 513–532.

Kosyakova, Yuliya/Gundacker, Lidwina/Salikutluk, Zerrin/Trübswetter, Parvati: Arbeitsmarktintegration in Deutschland: Geflüchtete Frauen müssen viele Hindernisse überwinden, IAB-Kurzbericht, 8/2021.

Kosyakova, Yuliya/Kristen, Cornelia/Spörlein, Christoph: The Dynamics of Recent Refugees' Language Acquisition: How do their Pathways Compare to those of Other New Immigrants?, in: Journal of Ethnic and Migration Studies, 40.2021, S. 1–24.

Kosyakova, Yuliya/Brenzel, Hanna: The Role of Length of Asylum

Procedure and Legal Status in the Labour Market Integration of Refugees in Germany, in: Soziale Welt, 71.2020, Nr. 1–2, S. 123–159.

Lochmann, Alexia/Rapoport, Hillel/Speciale, Biagio: The Effect of Language Training on Immigrants' Economic Integration: Empirical Evidence from France, in: European Economic Review, 113.2019, S. 265–296.

Marbach, Moritz/Hainmueller, Jens/Hangartner, Dominik: The Long-term Impact of Employment Bans on the Economic Integration of Refugees, in: Science Advances, 4.2017, Nr. 9, eaap9519.

Statistisches Bundesamt: Schutzsuchende 2021. Ergebnisse des Ausländerzentralregisters, Fachserie 1, Reihe 2.4, Wiesbaden 2022.

Johanna Ullmann und Helen Schwenken

Gender, Arbeit und Flucht: Projekte zum Arbeitsmarktzugang für geflüchtete Frauen

In der Phase des Anstiegs der Fluchtmigration 2015/16 rückten geflüchtete Frauen in Deutschland vermehrt in den Fokus der Aufmerksamkeit von Politik und Öffentlichkeit. Unter Beteiligung von etablierten, aber auch neu involvierten Trägerorganisationen ohne Vorerfahrung mit der Zielgruppe wurden oft relativ kurzfristig frauenspezifische Angebote konzipiert und umgesetzt, darunter viele erwerbsarbeitsbezogene. Trotz dieser Anstrengungen ist die Wahrscheinlichkeit der Erwerbstätigkeit von geflüchteten Frauen im Vergleich zu geflüchteten Männern um rund 18 Prozentpunkte niedriger und ihr Bruttomonatsverdienst um rund 15 Prozent geringer. Sie finden sich häufig in prekären Jobs im Niedriglohnsektor. Trotz guter Absichten und politischer Ambitionen scheinen gleichstellungspolitisch orientierte staatliche Integrationsmaßnahmen also nicht alle erreicht zu haben oder zielführend gewesen zu sein.

Dieser Beitrag dient nicht dazu, ein mögliches Scheitern zu dokumentieren oder zu behaupten. Vielmehr geht es darum, zu verstehen, was im laufenden Betrieb der Maßnahmen geschieht und wie unterschiedlich sich dabei die Sicht auf das Gleiche aus verschiedenen Blickwinkeln darstellt – etwa wenn das Fernbleiben von Maßnahmen für die Kursleiterin nach Verweigerungshaltung seitens der Teilnehmerin aussieht, dies aus Sicht der betroffenen geflüchteten Frau jedoch als Reaktion auf ein Anerkennungsdefizit ihrer mitgebrachten Berufserfahrung begründet wird. Wir möchten zu solchen Perspektivwechseln einladen.

Hierzu gehen wir in drei Schritten vor: Zunächst betrachten wir aus Sicht der Praktiker:innen das dominierende Bild der geflüchteten Frau, um im nächsten Schritt die Perspektive zu wechseln und nach der Wahrnehmung der Projekte aus Sicht der geflüchteten Frauen zu fragen. Im letzten Teil befassen wir uns mit den Rahmenbedingungen der untersuchten Projekte, wozu neoliberale Projektlogiken genauso zählen wie eine gering ausgeprägte intersektionale – also mehrfache Ungleichheiten berücksichtigende – professionelle Kompetenz auf Seiten vieler Praktiker:innen.

Der Beitrag beruht auf unserer Forschung zu frauenspezifischen Projekten zur Arbeitsmarktintegration Geflüchteter in Niedersachsen.[1] Dafür haben wir mit Praktiker:innen aus der Arbeitsverwaltung, mit Projektträgern und der Zivilgesellschaft sowie mit Teilnehmerinnen gesprochen.[2] Die Projektauswahl berücksichtigte ein breites Spektrum von Projektträgern sowie Städte unterschiedlicher Größe, die geschlechtsspezifische und arbeitsmarktbezogene Angebote für geflüchtete Frauen anboten. Das Spektrum der Träger reichte von zivilgesellschaftlichen Organisationen der Flüchtlingshilfe über Wohlfahrtsverbände bis zu kommerziellen sowie gemeinnützigen Bildungseinrichtungen. In der Untersuchung waren sowohl Projekte vertreten, die Teilnehmerinnen mit geringeren als auch höheren formalen Qualifikationsniveaus ansprachen. Alle Projekte waren in ein lokales Netz von Unternehmen und Betrieben, Kammern, Anerkennungsstellen, Jobcentern und Arbeitsagenturen, Berufsschulen und Universitäten, Gewerkschaften, zivilgesellschaftlichen Initiativen und Behörden sowie Ehrenamtlichen eingebettet.

---

1 Das Projekt »Gibt es einen *male bias* in der frühen Arbeitsmarktintegration von geflüchteten Frauen?« wurde im Rahmen des Verbundprojekts »Gender, Flucht, Aufnahmepolitiken. Prozesse vergeschlechtlichter In- und Exklusionen in Niedersachsen« (2017–2020, Universitäten Göttingen, Oldenburg und Osnabrück) vom niedersächsischen Ministerium für Wissenschaft und Kultur gefördert.

2 Wir führten 65 Interviews und Gespräche (13 mit Expert:innen, 16 mit Praktiker:innen, ein Gruppengespräch mit Arbeitsagentur-Mitarbeitenden, 25 mit teilnehmenden geflüchteten Frauen, elf mit lokalen Akteur:innen). Alle Städte, Projekt- und Trägernamen sowie Namen der Interviewten wurden anonymisiert.

Der Blick auf geflüchtete Frauen in den Projekten zur Arbeitsmarktintegration

Die Projekte liefen meist zwischen zwölf und vierzehn Monaten; die Angebote fanden wochentags für fünf bis sechs Stunden täglich statt. Sie richteten sich überwiegend an anerkannte Asyl- und Schutzberechtigte und wurden durch die Jobcenter mitfinanziert. Typische Unterstützungsangebote waren der berufsbezogene Spracherwerb, die berufliche Qualifizierung oder Orientierung und Informationen über den Arbeits- und Ausbildungsmarkt.

Bezüglich der beruflichen Orientierung und Einstiegsoptionen lassen sich zwei Herangehensweisen kontrastieren: Einige Projekte sahen die beruflichen Chancen geflüchteter Frauen überwiegend in frauentypischen und geringqualifizierten Branchen wie in der Pflege, Kinderbetreuung oder Gastronomie, meist in Teilzeit. Potenzielle berufliche Qualifikationen wurden kaum systematisch erfasst. Informationen und Orientierung hinsichtlich spezifischer beruflicher Profile rechneten die Projekte nur eine geringe Relevanz in der alltäglichen Unterstützungsarbeit zu. Die vorgezeichneten Arbeits- und Bildungswege galten als »realistisch« für die schnelle Integration der Teilnehmenden in den Arbeitsmarkt. Beratungen liefen direktiv und wenig ergebnisoffen, so dass alternative berufliche Wege zwar unterstützt, jedoch als (individuell) riskant gewertet wurden. Diese Beobachtungen decken sich mit Studien zur (geschlechterstereotypen) Vermittlungspraxis in Jobcentern, wonach die wahrgenommenen Berufschancen sich meist auf nachfragestarke und frauentypische Branchen begrenzen. Kontrastiert werden kann diese Perspektive mit Projekten, die vor dem Hintergrund bereits vorhandener und neu erworbener Kompetenzen der Teilnehmenden nicht auf den Einstieg auf Hilfsniveau abzielten, sondern (höher-)qualifizierte sozialversicherungspflichtige Tätigkeiten anstrebten und dezidiert das Hineinschnuppern in Traumberufe förderten. Einen strategischen Einstieg in den Arbeitsmarkt in gering qualifizierten Feldern lehnten auch diese Projekte nicht prinzipiell ab. Allerdings wurden die Teilnehmenden darin bestärkt, weitere Qualifizierungen und Quereinstiege im Blick zu behalten, um auf lange Sicht eine geschlechtsspezifische und rassifizierende Dequalifizierung zu vermeiden.

Trainer:innen und Verantwortliche der Projekte gehen zumeist mit bestimmten Vorstellungen über die Zielgruppe in die Interaktion. In einer Reihe von Projekten dominierte eine Perspektive, die weibliche Geflüchtete als »Problemgruppe« und Ausnahme von der gewohnten Zielgruppe der Unterstützungsarbeit wahrnahm. Es zeigte sich eine Verallgemeinerung, nach der alle Teilnehmenden Muslima mit starker Glaubensgebundenheit seien. So wurden kulturelle Differenzen hinsichtlich der Geschlechterverhältnisse und der Erwerbschancen deutscher und geflüchteter Frauen erwartet. Geschlechtergerechtigkeit und die gerechte Aufteilung von Care- und Erwerbsarbeit unter Frauen und Männern galten in der deutschen Mehrheitsgesellschaft als selbstverständliche Normalität, gelebter Alltag und Ergebnis früherer feministischer Errungenschaften. Im Gegensatz dazu seien die Geschlechterverhältnisse unter Geflüchteten grundsätzlich ungleich(er) und nachteilig(er) für Frauen. Als Gründe dafür wurden eine traditionalistische und frauenfeindliche Kultur in geflüchteten Familien angegeben. So erklärt sich eine Praktikerin die Probleme bei der Teilnahme einer Frau wie folgt: »Also wir haben den Eindruck, dass der Mann möchte, dass sie zu Hause ist. Aber sie muss ja an diesem Projekt teilnehmen. So, das Kind wird jetzt vorgeschoben.«[3] Ohne hier vertieft auf den Fall einzugehen, zeigt sich exemplarisch, wie die Arbeitsmarktsituation von geflüchteten Frauen häufig auf den familiären Kontext und die »eigenen kulturellen Rahmenbedingungen« problematisierend reduziert wurde. Der Ehemann galt als »Barriere« für den raschen Arbeitsmarktzugang der geflüchteten Frau. Nicht selten kam es zu einer direkten Intervention in die familiären Dynamiken und Aushandlungen. Vorhandene und unserer Beobachtung nach in den Projekten wenig reflektierte eurozentrische Denkmuster führten zu einer Einordnung von geflüchteten Frauen als passive Opfer, die der Emanzipation von außen bedurften.

---

3 Alle wörtlichen Zitate stammen aus den Interviews der Studie.

Indem die Gruppe in den Projekten als außerhalb des Arbeitsmarkts stehend konzipiert und Erwerbstätigkeit als kaum denkbar erachtet wurde, ging es in den Projekten darum, den »ersten Schritt in Richtung Arbeitsmarkt« zu fördern. Ziel war es, zu »zeigen, wie letztendlich moderne deutsche Frauen ihren Alltag bestreiten, dass die Vereinbarkeit von Familie und Beruf möglich ist«. Um die Zielgruppe »nicht zu überfordern«, waren die Aktivitäten meist niedrigschwellig und setzten an der »Aktivierung« von beruflicher Orientierung und Motivation der Zielgruppe an. Einige Praktiker:innen sahen darin eine Möglichkeit, zur Stärkung der Zielgruppe beizutragen: »Das finde ich schön, ihnen das so beizubringen, dass sie auch sehen, ja, ich bin auch was wert. Nicht nur mein Mann. Das ist schön.«

Perspektivwechsel: Wie geflüchtete Frauen die Projekte wahrnehmen

Die Teilnahme an den Projekten nahmen die meisten geflüchteten Frauen insgesamt als positiv wahr. Genannt wurden unter anderem der Kontakt zu »Deutschen«, der (Fach-)Spracherwerb, die Informationen über Möglichkeiten und oft nicht explizit gemachte Gepflogenheiten auf dem deutschen Arbeitsmarkt sowie auch die meist gute Atmosphäre in den Veranstaltungen. Einige empfanden die Kinderbetreuungsangebote als hilfreich. Die Gespräche verdeutlichten aber auch, dass die Teilnehmerinnen ihre (Erwerbs-)Situation nach Ankunft in Deutschland häufig anders einordneten als viele Praktiker:innen. Die Diskrepanz in der Wahrnehmung deutet auf einen Bedarf nach stärkerer Kommunikation in den Projekten hin. Daher werden wir uns im Folgenden auf diese »kritischen« Aspekte fokussieren.

Ein Teil der Teilnehmenden verfügte nicht über formale Qualifikationen, andere hingegen waren hochqualifiziert. Die Befragten verwiesen in unseren Gesprächen hinsichtlich ihrer beruflichen Erfahrungen mehrheitlich auf reproduktive *und* produktive Tätigkeiten, denen sie im Herkunfts- oder Transitland auf unterschiedliche Weise nachgingen: Einige sicherten in landwirtschaftlichen Subsistenzwirtschaften den Lebensunterhalt der eigenen Familie (mit), andere arbeiteten als Managerinnen in (Groß-)Unternehmen oder leiteten selbständig Betriebe, wie zum Beispiel einen Friseur- oder Kosmetiksalon. Andere der befragten Frauen waren als Näherinnen, Schneiderinnen, Verkäuferinnen, Erzieherinnen, Lehrerinnen, Fabrikarbeiterinnen, Sekretärinnen, Sozialarbeiterinnen, Ärztinnen oder Mitarbeiterinnen einer Hilfsorganisation tätig. Frauen, die sich in der Rolle als Hausfrau sahen, betonten den eigenen Entschluss dazu und das Einkommen des Partners, das diese Arbeitsaufteilung im Herkunfts- oder Transitland erst ermöglichte. Entgegen der Wahrnehmung der deutschen Mehrheitsgesellschaft stellten für die Frauen eine mangelnde familiäre Vereinbarkeit oder patriarchale Einschränkungen ihrer Berufstätigkeit meist nicht das Hauptproblem beim Arbeitsmarktzugang in Deutschland dar.

Einige der Gesprächsteilnehmenden wollten nach der Ankunft in Deutschland wieder in dem beruflichen Bereich tätig sein, in dem sie bereits im Herkunfts- oder Transitland Erfahrungen und Qualifikationen erworben hatten. Andere sahen eine Chance darin, in Deutschland neue Qualifikationen zu erwerben oder mehr erwerbstätig zu sein. Für viele war es wichtig, rasch eine Erwerbstätigkeit zu finden, um Kinder und Angehörige im Herkunfts- oder Transitland finanziell zu unterstützen. Sie betonten durchweg ihre hohe berufliche Motivation und Orientierung, während kulturelle Barrieren durch patriarchal handelnde Partner nicht in dem Maße als Problem thematisiert wurden, wie dies bei vielen Praktiker:innen der Fall war.

Stattdessen wiesen die Frauen primär auf diskriminierende Erfahrungen durch die Arbeitsverwaltung, Zivilgesellschaft und Arbeitgeber:innen beim Erwerbseintritt hin. Wiederkehrend wurden den geflüchteten Frauen – häufig unabhängig von den mitgebrachten Qualifikationen, Interessen und Wünschen – berufliche Tätigkeiten im geringqualifizierten Niedriglohnsektor, meist in frauentypischen Bereichen, angeboten. So berichtete eine geflüchtete Frau: »Ich habe von meinem Fallmanager eine E-Mail bekommen mit Arbeiten, in denen es Chancen für mich gibt. Vielleicht ist es übertrieben, aber diese Chancen haben nur wir als Frauen hier und als Geflüchtete.« Die Angebote bezogen sich auf Tätigkeiten als Reinigungskraft, Küchenhilfe oder Lagerarbeiterin. Andere berichteten von Empfehlungen als Hilfskraft in der Pflege oder im Kindergarten. Viele zeigten sich von den Einschätzungen ihrer Arbeitschancen durch die deutsche Mehrheitsgesellschaft tief enttäuscht, frustriert und desillusioniert. Sie befürchteten, »dass die meisten Arbeitsstellen, die das Jobcenter uns besorgt, besonders für uns Frauen, die der Putzfrau sind«. Da sie sich selbst als qualifiziert und motiviert wahrnahmen, fühlten sie sich ungerecht behandelt. Häufig hatten sie den Eindruck, dass ihre religiöse Orientierung als Muslima oder das Tragen des Kopftuchs Ursache dafür gewesen sei, bei Bewerbungen Absagen oder bei Sprachprüfungen im Integrationsprojekt schlechte Noten erhalten zu haben.

Die deutsche Verwaltung konfrontierte viele Frauen in alltäglichen Auseinandersetzungen zudem mit der Zuschreibung als hilfsbedürftige und unnütze »Sozialschmarotzerin«. Die Frauen sahen sich gezwungen, den eigenen »Integrationswillen« zu demonstrieren, aber auch um Anerkennung und um Respekt zu kämpfen: »Wir haben keine Probleme, aber die Deutschen haben Probleme. Alle Geflüchteten möchten nur in Frieden leben, ... aber die Leute hier glauben, wir kommen hierher, weil wir Geld brauchen, Essen brauchen oder nur schlafen.« Die Unterstützungsangebote durch die deutsche Arbeitsverwaltung erlebten einige der Befragten als nicht förderlich für den eigenen Integrationsprozess, sondern als Zwang und Fremdbestimmung: »Sie drängen immer.« Und: »Man kann nichts alleine machen, man wird immer gezwungen. Es heißt immer du musst, musst, musst, musst ... Das macht Probleme.« Aufgrund der Flucht konnten viele ihre Zeugnisse nicht mitbringen, andere verfügten über informelle Qualifikationen und Erfahrungen, konnten diese aber im »Land der Zeugnisse« nicht nachweisen. Sich *erneut* beruflich zu qualifizieren, stellte für viele, besonders im mittleren Alter und mit Kindern, eine große Herausforderung dar: »Wenn ich jetzt eine Ausbildung mache für drei Jahre, das finde ich eine sehr lange Zeit.« Zudem waren einige durch die Flucht physisch und psychisch belastet.

Rechtliche Reformen in der Zeit der verstärkten Fluchtzuwanderung (Integrationsgesetz, Asylpakete I und II) koppelten die Aufenthalts- und Bleibesicherheit verstärkt an individuelle Erwerbstätigkeit und Unabhängigkeit von staatlichen Leistungen. Die gesetzlichen Regelungen und Anforderungen sind geschlechtsneutral formuliert und setzen geflüchtete Frauen und Männer gleichermaßen unter Druck, einer Erwerbstätigkeit nachzugehen. Die Unterstützungsprojekte aber gingen hauptsächlich davon aus, dass Geflüchtete ein konservatives Erwerbsmodell verfolgen, wonach geflüchtete Frauen als Hausfrauen durch geringfügige Beschäftigung zum Einkommen des männlichen Alleinernährers dazuverdienen. Vollerwerbstätigkeit oder eine Ausbildung in einem qualifizierten, womöglich frauenuntypischen Bereich wurde für die Zielgruppe kaum ernsthaft in Betracht gezogen.

Die Aussicht, einen der Jobs anzunehmen, die ihnen die deutsche Arbeitsverwaltung anbot und die Unterstützungsprojekte empfahlen – meist mit schlechten Einkommens-, Arbeits- und Aufstiegsbedingungen und am unteren Rand der Arbeitshierarchie –, stellte für die Frauen insofern nicht wirklich eine Chance auf »Emanzipation« dar, wohl oft aber die *einzige* greifbare Chance in ihrer unsicheren und prekären Aufenthaltssituation. Es kann aber auch sein, dass die begrenzten Chancen, die ihnen angeboten wurden, zu ungewünschten gegenläufigen Effekten führen: nämlich, dass die Orientierung am Erwerbsleben und die Motivation, Erwerbsarbeit zu leisten, auf Dauer leidet und dass Anerkennung stattdessen in anderen gesellschaftlichen Bereichen wie der Familie gesucht wird.

Projektlogiken – welche Gestaltungsspielräume gibt es?

Um geflüchtete Frauen als Zielgruppe mit einer intersektionalen Lebens- und Arbeitsrealität in erwerbsarbeitsbezogenen Unterstützungsprojekten passend anzusprechen, bedarf es entsprechender organisationaler Ressourcen und Erfahrungen. Die Praktiker:innen im Feld bemühten sich allesamt, ihr Möglichstes zu tun, um die Zielgruppe zu unterstützen. Jedoch waren viele auch unsicher, überfordert und handelten oft nach ihrem Bauchgefühl. In der Mehrzahl handelte es sich bei den Praktiker:innen um Frauen *ohne* eigene Flucht- oder Migrationserfahrungen. Bei einem Teil der Projektträger waren feministische und gleichstellungspolitische Prinzipien Teil des Organisationsverständnisses. Intersektionale Herangehensweisen, die sexistische und rassistische Verhältnisse gleichzeitig und in ihrer Verwobenheit berücksichtigen, gab es hingegen nur selten. Dabei beklagten einige Praktiker:innen selbst, dass im Feld teils wenig interkulturelle Kompetenz vorhanden sei.

Eine neoliberale Projektlogik im deutschen Wohlfahrtssystem erschwert im Feld sowohl die Professionalisierung von Organisationen als auch die Institutionalisierung professioneller interkulturell sensibler und intersektionaler Unterstützungsstrukturen und Wissensbestände. So berichteten einige Projektträger, dass es in der Zeit um 2016/17 zunächst relativ einfach gewesen sei, Fördergelder zu erhalten, da der staatliche Bedarf an Maßnahmen für Geflüchtete in kurzer Zeit so stark gewachsen war. Aufgrund des ständigen Wettbewerbs um Fördergelder sahen sie sich teils gezwungen, auch solche Angebote zu machen, in denen keine primäre organisationale Expertise vorlag und/oder es schwierig war, Projektmitarbeitende und Honorarkräfte auf die Schnelle zu schulen, mit Supervision und Fortbildungen zu begleiten und die Qualität der Angebote zu sichern. Ein Element neoliberaler Projektlogik ist die Befristung der Fördergelder und das Primat der Erfüllung von Quoten, die mit einer unsicheren und prekären Beschäftigungssituation für die Praktiker:innen einhergeht. Es wird auch deutlich, dass Investitionen in Qualitätssicherung eher zu einem Risiko für die Träger werden können.

Organisationen sind aufgrund der strukturellen Bedingungen und der Ökonomisierung von Unterstützungsarbeit oft gezwungen, Projekte mit Teilnehmenden zu füllen und »Vermittlungszahlen« zu liefern, damit Gelder nicht gekürzt werden. Es besteht daher die Gefahr, dass die Unterstützung sich nicht am Interesse der Zielgruppe, sondern am Interesse der Projektträger orientiert. Bei der Ansprache von geflüchteten Frauen beispielsweise ist es einfacher und ressourcensparender, weitere qualifizierende Maßnahmen oder geringqualifizierte, frauentypische Tätigkeiten im Niedriglohnsektor nahezulegen, als berufliche Anerkennung oder einen komplizierten Quereinstieg in eine qualifizierte Tätigkeit zu unterstützen.

Fazit und Anregungen für eine intersektionale Unterstützungsarbeit

Unsere Studie mit Interviews unterschiedlicher Projektbeteiligter inklusive der Teilnehmenden in Projekten und Maßnahmen zur Arbeitsmarktteilhabe deutet auf ernst zu nehmende Schwierigkeiten bei einem Teil der Angebote für geflüchtete Frauen hin. Das Ausmaß des unprofessionellen und intersektional unreflektierten Herangehens bei einigen der Träger hat uns durchaus überrascht. Dabei mangelt es nicht an Konzeptionen und klar formulierten Ansprüchen von Gleichstellung, interkultureller Kompetenz und Professionalität an die Angebote. So sind nahezu alle von uns aufgezeigten Aspekte und Probleme in den Handreichungen zum Rahmenprogramm »Stark im Beruf« des Bundesministeriums für Familie, Senioren, Frauen und Jugend aufgeführt, von dem ein Teil der Projekte gefördert wird beziehungsweise auch für andere Programme einen Referenzrahmen darstellt.

Auch im Kontext der oft als begrenzt wahrgenommenen Handlungsspielräume lassen sich Empfehlungen formulieren, damit gleichstellungspolitisch orientierte staatliche Integrationsmaßnahmen nicht ins Leere laufen und die intersektionale Kompetenz steigt:

1) Bei den geflüchteten Frauen handelt es sich um eine heterogene Gruppe mit sehr unterschiedlichen Erwerbsbiographien und Kompetenzen. Darüber sollten sich Projektträger und Teilnehmende austauschen. Bei der Konzeption beziehungsweise Zuweisung der Angebote sollten diese Unterschiede unter geflüchteten Frauen berücksichtigt werden.

2) Es bedarf gendersensibler und interkultureller Schulungen und Qualitätssicherung, um organisationale Selbstreflexion, organisationales Lernen und Professionalisierung zu unterstützen. Die Konzepte sollten sich reflexiv und kritisch mit kulturellen (Fremd- und Selbst-)Zuschreibungen und den gesellschaftlichen Positionierungen *aller* Beteiligten auseinandersetzen, damit es nicht ungewollt zu einer Festigung von Stereotypen kommt.

3) Angebote, die sich bewährt haben und die Zielgruppe professionell adressieren, brauchen eine längerfristige Perspektive und sollten in Regelangebote überführt werden.

4) Es bedarf einer stärkeren Vernetzung und Kooperation von Unterstützungsstrukturen mit unterschiedlicher Expertise, darunter feministische *und* antirassistische, um Erfahrungen und Ansätze auszutauschen und voneinander zu lernen.

5) Es ist schließlich essenziell, die soziale, zivilgesellschaftliche und politische Organisierung und Mobilisierung von Geflüchteten selbst zu fördern, die über Expertise zu Bedarfen und Interessen der Zielgruppe verfügen.

Literatur

Akdemir, Nevra/Elle, Johanna/Grittmann, Elke/Hess, Sabine/Koopmann, Ulrike/Müller, Daniela/Schwenken, Helen/Şenoğuz, H. Pınar/Ullmann, Johanna: Gender, Flucht, Aufnahmepolitiken – Vergeschlechtlichte In- und Exklusion geflüchteter Frauen, Wiesbaden 2023.

Farrokhzad, Schahrzad/Scherschel, Karin/Schmitt, Melanie (Hg.): Geflüchtete Frauen: Analysen – Lebenssituationen – Angebotsstrukturen, Wiesbaden 2022.

Krämer, Anna/Scherschel, Karin: Prekarität, Gender und Flucht, in: Regina-Maria Dackweiler/Alexandra Rau/Reinhild Schäfer (Hg.), Frauen und Armut – Feministische Perspektiven, Opladen 2020, S. 342–360.

Albert Scherr

Flucht und Bildung

Bildung, insbesondere das Erlernen der nationalen Verkehrssprache sowie der Erwerb schulischer und beruflicher Qualifikationen, ist sowohl für Geflüchtete selbst als auch für die aufnehmende Gesellschaft von zentraler Bedeutung. Denn nicht nur eine selbständige, von sozialstaatlicher Unterstützung unabhängige Lebensführung setzt arbeitsmarktgängige Qualifikationen voraus. Auch in allen anderen gesellschaftlichen Teilbereichen sind soziale Teilhabe und Integration von der Fähigkeit zu sprachlicher Verständigung, zur Aneignung von Informationen und zum Verstehen rechtlicher Vorgaben und sozialer Erwartungen abhängig. Die Einsicht, dass der Zugang zu Bildung ein Schlüssel für ökonomische, politische, kulturelle und soziale Teilhabe ist, gilt zweifellos nicht allein für Geflüchtete, hat aber für sie deshalb einen besonders hohen Stellenwert, weil sie in der Regel ohne deutsche Sprachkenntnisse einreisen und es sich bei ca. 30 % der Geflüchteten um Kinder und Jugendliche mit unabgeschlossenen und unterbrochenen Bildungsbiographien handelt. Für Erwachsene, die im Herkunftsland keine schulischen und beruflichen Abschlüsse erwerben konnten oder deren dort erworbene Abschlüsse hierzulande nicht anerkannt werden, sind nachholende beziehungsweise ergänzende Bildungschancen erforderlich, um eine Entwertung eigener Fähigkeiten und das Angewiesensein auf prekäre Beschäftigungsverhältnisse im Niedriglohnsektor vermeiden zu können.

Zudem gilt: Das Recht auf Bildung ist für Kinder und Jugendliche ein universelles, das heißt vom aufenthaltsrechtlichen Status unabhängiges Menschenrecht, das in der Allgemeinen Erklärung der Menschenrechte verankert ist. Dementsprechend sieht die Aufnahmerichtlinie für Flüchtlinge der Europäischen Union vor, dass minderjährigen Geflüchteten der Zugang zum Bildungssystem »in ähnlicher Weise wie den Staatsangehörigen des Aufnahmemitgliedstaates« zu ermöglichen ist.[1] Die von Deutschland ratifizierte Kinderrechtskonvention der Vereinten Nationen legt darüber hinausgehend fest, dass jede Diskriminierung Minderjähriger unzulässig und dass das Kindeswohl bei allen Maßnahmen »vorrangig zu berücksichtigen ist«.[2] In der Konsequenz dieser Vorgaben unterliegen geflüchtete Kinder und Jugendliche prinzipiell der Schulpflicht. Und nicht nur anerkannte oder geduldete Geflüchtete, sondern auch Minderjährige ohne Aufenthaltspapiere haben ein Recht auf schulische Bildung. Um dieses auch faktisch gewährleisten zu können, sind Schulen nicht verpflichtet, in solchen Fällen die Polizei oder die Ausländerbehörde zu informieren.

Trotz dieser rechtlichen Vorgaben sind im Bereich der schulischen, außerschulischen und beruflichen Bildung von Geflüchteten erhebliche Probleme und Defizite festzustellen, die weder durch praktische Probleme, wie zum Beispiel den Mangel an qualifizierten Sprachvermittler:innen und Lehrer:innen, noch durch die gegebenenfalls ungünstigen biographischen Voraussetzungen (etwa geringe schulische Vorbildung eines Teils der Geflüchteten, psychosoziale Belastungen vor und während der Flucht) zureichend erklärt werden können. Unzureichende Angebote der Sprachförderung, prekäre Wohnbedingungen in Erstaufnahmeeinrichtungen und Gemeinschaftsunterkünften sowie Defizite im Bereich der sozialpädagogischen und psychotherapeutischen Hilfen führen zu Belastungen, welche die Möglichkeiten erfolgreicher Bildungsteilhabe bei einem Teil der Geflüchteten erheblich beeinträchtigen. Wie im Folgenden aufgezeigt wird, werden Geflüchtete zudem in der schulischen Bildung durch institutionelle Festlegungen benachteiligt; darüber hinaus erschweren migrationspolitische und ausländerrechtliche Festlegungen die Bildungsteilhabe, insbesondere bei abgelehnten Asylbewerber:innen.

---

1 Europäischer Rat, Richtlinie 2003/9, Art. 10.

2 UN-Kinderrechtskonvention, Art. 3.

Eine komplexe Herausforderung

Im Rückblick auf die Entwicklungen seit Mitte der 2010er Jahre kann bilanzierend festgestellt werden: Für ein Bildungssystem, das nach wie vor in Deutschland und mit deutscher Erstsprache aufgewachsene Schüler:innen mit verfestigtem Aufenthaltsrecht als Normalfall annimmt, stellt die Aufnahme einer großen Zahl Geflüchteter eine Herausforderung dar, für die es im Hinblick auf institutionelle Strukturen, Personalausstattung, Qualifikationen und Konzepte nicht angemessen ausgestattet war und ist. Gleichwohl ist es gelungen, einen Großteil der geflüchteten Kinder und Jugendlichen in das schulische Bildungssystem zu integrieren, und in der beruflichen Bildung sind Geflüchtete als Auszubildende inzwischen längst kein Ausnahmefall mehr. In Kindergärten, Schulen, Betrieben sowie Einrichtungen der Kinder- und Jugendhilfe (Jugendzentren, Heime, Migrationssozialdienste) wurden und werden erhebliche Anstrengungen zur Unterstützung und Förderung Geflüchteter unternommen, wenngleich unter ungünstigen Rahmenbedingungen. Dass dabei dennoch erfolgreiche Bildungsverläufe entstehen, ist nicht zuletzt eine Folge des Engagements von Erzieher:innen, Sozialarbeiter:innen, Lehrer:innen und Ausbilder:innen, aber auch der Anstrengungen Geflüchteter selbst, die Sprache der Aufnahmegesellschaft zu lernen sowie schulische und berufliche Qualifikationen zu erwerben, um eine tragfähige Lebensperspektive in der Aufnahmegesellschaft entwickeln zu können.

Um Erfolge und Misserfolge der diesbezüglichen Bemühungen verstehen zu können, sind zunächst die sehr heterogenen Bildungsvoraussetzungen und -zielsetzungen der Geflüchteten selbst zu berücksichtigen. Das Spektrum reicht, um zwei Extrempole zu skizzieren: auf der einen Seite von unbegleiteten Minderjährigen, die im Herkunftsland keine oder nur geringe schulische Bildung erwerben konnten, in Deutschland als abgelehnte Asylbewerber:innen mit dem prekären Status der Duldung und damit ohne gesicherte Zukunftsperspektive leben sowie eine Hauptschule ohne Abschluss verlassen haben; auf der anderen Seite dieses Spektrums sind Geflüchtete zu verorten, die im Herkunftsland einen akademischen Abschluss erworben haben, der hierzulande als gleichwertig anerkannt wird und der eine qualifizierte Berufstätigkeit ermöglicht, die über einen verfestigten Aufenthaltsstatus verfügen und deren Kinder ein Gymnasium besuchen. Die verfügbaren, allerdings nur begrenzt verlässlichen Daten deuten diesbezüglich unter anderem darauf hin, dass von den seit 2010 eingereisten Geflüchteten ca. 80 % einen gesicherten Aufenthaltsstatus erreicht haben, der Anteil der Kinder, die eine Kindertageseinrichtung besuchen können, mit knapp 80 % deutlich geringer ist als bei den Einheimischen (ca. 95 %), dass etwa 20 % der Eltern geflüchteter Kinder und Jugendlicher über einen akademischen Abschluss verfügen, ein ähnlich großer Anteil aber über keinen Schulabschluss und dass der Anteil der geflüchteten Jugendlichen, die vor der Einreise keine Schule besuchen konnten, mit rund 6 % relativ gering, aber nicht unerheblich ist.[3]

Unterschiedliche Erfordernisse und ungleiche Chancen für Bildungsteilhabe sind jedoch nicht allein eine Folge heterogener Bildungsvoraussetzungen von Geflüchteten. Vielmehr sind darüber hinaus unterschiedliche rechtliche Regulierungen und institutionelle Festlegungen wirksam. Dies gilt erstens für rechtliche Regulierungen von Ansprüchen und Verpflichtungen, die zwischen neu Eingereisten, Geflüchteten im Asylverfahren und nach dessen Abschluss dann zwischen rechtlich anerkannten Geflüchteten und abgelehnten Asylbewerber:innen unterscheiden. Zweitens wirken sich hier institutionelle Festlegungen und die vorhandenen Ressourcen im schulischen Bereich wie auch im Bereich der außerschulischen und beruflichen Bildungsangebote, die sich zudem je nach Bundesland und Kommune zum Teil erheblich unterscheiden, auf die Bildungschancen von Geflüchteten aus.

Das eingeschränkte Recht auf Bildung

Für die schulische Bildung ist vordergründig betrachtet zwar von einer rechtlichen Gleichstellung geflüchteter Kinder und Ju-

3 von Maurice/Will, Geflüchtete Kinder- und Jugendliche im deutschen Bildungssystem.

gendlicher mit deutschen Staatsangehörigen auszugehen. Dies wird durch rechtliche Sonderregelungen jedoch eingeschränkt und in bestimmten Fällen auch konterkariert:

Erstens: Geflüchtete sind verpflichtet, während des Asylverfahrens in sogenannten Erstaufnahmeeinrichtungen zu leben. In dieser Zeit beziehungsweise für bis zu sechs Monate nach der Einreise ist die Schulpflicht gemäß unterschiedlichen Regelungen in fast allen Bundesländern ausgesetzt und tritt in einigen Bundesländern erst dann in Kraft, wenn eine Zuweisung zu einer lokalen Schulbehörde erfolgt ist. Diese Unterbrechung des Schulbesuchs für durchschnittlich ca. sieben Monate ist in Verbindung damit folgenreich, dass der Schulbesuch bereits während der Flucht für durchschnittlich ca. zehn Monate, bei rund 25 % aber länger als ein Jahr, gewöhnlich nicht möglich war. Dies führt zu einer Verzögerung mit der Folge, dass Geflüchtete dann in Schulklassen unterrichtet werden, die ihrem Alter nicht gemäß sind, was die schulische Integration erschwert. Auch kann dies dazu führen, dass ein Abschluss nicht in der Zeit der Schulpflicht, die mit dem 18. Lebensjahr endet, erreicht werden kann, was die Wahrscheinlichkeit erhöht, dass der Schulbesuch ohne Abschluss beendet wird. Im Fall von unbegleiteten Minderjährigen kommt hinzu, dass auch der Anspruch auf Leistungen der Kinder- und Jugendhilfe nach Erreichen des 18. beziehungsweise 21. Lebensjahrs eingeschränkt ist, da auch hier von Normalbiographien ausgegangen wird, die bei Geflüchteten jedoch vielfach nicht gegeben sind. Entfallen dann Unterstützungen durch Sozialarbeiter:innen, beeinträchtigt dies auch die Möglichkeit eines erfolgreichen Schulbesuchs.

Zweitens: Die bereits erwähnte Aufnahmerichtlinie der EU und das deutsche Recht legen fest, dass das Ausländerrecht unter bestimmten Bedingungen vorrangige Geltung gegenüber dem Recht auf Bildung und dem Kindeswohl hat. Der Anspruch auf gleichberechtigte Bildungsteilhabe geflüchteter Schüler:innen gilt deshalb nur, »solange keine Rückführungsmaßnahme gegen sie selbst oder ihre Eltern vollstreckt wird«.[4] Die erfolgreiche Teilhabe an schulischer und beruflicher Bildung schützt

4 Europäischer Rat, Richtlinie 2003/9, Art. 10.

also nicht zwingend vor aufenthaltsbeendenden Maßnahmen, und Schüler:innen sowie Auszubildende können (sofern sie nicht über eine Ausbildungsduldung verfügen) unabhängig davon abgeschoben werden, ob ihre weitere schulische Bildung im Herkunftsland tatsächlich gewährleistet ist.

Drittens: Unter bestimmten Bedingungen, die im Aufenthaltsgesetz geregelt sind (§ 25a und § 60c), ermöglicht eine erfolgreiche schulische beziehungsweise berufliche Bildung dennoch die Sicherung und Verfestigung des Aufenthaltsstatus. Für Geflüchtete, deren Asylbegehren abgelehnt wurde, kann Bildungsteilnahme dadurch die einzige Möglichkeit sein, einen Aufenthaltstitel zu erlangen. Dies ist aber dann eine ungünstige Voraussetzung für erfolgreiche Bildung, wenn Kinder und Jugendliche dadurch unter dem Druck stehen, durch ihre Bildung das eigene Aufenthaltsrecht oder das der ganzen Familie zu sichern, denn das ist eine enorme emotionale Belastung. Zudem beginnen junge Geflüchtete deshalb gegebenenfalls eine Ausbildung, ohne darauf zureichend vorbereitet zu sein – zum Beispiel im Bereich des Spracherwerbs –, was das Risiko von Abbrüchen und Nichtbestehen erhöht.

Die prekäre Zukunftsperspektive und eine drohende Abschiebung stellen für geflüchtete Kinder und Jugendliche ohne gefestigten Aufenthaltsstatus und ihre Familien eine enorme psychische Belastung dar, die eine Konzentration auf schulisches Lernen erschwert. Der Vollzug von Abschiebungen ist für die davon Betroffenen eine folgenreiche Zerstörung ihrer Bildungsperspektiven und zudem eine deutliche Botschaft an Mitschüler:innen und Lehrer:innen, dass humanitäre Gesichtspunkte gegenüber staatlichen Ordnungsinteressen nachrangig sind. Durch Solidarisierung – Proteste und rechtliche Unterstützung – sind Abschiebungen von Schüler:innen jedoch in einigen Fällen erfolgreich verhindert worden.

Institutionalisierte Benachteiligung

Zur Förderung des deutschen Spracherwerbs werden Geflüchtete zunächst gewöhnlich in getrennten Klassen für Neuzuwandernde unterrichtet (Vorbereitungsklassen, Willkommensklassen, Übergangsklassen). Ob dies für den Zweck des Spracherwerbs didaktisch sinnvoll ist, wird im wissenschaftlichen Diskurs kontrovers diskutiert. Unabhängig davon ist jedoch festzustellen, dass solche Klassen in der Sekundarschule überwiegend an Haupt- und Realschulen, sehr viel seltener an Gymnasien eingerichtet worden sind. Dies erschwert nachweisbar spätere Übergänge in eine gymnasiale Laufbahn erheblich: Die unterschiedlichen Regelungen der Bundesländer zur Ansiedelung der Zugewandertenklassen an Haupt- und Realschulen oder Gymnasien führen zu gravierenden Unterschieden des Anteils derjenigen, die in ihrer weiteren Schullaufbahn ein Gymnasium besuchen. Dieser ist zum Beispiel in Hamburg und Sachsen deutlich höher als in Bayern, was nachweisbar eine Folge der institutionellen Vorgaben ist und kein Effekt ungleicher Bildungsvoraussetzungen der Schüler:innen und ihrer Familien.[5]

Benachteiligungen sind auch eine Folge davon, dass eine umfassende Diagnostik der individuellen Situation und eine individualisierte Förderung der Schüler:innen, die den jeweiligen Bedarfslagen gerecht wird, in den Strukturen von Regelschulen nicht vorgesehen ist. Bei Geflüchteten wäre dies aber deshalb von besonderer Bedeutung, weil ihre Biographien vielfach durch Belastungen und Erfahrungen gekennzeichnet sind, die zu atypischen Verläufen der emotionalen und kognitiven Entwicklung führen können. Geflüchtete Schüler:innen sind auch deshalb in besonderer Weise auf schulische Unterstützung angewiesen, weil ihre Eltern erheblich seltener in der Lage sind, sie bei den Hausaufgaben zu unterstützen. Eine ausreichende und individuell abgemessene Förderung scheitert – nicht nur, aber auch bei Geflüchteten – daran, dass einschlägig qualifizierte Lehrer:innen, Schulsozialarbeiter:innen und Schulpsycholog:innen gewöhnlich nicht vorhanden sind. Eine mögliche Reaktion darauf sind Überweisungen in Förderschulen, die vielfach keine befristete Intensivförderung, sondern Sackgassen sind, an die sich keine weitere schulische und berufliche Qualifizierung anschließen lässt.

5 Will/Becker/Winkler, Educational Policies Matter.

Bei einem Teil der Geflüchteten sind Bildungsbenachteiligungen auch eine Folge der Wohn- und Lebensbedingungen in Erstaufnahmeeinrichtungen und Gemeinschaftsunterkünften. Denn diese erschweren den Aufbau von sozialen Kontakten zu Einheimischen, die für den Spracherwerb wichtig sind. Vielfach sind dort die beengten räumlichen Gegebenheiten nicht dazu geeignet, dass Kinder und Jugendliche die Möglichkeit finden, sich auf schulisches und berufliches Lernen zu konzentrieren. Nur etwa 30 % der Heranwachsenden in Gemeinschaftsunterkünften verfügen über einen eigenen Schreibtisch, nur rund 25 % über ein eigenes Zimmer.

Berufliche Bildung

In Regionen, in denen sich ein erheblicher Nachwuchs- und Fachkräftemangel abzeichnet, unternehmen Betriebe und Kammern erhebliche Anstrengungen, um Geflüchtete als Auszubildende zu gewinnen. Berichte aus der Praxis weisen aber wiederkehrend darauf hin, dass insbesondere die schulisch erworbenen Sprachkenntnisse als Grundlage für den Erwerb der berufsspezifischen Fachsprachen vielfach unzureichend sind und berufsbildende Schulen über keine ausreichenden Ressourcen für zusätzliche Sprachförderung verfügen. Zudem berichten Geflüchtete in einschlägigen Studien über betriebliche Diskriminierungserfahrungen, die zu Ausbildungsabbrüchen führen können. Dies ist auch dadurch bedingt, dass Diversity- und Antidiskriminierungskonzepte bislang noch nicht flächendeckend verankert sind. Die Möglichkeiten für geduldete Flüchtlinge, für die Dauer ihrer Ausbildung auf Grundlage einer Ausbildungsduldung in Deutschland zu verbleiben, sind in § 60c des Aufenthaltsgesetzes zudem an Bedingungen geknüpft, die manche Geflüchtete zum Teil nicht erfüllen können, und Geflüchtete aus den sogenannten sicheren Herkunftsstaaten sind davon gewöhnlich ausgeschlossen. Die Interessen der Geflüchteten selbst und der Betriebe stehen hier in einem Widerspruch zu politischen Zielsetzungen, die auf die Verhinderung politisch unerwünschter Einwanderung ausgerichtet sind.

Heterogene Interessen und Perspektiven

Um verstehen zu können, was zur Ermöglichung schulischer, beruflicher und hochschulischer Bildung unternommen und unterlassen wurde oder wird, ist es vor diesem Hintergrund hilfreich, fünf heterogene Perspektiven und Interessenlagen zu unterscheiden: (1) Geflüchtete sind gewöhnlich selbst daran interessiert, sich in die Aufnahmegesellschaft zu integrieren, eine für sie selbst tragfähige und sozial akzeptierte Lebensperspektive zu entwickeln. Die dafür zentrale Bedeutung von Bildung, das heißt vor allem der Erwerb deutscher Sprachkenntnisse sowie schulischer und beruflicher Qualifikationen, ist offenkundig. Entsprechend zeigen einschlägige wissenschaftliche Studien, dass Geflüchtete überwiegend ein hohes Eigeninteresse daran haben, die vorhandenen Bildungsangebote zu nutzen. (2) Auch die Aufnahmegesellschaft selbst hat unter ökonomischen und sozialpolitischen Gesichtspunkten ersichtlich ein Interesse an gelingender Integration von Geflüchteten durch Bildung. Denn nur dadurch kann erreicht werden, dass sie dauerhaft von Sozialleistungen unabhängig werden und so dazu beitragen können, den immer offenkundigeren Fachkräftemangel zu verringern. (3) Allerdings ist das ökonomische Interesse uneinheitlich und selektiv: Denn ein Bedarf an Arbeitskräften besteht auch für un- und angelernte Tätigkeiten im Niedriglohnsektor (zum Beispiel Küchenhilfen, Putzkräfte, Lagerarbeiter:innen, Kassierer:innen), die keine formale Bildung voraussetzen. In diesen Wirtschaftsbereichen sind Geflüchtete, die darauf angewiesen sind, alle Tätigkeiten anzunehmen, die für sie erreichbar sind, also durchaus funktional. Zudem sind das Handwerk und Teile der Industrie eher an Nachwuchs für die berufliche Bildung im dualen System als an der hochschulischen Bildung von Geflüchteten interessiert. Die schulische Benachteiligung von Geflüchteten – der geringe Anteil von Abiturient:innen – ist in dieser Perspektive insofern nicht nur nachteilig. (4) Grundlegend anders einzuschätzen ist die bislang dominante Interessenlage einer Migrationspolitik, die am Imperativ ausgerichtet ist, Zuwanderung nach Maßgabe nationalstaatlicher Interessen zu regulieren – und das heißt auch, die Zahl derjenigen zu begrenzen, die in der Lage sind, in Deutschland einen Antrag auf Anerkennung als Flüchtling zu stellen –, und die darauf zielt, im Fall einer Ablehnung aufenthaltsbeendende Maßnahmen durchsetzen zu können. In dieser Perspektive gilt es, eine allzu frühzeitige Integration durch Bildung, das heißt vor Abschluss des Asylverfahrens, zu verhindern. Denn es ist politisch anerkannt, dass schulische und berufliche Integration dazu führt, dass Abschiebungen aufgrund rechtlicher Hindernisse und solidarischer Unterstützung durch Mitschüler:innen, Lehrer:innen, Kolleg:innen oder Betriebsleitungen dann nicht oder nur noch gegen erhebliche Widerstände durchgesetzt werden können. (5) Für die Organisationen und die Berufsverbände der Fachkräfte des Bildungssystem ist ein Spannungsverhältnis zwischen der professionsethischen Verpflichtung auf Förderung der Bildung aller Kinder und Jugendlichen einerseits und berufspolitischen und organisationellen Eigeninteressen an der Vermeidung von Überforderung und Überlastung unter Bedingungen der gegebenen Personal- und Ressourcenausstattung andererseits kennzeichnend.

Folglich kann nicht davon ausgegangen werden, dass die gesellschaftlichen Interessen übereinstimmend auf eine möglichst optimale Förderung der schulischen, beruflichen und hochschulischen Bildung aller Geflüchteten ausgerichtet sind. Vielmehr wird, wie gezeigt, die schulische Integration durch Bildung nach der Einreise absichtsvoll verzögert, und im Fall abgelehnter Asylanträge werden erfolgreiche schulische und berufliche Bildungsverläufe zum Teil durch rechtliche Festlegungen sowie auch indirekt durch Vorgaben erschwert, die eine Verfestigung des Aufenthaltsstatus verhindern sollen. Zudem hat die Tatsache der Einwanderungsgesellschaft – das heißt hier: die gewachsene Zahl von Kindern und Jugendlichen, die Deutsch außerschulisch nicht als Erstsprache sprechen und/oder nicht in Deutschland geboren sind –, bislang immer noch nicht zu einer dafür angemessenen Reform der Bildungsinstitutionen geführt. Immer noch ist die Sprachförderung in Schulen unzureichend, und es besteht ein Bedarf daran, die migrationssensible Qualifizierung von Erzieher:innen, Lehrer:innen und Ausbilder:innen auszubauen. Dies ist nicht nur, aber auch im Fall von Geflüchteten folgenreich.

Unabhängig davon ist festzustellen: Eine Reform des Aufenthaltsrecht, die allen einen gesicherten Aufenthaltsstatus zugänglich macht, die faktisch dauerhaft in Deutschland leben, würde es Geflüchteten erleichtern, erfolgreich und selbstbestimmt an schulischer und beruflicher Bildung teilzunehmen. Dies würde zudem auch dadurch Entlastung für die schulische und berufliche Bildung bedeuten, dass auf die im jeweiligen Einzelfall oft sehr komplexe Klärung der Frage, wer unter welchen Bedingungen welche Bildungsmöglichkeiten in Anspruch nehmen kann, verzichtet werden könnte.

Literatur

El-Mafaalani, Aladin / Jording, Judith / Massumi, Mona: Bildung und Flucht, in: Ullrich Bauer / Uwe Bittlingmayer / Albert Scherr (Hg.), Handbuch Bildungs- und Erziehungssoziologie, Wiesbaden 2022, S. 1209–1228.

von Maurice, Jutta / Will, Gisela: Geflüchtete Kinder- und Jugendliche im deutschen Bildungssystem. Zentrale Befunde der Studie ReGES, 2022, www.libfi/ReGes

Rude, Britta: Geflüchtete Kinder und Covid-19: Corona als Brennglas vorhandener Problematiken, in: ifo-Schnelldienst 2020, Nr. 12, S. 43–57, https://www.ifo.de/publikationen/2020/aufsatz-zeitschrift/gefluechtete-kinder-und-covid-19-corona-als-brennglas

Scherr, Albert / Breit, Helen: Junge männliche Geflüchtete: Problematiken und Problemkonstruktionen, in: Zeitschrift für Flucht- und Flüchtlingsforschung, 5. 2021, S. 109–141.

Will, Gisela / Becker, Regina / Winkler, Oliver: Educational Policies Matter: How Schooling Strategies Influence Refugee Adolescents' School Participation in Lower Secondary Education in Germany, in: Frontiers in Sociology, 7. 2022, https://www.frontiersin.org/articles/10.3389/fsoc.2022.842543/full

Jörg Dollmann, Jannes Jacobsen und Sabrina J. Mayer

Die Unterstützung ukrainischer Geflüchteter in Deutschland

Kurz nach dem erneuten russischen Einmarsch in der Ukraine am 24. Februar 2022 gingen die Bilder des Berliner Hauptbahnhofes durch die Medien: Eigenständig organisierte Freiwillige warteten auf Kriegsflüchtlinge aus der Ukraine, versorgten sie mit Essen und Trinken und halfen bei der Vermittlung von Unterkünften. Die hohe Unterstützungsbereitschaft erinnerte viele an den Spätsommer 2015, als es ähnliche Bilder aus dem Münchner Hauptbahnhof waren, die eine überwältigende Willkommensbereitschaft gegenüber Geflüchteten aus dem Nahen Osten zeigten. Durch die Erfahrungen der damaligen Zuwanderung wissen wir, dass die Unterstützung der Zivilgesellschaft sowohl für die ersten Wochen als auch für die dauerhafte Aufnahme große Bedeutung hat.[1]

Doch 2015/16 hat auch gezeigt, dass die Reaktion der Zivilgesellschaft weder einheitlich noch dauerhaft positiv ist. Im Laufe der Zeit nahmen zivilgesellschaftliche Mobilisierungen zu, die sich gegen die Aufnahme von Geflüchteten und die fluchtinduzierte Diversität richteten. Die Proteste von Pegida (»Patriotische Europäer gegen die Islamisierung des Abendlandes«) und die Gewalt gegen Geflüchtete stehen exemplarisch für den xenophoben Teil der Zivilgesellschaft und sind Ausdruck der Polarisierung in dieser Frage.[2] Dies schlug sich auch im Bundestagswahlkampf des Jahres 2017 nieder und trug mutmaßlich zur Etablierung der AfD in der deutschen Parteienland-

1 Teile dieser Veröffentlichung beruhen auf einem Arbeitspapier (Mayer et al., Reaktion auf den Ukraine-Krieg), das als DeZIM.insights am Deutschen Zentrum für Integrations- und Migrationsforschung DeZIM e. V. veröffentlicht wurde.

2 Siehe z. B. Grande, Zivilgesellschaft, politischer Konflikt und soziale Bewegungen.

schaft bei.[3] Mit Blick auf die gesellschaftlichen Spannungen, die Fluchtzuwanderungen in der Vergangenheit ausgelöst haben, verfolgt dieser Beitrag zwei Fragen: Erstens beleuchtet er die Unterstützungsbereitschaft in verschiedenen Teilgruppen der Bevölkerung in Deutschland nach Beginn des Krieges gegen die Ukraine im Februar 2022. Zweitens geht es um die tatsächliche Unterstützung in den ersten vier Monaten nach Kriegsbeginn aus der Bevölkerung heraus.

Für unsere Auswertungen greifen wir auf Daten des DeZIM.panels zurück (s. unten). Das DeZIM.panel basiert auf einer Zufallsstichprobe der deutschen Wohnbevölkerung, die die Mehrheitsbevölkerung und Menschen mit Migrationsgeschichte gleichermaßen berücksichtigt. Hierfür wurden alle wichtigen Einwanderungsgruppen in der Bundesrepublik Deutschland überproportional in die Studie inkludiert. Das DeZIM.panel befragt viermal im Jahr zu wiederkehrenden Themenkomplexen sowie zu aktuellen Ereignissen.[4] Diesem Beitrag liegen zwei Erhebungswellen des Panels zugrunde. Die Unterstützungsbereitschaft wurde direkt eine Woche nach Kriegsausbruch am 24. Februar 2022 durch eine Sonderbefragung erfasst. Die Analysen des tatsächlichen Engagements basieren auf einer weiteren Erhebungswelle im Juli 2022. Unsere Auswertungen beruhen auf 2300 Personen, die an beiden Befragungen teilgenommen haben. Zusammengenommen geben uns die Daten Aufschluss darüber, wie vielfältig die Unterstützungsbereitschaft ist und wer die zu Beginn geäußerte Solidarität mit ukrainischen Geflüchteten in tatsächliches Verhalten umgesetzt hat.

Um zu untersuchen, ob sich nur bestimmte Teilgruppen der Gesellschaft solidarisch zeigen oder ob die Unterstützung in der gesamten Bevölkerung zu finden ist, unterteilen wir die Befragten anhand dreier Merkmale. Erstens unterscheiden wir die Bevölkerung nach a) Personen ohne Migrationsgeschichte, b) Personen, die selbst nach Deutschland eingewandert sind, sowie c) deren direkten Nachkommen. Bei den Zugewander-

---

3 Weiland, Angstthema gesucht.

4 Dollmann et al., DeZIM.panel. Data for Germany's Post-migrant Society.

ten unterscheiden wir noch einmal, ob sie als Geflüchtete oder aufgrund anderer Umstände nach Deutschland eingewandert sind. Da die finanziellen Mittel, die Menschen zur Verfügung stehen, oft eine wichtige Triebfeder für ihr soziales Engagement sind, beziehen wir zweitens auch das monatliche Netto-Haushaltseinkommen der Befragten in die Analysen mit ein. Und drittens gehen wir der Frage nach, ob die eigene politische Verortung mit der Unterstützung von Geflüchteten zusammenhängt. Wir unterteilen die Befragten daher danach, ob sie sich selbst dem linken, dem mittleren oder dem rechten politischen Spektrum zuordnen.

Unterstützungsbereitschaft für Geflüchtete in der Ankunftsgesellschaft

Wie stand es um die Solidarität mit ukrainischen Geflüchteten in Deutschland in den ersten Tagen nach Beginn des Krieges? Hierfür betrachten wir drei verschiedene Aspekte: 1) Die Bereitschaft, Geld zu spenden, 2) die Bereitschaft, sich selbst ehrenamtlich zu engagieren, sowie 3) die Bereitschaft, Geflüchtete vorübergehend bei sich zu Hause unterzubringen.

Mit Blick auf diese Fragen können wir ein ausgesprochen hohes Maß an Solidarität erkennen (siehe hierzu das linke Balkendiagramm in Schaubild 1, »Gesamt«). Zwei von drei Personen in Deutschland können sich direkt nach Beginn des Krieges vorstellen, für ukrainische Geflüchtete Geld zu spenden (69 %). Mehr als die Hälfte der Personen gibt an, dass es vorstellbar sei, sich ehrenamtlich zu engagieren (58 %). Und jede:r Vierte wäre sogar bereit, geflüchtete Menschen aus der Ukraine vorübergehend im eigenen Zuhause aufzunehmen (27 %).

Schaubild 1: Bereitschaft für verschiedene Arten zivilgesellschaftlichen Engagements im März 2022 nach unterschiedlichen Bevölkerungsgruppen

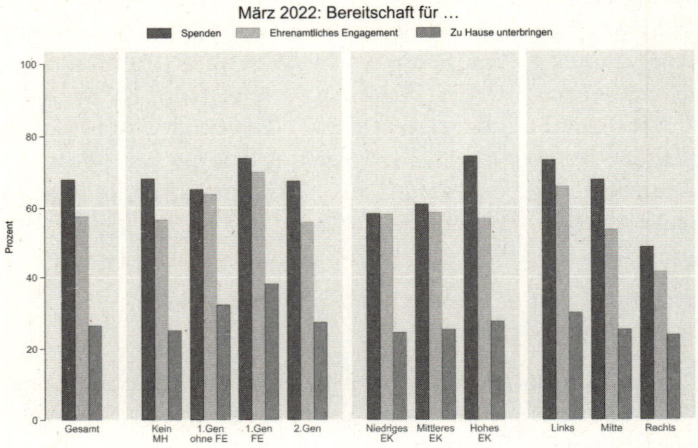

Anmerkung:
Die Fragen lauteten: »Ich kann mir vorstellen, Geld zu spenden.«, »Ich kann mir vorstellen, mich ehrenamtlich für Flüchtlinge aus der Ukraine zu engagieren.«, »Ich kann mir vorstellen, Flüchtlinge aus der Ukraine vorübergehend bei mir zu Hause aufzunehmen.« Jede der Fragen wurde auf einer Antwortskala von 1 (»kann ich mir sehr gut vorstellen«) über 4 (»teils/teils«) bis 7 (»kann ich mir überhaupt nicht vorstellen«) abgefragt. Für die hier vorliegenden Auswertungen wurden die Antwortoptionen 1–3 aggregiert.
Links/Mitte/Rechts: politische Selbstzuordnung auf einer Skala von 0–10, aggregiert als 0–3: Links; 4–6: Mitte; 7–10: Rechts.
MH: Migrationshintergrund, FE: Fluchterfahrung, EK: Einkommen, Gen: Generation.

Angaben in Prozent, gewichtete Analysen.

Betrachtet man die Ergebnisse differenziert nach der eigenen Migrationsbiographie (Schaubild 1, zweiter Block), wird deutlich, dass sich Personen ohne Migrationsgeschichte (»Kein MH«) und die direkten Nachkommen von Eingewanderten (»2. Gen«) kaum in ihrer Unterstützungsbereitschaft voneinander unterscheiden. Das freiwillige Engagement und die Bereitschaft, Geflüchtete zu Hause aufzunehmen, ist bei selbst Eingewanderten sowohl mit als auch ohne Fluchterfahrung besonders stark ausgeprägt. Dieser Befund ist deswegen so interessant, da bisherige Forschung gezeigt hat, dass sich Zugewanderte weniger häufig engagieren als Personen, die in Deutschland geboren wurden.[5] Im Zusammenhang mit dem Krieg in der Ukraine können wir diesen Unterschied in Deutschland bislang nicht beobachten. Im Hinblick auf das Einkommen finden wir Unterschiede in der Spendenbereitschaft: Personen mit hohem Einkommen können sich eher vorstellen, Geld zu spenden, als Personen mit mittlerem oder niedrigem Einkommen. Zuletzt können wir zeigen, dass die Bereitschaft für alle drei Unterstützungsarten mit der eigenen politischen Positionierung von links nach rechts deutlich abnimmt, aber auch bei Personen auf der rechten Seite des politischen Spektrums auf einem relativ hohen Niveau liegt (zwischen knapp 50 % bei der Spendenbereitschaft und gut 20 % bei der privaten Unterbringungsbereitschaft).

An dieser Stelle wollen wir kurz auf einen weiteren interessanten Befund eingehen, der dem Schaubild nicht zu entnehmen ist. Wenn wir die Unterstützungsbereitschaft nach Herkunftsländern unterteilen, so sehen wir eine hohe Engagementbereitschaft bei Personen aus Russland, aus den anderen Ländern der ehemaligen UdSSR sowie aus mittel- und osteuropäischen Ländern. Wir finden daher keine Anhaltspunkte dafür, dass Personen, die aus Russland oder der ehemaligen UdSSR nach Deutschland einwanderten – beziehungsweise deren Nachkommen –, sich unsolidarisch gegenüber Geflüchteten aus der Ukraine verhalten.[6] Diese Ergebnisse widersprechen dem Bild, das unmittelbar nach Kriegsbeginn in einigen Medien durch den Fokus auf einzelne Unterstützungsaktionen für die russische Regierung vermittelt wurde.[7]

---

5 Kausmann et al., Zielgruppen der freiwilligen Tätigkeit und Engagement für Geflüchtete; Jacobsen et al., Long-Term Dynamics of Voluntary Engagement.

6 Mayer et al., Reaktion auf den Ukraine-Krieg.

7 RBB 24: Empörung über pro-russischen Autokorso durch Berlin.

Tatsächlich geleistete Unterstützung bis zum Sommer 2022

Neben der generellen Bereitschaft zur Unterstützung ist für die Aufnahme von Geflüchteten vor allem relevant, dass sich Personen auch tatsächlich engagieren. Die Auswertung für diese Frage findet sich in Schaubild 2. Im Vergleich mit Schaubild 1 stellen wir fest, dass die tatsächlich geleistete Unterstützung deutlich niedriger als die generelle Unterstützungsbereitschaft ausfällt. So haben fast 38 % der Befragten Geld gespendet, knapp 8 % sich ehrenamtlich engagiert und fast 2 % eine oder mehrere geflüchtete Personen bei sich zu Hause aufgenommen.

Die Diskrepanz zwischen genereller Bereitschaft sowie tatsächlichem Verhalten kann unterschiedliche Ursachen haben. Zum einen muss es natürlich konkreten Bedarf an Unterstützungsleistungen geben. So haben sich ukrainische Geflüchtete nicht gleichmäßig über Deutschland verteilt niedergelassen, sondern konzentriert in Großstädten und Ballungszentren. Schon deshalb konnte nicht jede:r, der:die helfen wollte, dies auch praktisch umsetzen. Zum anderen wissen wir aus vielen früheren Forschungsarbeiten, dass Einstellungen und Verhalten zwar zusammenhängen, Einstellungen aber oftmals aus verschiedenen Gründen nicht in die Tat umgesetzt werden[8]: So können zeitliche und finanzielle Restriktionen verhindern, dass Menschen ihre Vorhaben tatsächlich realisieren. Diese Diskrepanz ist daher nicht verwunderlich und bedeutet nicht zwingend eine Abnahme der Solidarität.

8 Juvan/Dolnicar, The Attitude-behaviour Gap in Sustainable Tourism.

Schaubild 2: Tatsächlich geleistetes zivilgesellschaftliches Engagement bis Juli 2022 nach verschiedenen Bevölkerungsgruppen

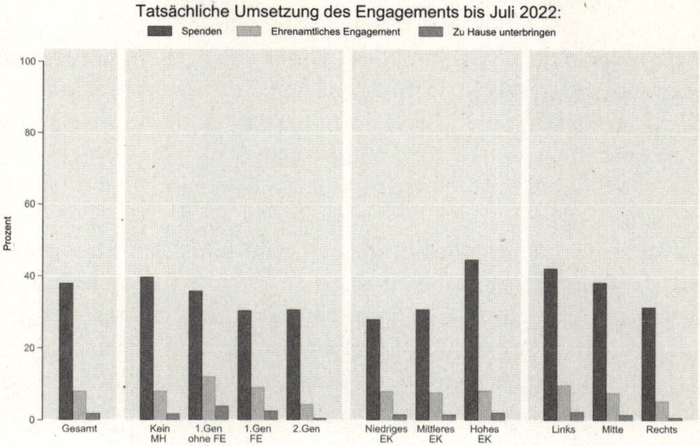

Anmerkungen:
Die Frage lautete: »Haben Sie sich in den letzten 3 Monaten für Menschen aus der Ukraine engagiert?« Teilfragen waren: »Ich habe Geld gespendet.«, »Ich habe mich ehrenamtlich für Flüchtlinge aus der Ukraine engagiert.«, »Ich habe Flüchtlinge aus der Ukraine vorübergehend bei mir zu Hause aufgenommen.«, jeweils mit den Antwortoptionen »Ja« oder »Nein«.
Links/Mitte/Rechts: politische Selbstzuordnung auf einer Skala von 0–10, aggregiert als 0–3: Links, 4–6: Mitte, 7–10: Rechts.
MH: Migrationshintergrund, FE: Fluchterfahrung, EK: Einkommen, Gen: Generation.
Angaben in Prozent, gewichtete Analysen.

Genau wie bei der Unterstützungsbereitschaft sehen wir auch im Hinblick auf die tatsächliche Unterstützung ein hohes Engagement von Personen mit eigener Migrationsgeschichte: Das Niveau für ehrenamtliches Engagement und für die private Unterbringung von Geflüchteten liegt deutlich über dem Durchschnitt. Die geringere Spendenquote könnte hingegen auf die oft geringeren finanziellen Ressourcen zurückzuführen sein. Dass dies ein bedeutender Faktor ist, sieht man auch in dem Balkendiagramm zum Zusammenhang von Einkommen und tatsächlich geleisteter Unterstützung. Während ehrenamtliches Engagement und die private Unterbringung nicht mit dem Netto-Haushaltseinkommen der Person in Verbindung stehen, zeigt sich ein deutlicher Einfluss auf die Spendenaktivitäten mit einem erwartbaren Muster: Je höher das Einkommen, umso höher ist auch die Wahrscheinlichkeit, dass Personen in den ersten Monaten nach Kriegsbeginn für ukrainische Geflüchtete gespendet haben.

Der zuvor festgestellte Einfluss der politischen Selbstverortung auf die Unterstützungsbereitschaft ist auch bei der tatsächlich geleisteten Unterstützung erkennbar. Je weiter sich Personen politisch rechts verorten, desto geringer ist die Wahrscheinlichkeit, zu spenden, sich ehrenamtlich zu engagieren und Geflüchtete bei sich zu Hause aufzunehmen. Dennoch sollte an dieser Stelle betont werden, dass immer noch etwa ein Drittel der Personen, die sich als (eher) politisch rechts verorten, für Geflüchtete aus der Ukraine gespendet haben und wir somit selbst bei dieser Gruppe eine recht hohe Unterstützung beobachten können.

Fazit

Insgesamt lässt sich feststellen, dass in den ersten Wochen nach Kriegsbeginn durch alle hier betrachteten Gruppen hindurch eine hohe Willkommens- und Unterstützungsbereitschaft für Geflüchtete aus der Ukraine bestand. Die Mehrheit der Menschen in Deutschland äußerte die Bereitschaft, sich ehrenamtlich zu engagieren oder Geld zu spenden, immerhin jede:r Vierte war bereit, geflüchtete Menschen in der eigenen Wohnung zu beherbergen.

Die recht hohe Solidarität mit den flüchtenden Menschen im Jahr 2022 kann auch mit eigenen Erfahrungen zusammenhängen: Der Anteil derjenigen, die Geflüchtete aktiv unterstützen wollten, ist bei Personen am höchsten, die selbst eingewandert sind beziehungsweise eigene Fluchterfahrungen haben. Auch die Bereitschaft, jemanden in der eigenen Wohnung oder im eigenen Haus unterzubringen, ist bei Eingewanderten überdurchschnittlich hoch. Möglicherweise haben diese Personen einen besonders starken Wunsch, geflüchteten Personen in Notlagen zu helfen, da sie in der Vergangenheit Ähnliches erlebt haben und das Gefühl des Ankommens in einem neuen Land aus ihrer eigenen Erfahrung kennen.

Betrachtet man die tatsächlich geleistete Unterstützung in den ersten vier Monaten des Krieges, zeigt sich eine gewisse Diskrepanz zwischen der zuvor erfassten Bereitschaft und den tatsächlichen Handlungen. Ungeachtet dieser Differenz, finden wir auch bei den tatsächlichen Unterstützungsleistungen eine starke gelebte Solidarität mit Geflüchteten aus der Ukraine. Fast jede:r Zehnte hat sich ehrenamtlich engagiert, weit mehr als jede:r Dritte hat Geld gespendet, und immerhin 2 % haben nach eigenen Angaben Geflüchtete bei sich zu Hause aufgenommen. Dieser zivilgesellschaftliche Einsatz könnte dazu beigetragen haben, dass das staatliche System der Versorgung und Unterbringung von Geflüchteten nicht an seine Grenzen gestoßen ist. Im Vergleich zur Zuwanderung der Jahre 2013–2016 zeigt sich somit eine ähnlich stark ausgeprägte Solidarität. Seinerzeit hatte rund ein Drittel der Personen Geld oder Sachmittel gespendet, und rund 10 % hatten sich vor Ort engagiert.[9]

Zusammenfassend zeigen unsere Analysen, dass sich in Deutschland auch im Zuge der Fluchtzuwanderung 2022 eine große Welle der Solidarität formiert hat. Viele Menschen waren und sind bereit, geflüchteten Menschen zu helfen. Interessant wird bleiben, ob sich diese Solidarität verfestigt oder ähnlich wie 2015/16 an einem bestimmten Punkt kippt. Im Zuge der Zuwanderung 2015 zeigte sich bereits im Jahr 2016, dass die zuwanderungsbezogenen Sorgen in Teilen der Bevölkerung rapide angestiegen waren.[10] Es bleibt abzuwarten, ob sich diese Entwicklung auch im Zusammenhang mit der Fluchtmigration aus der Ukraine wiederholt. Eine Lehre aus der Vergangenheit könnte daher sein, die Bereitschaft der Zivilgesellschaft nicht überzustrapazieren, sondern für einen gesellschaftlichen Aus-

---

9 Jacobsen et al., Rund ein Drittel der Menschen in Deutschland spendete 2016 für Geflüchtete.

10 Ebd.

gleich zu sorgen, der die anfänglich hohe Solidarität honoriert. Insbesondere vor dem Hintergrund der hohen materiellen Belastungen infolge der Inflation[11], die wiederum eng mit der Eskalation des Ukrainekriegs zusammenhängt, gilt es, die Menschen mit ihren materiellen Sorgen in den Blick zu nehmen und gezielt zu entlasten.

Das DeZIM.panel als Umfrageinfrastruktur am Deutschen Zentrum für Integrations- und Migrationsforschung

Die hier dargestellten Ergebnisse basieren auf Daten des DeZIM.panels.[12] Bei dieser neuen Umfrageinfrastruktur handelt es sich um ein offline generiertes Online Access Panel, das 2020 aufgebaut wurde und mit dem mittlerweile fünf Erhebungswellen durchgeführt wurden (Stand Herbst 2022). »Offline generiert« bedeutet in diesem Zusammenhang, dass die Befragungspersonen zufällig aus den Melderegistern der Einwohnermeldeämter gezogen und postalisch um die Teilnahme an einer Rekrutierungsbefragung gebeten wurden. Die Zielpopulation des DeZIM.panels umfasst dabei alle in Deutschland lebenden Personen mit und ohne Migrationsgeschichte zwischen 18 und 67 Jahren. Die regelmäßigen Wiederholungsbefragungen derselben Personen erfolgen mittels Online-Umfragen, die viermal jährlich durchgeführt werden. Beim Design des DeZIM.panels wurde darauf geachtet, dass auch kurzfristig zusätzliche Befragungen realisierbar sind, um auf besondere politische und gesellschaftlich relevante Ereignisse reagieren zu können. Die erste Schnellbefragung des DeZIM.panels außerhalb des quartalsmäßigen Zyklus konnte daher bereits wenige Tage nach Beginn des Krieges in der Ukraine stattfinden.

Bei der Stichprobenziehung wurden Personen mit Migrationsgeschichte überproportional berücksichtigt, vor allem türkeistämmige Personen, Menschen aus anderen mehrheitlich

11 Jacobsen et al., Folgen der Inflation.

12 Dollmann et al., DeZIM.panel. Data for Germany's Post-migrant Society.

muslimischen Ländern, Personen aus Staaten mit ehemaligen Gastarbeiterabkommen sowie (Spät-)Aussiedler:innen. Daher sind im DeZIM.panel auch in größerer Zahl als in anderen Studien Personen inkludiert, die Mitte der 2010er Jahre selbst als Geflüchtete aus Syrien und anderen Ländern des Nahen und Mittleren Ostens nach Deutschland gekommen sind. Dies ermöglicht es, das DeZIM.panel nicht nur für Aussagen über Einstellungen zu aktuellen Fluchtbewegungen aus der Perspektive der Aufnahmegesellschaft heranzuziehen. Vielmehr kann der Fokus auch dezidiert auf die Perspektiven bereits geflüchteter Personen in der Aufnahmegesellschaft gelegt werden. Diese verschiedenen Perspektiven, die mit dem DeZIM.panel abgebildet werden können, spiegeln die diversen Forschungsschwerpunkte des Deutschen Zentrums für Integrations- und Migrationsforschung wider, in dem nicht nur Wissen über Migrations- und Integrationsprozesse produziert wird, sondern in dem auch die Untersuchung von Fluchtbewegungen und ihren gesellschaftlichen Folgen einen großen Stellenwert einnimmt.

Literatur

Dollmann, Jörg/Mayer, Sabrina J./Lietz, Almuth/Siegel, Madeleine/Köhler, Jonas: DeZIM.panel. Data for Germany's Postmigrant Society, in: Jahrbücher für Nationalökonomie und Statistik, 2022, online first.

Grande, Edgar: Zivilgesellschaft, politischer Konflikt und soziale Bewegungen, in: Forschungsjournal Soziale Bewegungen, 31. 2018, S. 52–55.

Jacobsen, Jannes/Dollmann, Jörg/Köhler, Jonas/Lietz, Almuth/Mayer, Sabrina J./Siegel, Madeleine: Folgen der Inflation: Insbesondere Menschen mit Kindern und Personen ohne deutsche Staatsbürgerschaft sind betroffen (DeZIM.insights, Working Paper 3), Berlin 2022.

Jacobsen, Jannes/Eisnecker, Philipp/Schupp, Jürgen: Rund ein Drittel der Menschen in Deutschland spendete 2016 für Geflüchtete, zehn Prozent halfen vor Ort – immer mehr äußern aber auch Sorgen, in: DIW-Wochenbericht, 2017, Nr. 17.

Jacobsen, Jannes/Schieferdecker, David/Gerstof, Denis/Hutter, Swen/Specht, Jule: Long-Term Dynamics of Voluntary Engagement: Differentiating Social Structural from Cohort and Period

Effects, in: Voluntas. International Journal of Voluntary and Nonprofit Organizations, 2022, online first.

Juvan, Emil / Dolnicar, Sara: The Attitude-behaviour Gap in Sustainable Tourism, in: Annals of Tourism Research, 48. 2014, S. 76–95.

Kausmann, Corinna / Simonson, Julia / Hameister, Nicole: Zielgruppen der freiwilligen Tätigkeit und Engagement für Geflüchtete, in: Julia Simonson / Nadiya Kelle / Corinna Kausmann / Clemens Tesch-Römer (Hg.), Freiwilliges Engagement in Deutschland. Der Deutsche Freiwilligensurvey 2019, Wiesbaden 2022, S. 203–220.

Mayer, Sabrina J. / Lietz, Almuth / Dollmann, Jörg / Siegel, Madeleine / Köhler, Jonas: Reaktion auf den Ukraine-Krieg: Eine Schnellbefragung des DeZIM.panels (DeZIM.insights, Working Paper 1), Berlin 2022.

RBB 24: Empörung über pro-russischen Autokorso durch Berlin, 2022, https://www.rbb24.de/politik/thema/Ukraine/beitraege/berlin-autokorso-russland-ukraine-krieg-z-symbol-ermittlung-demo.html (20. 9. 2022).

Weiland, Severin: Angstthema gesucht, in: Spiegel Online, 7. 8. 2021, https://www.spiegel.de/politik/deutschland/afd-und-fluechtlinge-angst-thema-fuer-den-wahlkampf-gesucht-a-ad10e8e2-073b-405b-981f-bcc6d6611328 (12. 3. 2022).

Kultur im Exil

Ma'an Mouslli im Gespräch mit Laura Lotte Lemmer

»Die Kunst gibt Hoffnung. Es ist die Hoffnung, dass etwas passiert, dass sich etwas verändert«

Ma'an Mouslli, geboren in Abu Kamal (Syrien), ist ein syrisch-deutscher Filmemacher und Fotograf. Während seines Informatikstudiums an der Europäischen Universität Damaskus gründete er einen Theater-Club und spielte in vielen Stücken selbst mit. Er engagierte sich schon früh in der syrischen Revolution und dokumentierte mit seinen Fotografien unter anderem die frühen Versuche, das Assad-Regime zu stürzen. Seit 2014 lebt Mouslli in Osnabrück. Sein erster in Deutschland entstandener Film, *Shakespeare in Zaatari,* feierte im Mai 2016 Premiere. Es schlossen sich mit *Love Boat* (2016) und *Newcomers* (2018) weitere Dokumentarfilme an.

Shakespeare in Zaatari erzählt die Geschichte syrischer Kinder, die im jordanischen Zaatari, einem der größten Flüchtlingslager der Welt, leben. Ihr trister Alltag wird durchbrochen von einem schier unglaublichen Projekt: Der bekannte syrische Schauspieler und Regisseur Nawar Bulbul probt mit ihnen über mehrere Monate die Shakespeare-Tragödien *King Lear* und *Hamlet*, die sie zunächst im Lager selbst, anschließend im Römischen Theater in der Hauptstadt Amman aufführen. Der Film begleitet den Schauspieler und die Kinder auf ihrem Weg zur Erfüllung ihres Traums: die Schrecken des Krieges und ihrer Flucht einen Moment zu vergessen und der Welt zu zeigen, welch großes Potenzial in ihnen steckt.

Shakespeare in Zaatari lief 2016 bei den Internationalen Filmfestspielen in Cannes, beim Scandinavian International Film Festival und schaffte es in die Official Selection des Los Angeles CineFest, des Human Rights Film Festivals Barcelona und des Roma Cinema Doc. Beim Film Festival Cologne 2016 wurde er mit dem Preis »Bester Film Non-Professional« ausgezeichnet.

Laura Lotte Lemmer: Wie kam es dazu, diesen Film zu drehen?

Ma'an Mouslli: Die Idee war von Nawar Bulbul. Er wollte ein Theaterstück mit den Kindern im Zaatari Camp einstudieren, um den Kindern etwas zu tun zu geben. Denn zu dieser Zeit, 2014, gab es für die vielen syrischen Kinder im Camp nur sehr wenige Schulen. Viele Kinder hatten nichts zu tun, außer im Zelt zu sitzen. Mitten in der Wüste. Nawar hatte dann die Idee mit dem Theaterprojekt und hat mich zur gleichen Zeit gefragt, ob wir einen Dokumentarfilm darüber machen könnten. Denn es war eine besondere Erfahrung mit den Kindern im Camp. Die Leute sollten wissen, was dort passiert. Aber ich war hier in Deutschland, und ich war ein Flüchtling, ich hatte keinen Pass. Ich konnte nicht nach Jordanien fahren. Es hat sich dann so ergeben, dass Freunde von uns, Journalisten, vor Ort gedreht haben. Und dann haben sie mir das Material aus Jordanien geschickt.

Laura Lotte Lemmer: Hat das gut geklappt, also weißt du, wie die Dreharbeiten abliefen? Welche Herausforderungen gab es beim Dreh mit den Kindern?

Ma'an Mouslli: Ja, wir standen die ganze Zeit in Kontakt. Während der gesamten Dreharbeiten, die über acht Monate andauerten, haben wir immer wieder telefoniert. Die Situation war sehr schwierig. Es war nicht möglich, mit professionellen Kameras zu arbeiten, denn man durfte dort grundsätzlich nicht filmen. Wir haben den ganzen Film ohne Erlaubnis gedreht, das heißt, die Sicherheitsleute durften von den Dreharbeiten nichts mitbekommen. Deshalb sind alle Szenen des Films mit Handykameras aufgenommen worden. Und am Anfang waren die Kinder und ihre Familien ganz schüchtern. Wir haben ihnen von unserer Idee erzählt und gesagt, wir möchten festhalten, was hier im Camp passiert. Erst mit der Zeit haben sie Vertrauen aufgebaut. Nach zwei Monaten hatten sie keine Angst mehr, und sie haben sich gefreut, etwas machen zu können. Sie hatten etwas zu tun, konnten Theater spielen, singen, tanzen. Dann hatten sie das Gefühl, eine Zukunft zu haben.

Laura Lotte Lemmer: Und danach? Wie verlief die Postproduktion?

Ma'an Mouslli: Das Problem war zunächst, dass wir kein Budget hatten. Für das Theaterstück gab es ein wenig Geld von Vereinen. Der Film und auch die Theaterinszenierung sind aber hauptsächlich aus Spenden finanziert. Ich habe das ganze Videomaterial auf einer Festplatte zugeschickt bekommen und mir viele Aufnahmen angeschaut, denn es gab ganz viel Material. Aber leider auch viel Material, das ich wegen der Qualität der Handykameras nicht benutzen konnte. Die Qualität war zum Teil ganz, ganz schlecht. Es fehlte zum Beispiel Licht, oder es gab zu viel Bewegung in den Bildern. Insgesamt hat es sechs Monate gedauert, die Postproduktion fertigzustellen. Am Ende hatten wir 34 Minuten, also einen kurzen Dokumentarfilm.

Laura Lotte Lemmer: Die Kinder aus dem Film sind ja wahrscheinlich inzwischen erwachsen. Weißt du, wie es ihnen heute geht?

Ma'an Mouslli: Ja, sie sind 20 Jahre und älter. Sie sind keine Kinder mehr. Zwei Mädchen aus dem Film haben mittlerweile selber Kinder. Sie leben weiterhin im Camp. Ihr Zuhause ist das Camp. Ein anderer Junge arbeitet als Bäcker. Das ist das, was ich weiß. Es ist sehr schwer, das Camp zu verlassen.

Laura Lotte Lemmer: Was war dir persönlich wichtig mit Blick auf den Dokumentarfilm? Was wolltest du erreichen?

Ma'an Mouslli: Für mich war es so wichtig zu zeigen, was dort passiert. Ich war selber Flüchtling hier in Deutschland. Wir als Flüchtlinge, als Syrer, wir kennen die Geschichte. Wir wissen, was passiert ist. Wir haben das erlebt, wir haben diese Erfahrung gemacht. Andere Leute sollen auch davon erfahren. Und wenn sie meinen Film gucken, möchte ich nicht, dass sie sagen, »die armen Menschen«. Ich möchte zeigen: Das sind ganz normale Menschen, die dort im Camp leben. Menschen, die etwas machen möchten, Menschen mit Träumen und Zielen. Wegen des Krieges und wegen ihrer Fluchtgeschichte werden sie allerdings daran gehindert, ihre Träume zu verwirklichen. Was passiert mit den Kindern und Menschen im Camp? Es gibt immer noch keinen guten Plan. Und was passiert an anderen Orten der Welt? Was passiert im Jemen? Was passiert jetzt momentan in der Ukraine? Wir lernen nicht aus der Geschichte.

Laura Lotte Lemmer: Der Film ist breit rezipiert worden. Er wurde international auf mehreren Filmfestivals gezeigt. Hast du das Gefühl, dein Ziel erreicht zu haben?

Ma'an Mouslli: Somehow. Für mich war *Shakespeare in Zaatari* die erste große Erfahrung, mein erster Dokumentarfilm. Ich habe schon vorher ein paar Erfahrungen gesammelt, aber das waren nicht so große Projekte wie *Shakespeare in Zaatari*. Ich denke, es ist klar, was ich mit dem Film sagen möchte. Aber ich kann nie zu 100 Prozent zufrieden sein. Denn es ist ein ganz großes Thema. Und mein Film ist nur ein kleiner Beitrag einer großen Geschichte. Es war ein ganz besonderer Film für mich. Danach habe ich weitere Filme über Fluchtgeschichten und über Flüchtlinge gemacht. Das ist mein Thema, bis heute.

Laura Lotte Lemmer: Neben Filmemachenden wie dir sind Kunstschaffende aus verschiedenen Sparten Teil der globalen Fluchtbewegungen. Viele müssen ihr künstlerisches Schaffen im Exil fortsetzen. Was denkst du, was können Kunstwerke bewirken?

Ma'an Mouslli: Nur Hoffnung geben. Nichts anderes. Die Kunst kann keine Lösung präsentieren oder finden. Denn Kunst hat kein Geld, keine Waffen, keine Macht. Nur die *power of art*. Kunst kann nur ein Schlaglicht auf ein Problem werfen. Und sie kann die Leute bewegen, sie bewegen, etwas zu verändern. Das Feedback nach *Shakespeare in Zaatari* war immer: »Wir möchten etwas machen!« Und das war ganz schön. Es ist nur ein kleiner Schritt, aber trotzdem. Die Kunst gibt Hoffnung. Es ist die Hoffnung, dass etwas passiert, dass sich etwas verändert.

Filmplakat zu Shakespeare in Zaatari

Laura Lotte Lemmer: Nach Shakespeare in Zaatari *hast du weitere Dokumentarfilme produziert. Warum hast du dich speziell für die Gattung des Dokumentarfilms entschieden? Was ist dir dabei wichtig?*

Ma'an Mouslli: Das ist jetzt nur meine Meinung, nur meine Perspektive: Ich denke, dass wir keine Schauspieler und fiktionalen Filme brauchen, weil wir die Geschichte haben. Wir sollten die Geschichten erzählen, die es gibt.

Laura Lotte Lemmer: Zum Abschluss ein Blick in die Zukunft: Was wünschst du dir für deine Arbeit und für zukünftige Dokumentarfilme?

Ma'an Mouslli: Ich zu sein. Die Wahrheit zu erzählen. Die ganze Zeit. Denn es gibt ganz viele Filme, auch über Flucht und Flüchtlinge, die nicht die Wahrheit erzählen. Propagandafilme zum Beispiel, bei denen so getan wird, als seien sie Dokumentarfilme. Ich denke, in Dokumentarfilmen ist es wichtig, reale Geschehnisse festzuhalten. Es geht darum, echte Menschen, echte Geschichten zu zeigen. Für meine Filme suche ich nach Menschen, die mir etwas erzählen möchten. Das mache ich auch für unsere Kinder und Enkelkinder, damit sie wissen, was passiert ist.

Laura Lotte Lemmer: Lieber Ma'an, herzlichen Dank für dieses Gespräch!

Volha Hapeyeva

Die Verteidigung der Poesie in Zeiten dauernden Exils

Volha Hapeyeva, geboren in Minsk (Belarus), ist Lyrikerin, Autorin, Übersetzerin und promovierte Linguistin. Sie ist Autorin von 14 Büchern auf Belarusisch. Auf Deutsch erschienen der Lyrikband *Mutantengarten* (Edition Thanhäuser, 2020), der Roman *Camel-Travel* (Droschl Verlag, 2021) und der Essay *Die Verteidigung der Poesie in Zeiten dauernden Exils* (Verbrecher Verlag, 2022). 2021/2022 war sie Stipendiatin des PEN-Zentrums Deutschland und 2022 DAAD Artists-in-Berlin Fellow. Für ihr Werk erhielt sie zahlreiche Preise und Auszeichnungen. Ihre Gedichte wurden in mehr als 15 Sprachen übersetzt.

Der Essay *Die Verteidigung der Poesie in Zeiten dauernden Exils* von Volha Hapeyeva wurde mit dem »WORTMELDUNGEN-Literaturpreis« 2022 ausgezeichnet. Die Jury begründet die Auszeichnung mit folgenden Worten: Volha Hapeyeva gelingt es »auf eindringliche Weise, das Nachdenken über Heimat und persönliche Wurzeln mit der Reflexion über Gewalt und Macht zu verweben. Dabei zielt sie vor allem auf die Kraft der Sprache ab: Sie zeigt, dass Diktaturen Sprachpolitik für ihre Zwecke nutzen, dass sie ihre eigene Sprache etablieren, dass Worte töten können. Und dass Diktaturen Kunst und Poesie unterdrücken, weil sie Mittel des kritischen Denkens sind, die ihnen gefährlich werden können. Gerade deswegen setzt Hapeyeva despotischen Machtstrukturen ein poetisches, nomadisches Denken entgegen. Ihr kunstvoll arrangiertes Plädoyer für eine widerständige Poesie gewinnt vor dem Hintergrund des Krieges gegen die Ukraine an bedrückender Aktualität. Hapeyeva tut, was eine Autorin im Angesicht von Gewalt und Unterdrückung zum Besten tun kann: mit starken Worten wirken.«

Der Text erschien im Juni 2022 in der Buchreihe »WORTMELDUNGEN« im Verbrecher Verlag. Es handelt sich im

Folgenden um eine gekürzte Version des Textes. Die gekürzten Stellen sind mit eckigen Klammern gekennzeichnet.

Präambel

Im Sommer 2020 gab ich der Journalistin eines einflussreichen Portals ein Interview zu meinem neuen Gedichtband. Ein paar Tage später teilte sie mir mit, dass der Redakteur das Material nicht angenommen hätte, und begründete seine Ablehnung mit dem Satz: »This is not the time for poetry« (»Dies ist nicht die Zeit für Poesie«). Das Land, mein Land, Belarus, bereitete sich auf die Präsidentschaftswahlen vor.

Schiffe vor Anker, Autos auf Parkplätzen, aber ich bin diejenige, die kein Zuhause hat

Wo immer ich hingehe, wo immer ich bleibe, auch wenn es nur für eine Nacht ist, fange ich sofort an, diesen Ort mein *Zuhause* zu nennen. Ein Hotelzimmer ist mein Zuhause, ein Gästezimmer bei einem Freund – Zuhause; Flughäfen, Bahnhöfe – auch die. Das ist eine Art nomadisches Denken. Der Versuch dazuzugehören. Wenn man keine eigene Wohnung hat, wird jeder Ort zu einem potenziellen Zuhause. Ist das Verzweiflung oder Hoffnung? Viele Jahre des Reisens und das Fehlen einer eigenen Wohnung haben mich daran gewöhnt. […]

Manchmal bin ich mir selbst nicht sicher, wo mein Platz ist und ob ein solcher Platz überhaupt existiert. So setze ich meine einsame Wanderung fort, probiere verschiedene Lebenskostüme an, bleibe aber eine Beobachterin, als ob ich mich für keines entscheiden könnte.

Oft denke ich daran, in die Berge oder Wälder zu gehen, wo ich nicht erklären muss, wer ich bin und was für einen Pass ich habe oder warum ich kein Visum besitze. Worte wie *Exil, Flüchtling, Emigrant* sind nur für Gemeinschaften, Länder, Staaten relevant. In der Natur bin ich frei, und die Versuchung ist groß zu denken, dass dieser Planet meine Heimat ist und dass ich mich überall auf ihm zu Hause fühlen kann. […]

In den letzten Jahren bin ich so oft umgezogen wie noch nie in meinem Leben. Graz, wo ich erst Stadtschreiberin war und dann plötzlich nicht mehr nach Belarus zurückkehren konnte, dann Gastautorin in Feldafing, Stipendiatin an der Kinder- und Jugendbibliothek Blütenburg, dann in Krems an der Donau, plötzlich war ich ein Mensch mit kompliziertem Aufenthaltstitel und schließlich nun *writer in exile* am Deutschen PEN-Zentrum in München. Ich habe so viel über den Begriff Heimat nachgedacht wie nie zuvor, darüber, was sie für mich bedeutet und wo sie ist. Einzelne Menschen wie ich fallen aus dem Gesamtbild heraus, und sie müssen doch irgendwie eingeordnet werden.

Es ist eine paranoide Besessenheit, unser Gehirn scheint kategorisieren und klassifizieren zu müssen, um zu wissen, in welches Regal man dieses oder jenes Phänomen, diesen oder jenen Fall einordnen kann. Diese Prozesse finden mit Hilfe der Sprache statt. Welche Möglichkeiten bietet sie mir: *ein Emigrant, ein Flüchtling, ein Exilant* zu sein – all diese Wörter sind aus der Position der Staatlichkeit heraus entstanden. Ich möchte nicht in solchen Begriffen denken – also höre ich bei *Nomaden* auf. [...]

Menschen sind Sprachwesen, und vieles (wenn nicht alles) geschieht durch Sprache. Über die Sprache funktionieren wir in der Gesellschaft, so dass die Gewalt, die auf der verbalen Ebene stattfindet, uns so stark trifft, dass sie nicht weniger Leid verursacht als körperliche Gewalt. Dies wurde lange Zeit in verschiedenen Kulturen deutlich gemacht und spiegelt sich in der Sprachpraxis, in Sprichwörtern und Redensarten wider: *Worte können tödliche Waffen sein.* [...]

Es mag den Anschein haben, dass Hassreden ein neues Phänomen sind, aber es gibt sie schon seit langer Zeit, wahrscheinlich seit die Menschen wissen, wie man spricht. Wenn wir in die Geschichte zurückblicken, sehen wir, dass wir von unseren Vorfahren eine Reihe von Beispielen für Hassreden geerbt haben. Flüche, bei denen der Sprecher dem Zuhörer etwas Schlimmes wünscht, z. B. *die Pest an den Hals* oder *Möge der Teufel dir deinen letzten Schilling wegnehmen. Pech für dich, Pickelgesicht! Fahr zur Hölle! Fick dich ins Knie!* Es gibt eine Vielzahl solcher Ausdrücke, und früher benutzten die Menschen sie aktiv, um sich vor Feinden zu schützen oder um jemandem, den sie nicht mochten, Unglück zu wünschen.

Heutzutage sind Hassreden vor allem in den Medien und in den sozialen Medien verbreitet, aber auch in anderen Bereichen unseres Lebens: an Arbeits- oder Studienplätzen, in Krankenhäusern, Geschäften, öffentlichen Verkehrsmitteln können wir ihnen begegnen.

Die Rhetorik der Hassreden basiert auf der Dichotomie von »wir« und »sie«. Durch diese Gegenüberstellung werden andere als gefährlich und feindselig eingestuft, weil sie anders aussehen, anders essen, andere Sitten haben, andere Lieder singen und so weiter. Unterschiede bedeuten alles, und die gemeinsame Menschlichkeit – nichts. Die Sprache ist ein sehr mächtiges Werkzeug, das Realität schafft. Es wäre naiv, ihren Einfluss auf den menschlichen Verstand zu unterschätzen. Regierungen und Staaten haben dies schon immer gewusst, auch wenn sie nicht ausdrücklich darüber sprechen. Sprachpolitik und die staatliche Regulierung sprachlicher Belange sind ein fester Bestandteil der Tagesordnung der Behörden. Jedes Regime und jede Diktatur bedient sich eines bestimmten Vokabulars, um seine Handlungen zu rechtfertigen und die Opposition zu verhöhnen. Sprachliche Propaganda wird eingesetzt, um Menschen zu manipulieren und Gegner und potenzielle »Feinde« mit beleidigenden Etiketten zu versehen.

Einerseits gibt das wachsende Bewusstsein über das Problem der Hassreden Anlass zur Hoffnung auf eine bessere und bewusstere Zivilgesellschaft, in der die Rechte aller garantiert und geschützt werden; andererseits besteht die Befürchtung, dass einige das Thema ausnutzen und es auf die Spitze treiben könnten, um den Verfechtern der Menschenrechte eine Falle zu stellen, indem sie mit dem Begriff der Redefreiheit hausieren gehen. Die zweideutige Sprache, die von dieser Gruppe von Aggressoren verwendet wird, ist sehr gefährlich, da sie die diskriminierenden Muster unter dem Recht auf freie Meinungsäußerung verschleiert.

Was soll man also mit Hassreden tun? Das Verbot von Hassreden und ihre Einstufung als pathologisches Problem liegt nah. Aber wird ein einfaches Verbot funktionieren? Ich bezweifle es, denn oft führt die Praxis des Verbots zu einer Infantilisierung der Gesellschaft, wenn die Menschen selbst nicht denken müssen, um zu verstehen, welche Ausdrücke sie verwenden sollten und welche für andere beleidigend und gefährlich sein könnten.

Es wäre für uns alle vorteilhafter, Individuen heranzuziehen, die in der Lage sind, selbst zu unterscheiden, was gut und was schlecht ist, was zu einer Gesellschaft führen könnte, in der man keine Einschränkungen und Verbote braucht.

Als Adolf Eichmann vor Gericht gefragt wurde, ob es schwer gewesen sei, Zehntausende von Menschen in den Tod zu schicken, sagte er, dass es nicht schwer gewesen sei, weil »unsere Sprache, die Sprache, die uns beigebracht wurde – die Amtssprache –, es leicht gemacht hat, da man immer sagen konnte: ›Das war ein Befehl, ich hatte keine Wahl‹ und somit die persönliche Verantwortung leugnen konnte«. Hoffentlich werden sich diejenigen daran erinnern, die Geisteswissenschaften im Allgemeinen und Literatur und Poesie im Besonderen für nutzlos und unnötig halten.

Nach dem Tsunami 2011 unterbrach die japanische Regierung die Fernsehwerbung und begann stattdessen mit der Ausstrahlung von Werbespots, um die Menschen zur Hilfe zu mobilisieren. In einer dieser Ankündigungen war ein Gedicht von Misuzu Kaneko zu hören. Daraufhin machten sich Tausende von japanischen Freiwilligen auf den Weg in die vom Erdbeben betroffenen Gebiete. Was Regierung und Politiker nicht geschafft hatten, wurde durch einen kleinen Vers erreicht.

Ein und dasselbe Mittel – die Sprache – und so unterschiedliche Ergebnisse. Wenn gebildete Menschen, Menschen von Kultur, sagen, es sei nicht die Zeit für Poesie, bin ich sehr pessimistisch, was unsere Zukunft angeht.

Vor ein paar Jahren wurde ein Freund von mir verhaftet und ins Gefängnis gesteckt, nur weil er Bücher verkaufte. Er war kein Poesieliebhaber, aber in seinem ersten Brief aus dem Gefängnis bat er mich, dass ich ihm meine Gedichte schicke, das half ihm dort zu überleben. Für mich war das ein starkes Argument, weiterzumachen und nie wieder an der Bedeutung der Poesie und des poetischen Worts zu zweifeln.

Auf allen Ebenen unseres Lebens gibt es so viel unnötige Gewalt. Sie tötet Menschen – nicht nur körperlich. Gewalt verstümmelt unsere Herzen und Seelen, sie macht Aggression, Wut und Angst zu normalen, fast routinemäßigen Elementen des Alltags. Deshalb ist Poesie für mich ein Mittel, um Empathie auszudrücken und Bildung zu verbreiten – nicht die Bildung, die man an Schulen oder Universitäten bekommt, sondern eine, die uns lehrt, menschlich zu sein und den Menschen in anderen zu sehen, unabhängig von ihrem Alter, ihrem Geschlecht oder ihrer Hautfarbe. Das ist ein Antidot zur Gewalt und zum Hass.

Deshalb ist die Poesie das, was ich schreibe und dem ich mich verschrieben habe, worauf ich hoffe und woran ich glaube. Sie ist für mich die einzige Existenzgrundlage und ein Mittel zum Überleben geworden. Jetzt kann ich meinen früheren Gedanken umschreiben und sagen: *Mein Zuhause ist die Poesie*.

Ich bin mir nicht mehr sicher, in welcher Sprache ich schreibe – mein Belarussisch hat einige Züge des Deutschen, und natürlich stecken auch Fetzen des Belarussischen in meinem Deutsch. Aber ich mache mir nicht so viele Sorgen, dass ich ein Nomadenleben führe, denn das einzig Sichere ist die Ungewissheit. Ich weiß genau, dass ich morgen vielleicht das Land und die Sprache wechseln muss. Deshalb lerne ich nicht zu »haben«, sondern zu »sein«.

Und ich schreibe diese Zeilen jetzt so gut, wie ich mein ganzes Leben lang Gedichte geschrieben habe, damit morgen eine Person, die aus irgendeinem Grund ihre Heimat verlassen muss, nicht mit Hass oder Angst konfrontiert wird. Oder in einer sehr optimistischen Variante – damit ein Mensch sein Zuhause nicht verlassen muss.

Quelle: Volha Hapeyeva, Die Verteidigung der Poesie in Zeiten dauernden Exils, Berlin: Verbrecher Verlag 2022.

Eva Herrmann

Umschlagentwurf für den Roman *Exil* von Lion Feuchtwanger

Die Malerin Eva Herrmann kam als Tochter eines amerikanisch-jüdischen Vaters und einer rumänisch-jüdischen Mutter 1901 in München zur Welt und wuchs dort auf. Früh schon reiste sie mit ihrem Vater nach New York und pendelte fortan zwischen den Kontinenten. Ab 1933 lebte sie vor allem im südfranzösischen Sanary-sur-Mer. Dort entwickelte sich zur Zeit des Nationalsozialismus ein Exil-Netzwerk, dem neben Herrmann etwa auch die Autoren Lion Feuchtwanger, Bertolt Brecht oder Thomas Mann angehörten. Für den Roman *Exil* von Lion Feuchtwanger, der 1940 im Exilverlag Querido erschien, erarbeitete sie zu dieser Zeit Buchumschlagentwürfe. In den 1940er Jahren wanderte sie schließlich nach Kalifornien aus, wo sie 1978 verstarb.

Eva Herrmann, kolorierter Buchumschlagentwurf für Lion Feuchtwangers Roman Exil, *Paris Gazette, vermutlich Januar 1939*

Bildnachweis: Deutsches Exilarchiv 1933–1945 der Deutschen Nationalbibliothek, Frankfurt a. M., Sammlung Eva Herrmann, EB 2012/116, © VG Bild-Kunst.

Dominic Sauerbrey

Fluchtchronik 2022 / 23

Januar 2022

Mit Ende des Jahres 2021 ist die Kampagne »Documentation Renewal and Information Verification Exercise« (DRIVE) abgeschlossen worden, welche die pakistanische Regierung, unterstützt vom Flüchtlingshochkommissariat der Vereinten Nationen (UNHCR), durchführte. Ziel war es, ein System zu etablieren, um in Pakistan lebende Schutzsuchende aus Afghanistan zu registrieren. Insgesamt wurden die Daten von 1,25 Millionen afghanischen Geflüchteten erhoben. Davon erhielten mehr als 700 000 sogenannte »smart identity cards«, mit denen sich deren Inhaber:innen bei Behörden ausweisen können.

Im Flüchtlingslager Kutupalong in Bangladesch, in dem vor allem die in Myanmar verfolgten Rohingya Schutz suchen, sind innerhalb weniger Tage zwei Feuer ausgebrochen. Betroffen von den Bränden ist vor allem die Infrastruktur des Lagers. So wurde unter anderem das Covid-Behandlungszentrum zerstört. Immer wieder kommt es im größten Flüchtlingslager der Welt zu Brandunglücken. So ereignete sich im März 2021 ein großes Feuer, bei dem viele Geflüchtete ums Leben kamen und weitere 45 000 ihre Unterkunft verloren.

Großbritannien plant mit dem »Nationality and Borders Bill« eine Verschärfung des Asylrechts. UN-Menschenrechtsexpert:innen kritisieren das Gesetzesvorhaben und sprechen von einer Kriminalisierung von Migrant:innen, die Großbritannien über irreguläre Routen erreichen. Außer Acht gelassen würden allen voran die Schutzrechte der Opfer von Menschenhandel, so die UN-Sonderberichterstatterin für Menschenhandel Siobhán Mullally. Die britische Regierung plant Asylzentren außerhalb des britischen Territoriums.

Februar 2022

Die Situation für eritreische Flüchtlinge, die sich in den äthiopischen Regionen Tigray und Afar entlang der Grenze zu Eritrea aufhalten, spitzt sich angesichts der Kämpfe zwischen der Tigray People's Liberation Front und den äthiopischen Regierungstruppen zu. Bereits im Januar forderte das UNHCR die Konfliktbeteiligten auf, in der Region Tigray einen humanitären Korridor zu schaffen, um die mehr als 25 000 Flüchtlinge aus den Lagern Mai Aini und Adi Harush zu evakuieren, die dort nach Luftangriffen unter äußerst prekären Bedingungen ausharren. In der Region Afar wird am 3. Februar ein Flüchtlingslager angegriffen. Dabei kommen mindestens fünf eritreische Flüchtlinge ums Leben.

Seit August 2021 sind laut Angaben der regierungsnahen Nachrichtenagentur DHA 4514 syrische Schutzsuchende im Rahmen eines Programms der türkischen Regierung aus Regionen der Türkei umgesiedelt worden, die über einen hohen Anteil von Schutzsuchenden verfügen. Auf diese Weise solle einer feindlichen Stimmung in der Bevölkerung gegen Geflüchtete entgegengewirkt werden. Innenminister Süleyman Soylu weist darauf hin, dass in Gebieten, in denen mehr als 25 % der Bewohner:innen syrischer Herkunft sind, ein weiterer Zuzug von Migrant:innen untersagt werde.

März 2022

Angesichts des russischen Angriffs auf die Ukraine sind einen Monat nach Kriegsbeginn bereits mehrere Millionen Ukrainer:innen geflohen. Unter den mehr als 3,5 Millionen Menschen, die bisher Schutz außerhalb des Landes gesucht haben, befinden sich vor allem Frauen und Kinder. Von insgesamt 7,5 Millionen ukrainischen Kindern sind 2,5 Millionen innerhalb des Landes und weitere 1,8 Millionen ins Ausland geflohen. Ukrainer:innen suchen vor allem im Nachbarstaat Polen, aber auch in Deutschland und Tschechien Schutz. Die erstmals aktivierte »Massenzustrom-Richtlinie« der EU sorgt für eine vereinfachte Aufnahme der Schutzsuchenden.

Gleichzeitig häufen sich Berichte über Diskriminierung und Rassismus gegenüber Fliehenden, die vor dem Ausbruch des Krieges als ausländische Staatsangehörige in der Ukraine studierten oder arbeiteten. So berichten vor allem Menschen afrikanischer Herkunft von Schikanen seitens ukrainischer und polnischer Grenzbeamt:innen.

Mehr als 150 000 Flüchtlinge aus Nicaragua sind in den vorangegangenen acht Monaten über die südliche Grenze nach Costa Rica gekommen und machen dort mittlerweile 3 % der Bevölkerung aus. Das UNHCR ist besorgt, dass dieser Trend die bereits angespannte Situation des Asylsystems und der Flüchtlingshilfe vor Ort verschärfen könnte. Zudem könnte sich die sozioökonomische Situation der Geflüchteten, die vermehrt bei der Kaffee-Ernte Arbeit finden, nach dem Ende der Saison verschlechtern.

April 2022

Nachdem der US-Grenzschutz im März mehr als 32 000 irreguläre Grenzübertritte aus Kuba verzeichnete, führen die beiden Regierungen erstmals seit vier Jahren wieder Gespräche über Migration. Während die USA sich angesichts der zunehmenden Zahlen um eine Umsetzung bestehender Einwanderungsabkommen zur Kontrolle der Einwanderung bemüht, moniert das kubanische Außenministerium, dass die USA ein bilaterales Abkommen nicht eingehalten hätten, das jährlich 20 000 Visa für Kubaner:innen garantieren sollte.

Nach zahlreichen Vorwürfen über die Beteiligung der Grenzschutzagentur Frontex an sogenannten Pushbacks im Mittelmeer tritt deren Chef Fabrice Leggeri zurück. Der öffentliche Druck war gestiegen, nachdem investigative Recherchen unter anderem des *Spiegel* und der NGO Lighthouse Reports belegt hatten, wie Frontex illegale Zurückweisungen an der EU-Außengrenze unterstützte oder diese zumindest nicht verhinderte und so das Recht auf Asyl systematisch verletzte.

Auf heftige Kritik seitens des UNHCR stoßen die von der britischen Regierung geplanten Abschiebungen von irregulär eingereisten Asylsuchenden nach Ruanda. Im Gegenzug für die

Übernahme der Asylverfahren soll die ruandische Regierung in Form eines »Ökonomischen Transformations- und Integrationsfonds« 160 Millionen US-Dollar erhalten. Dabei handele es sich seitens Großbritanniens um einen Export asylpolitischer Verantwortung, so UN-Flüchtlingshochkommissar Filippo Grandi. Die *taz* entlarvt diese Kritik als scheinheilig, indem sie auf ähnliche Transfers von Asylsuchenden aus Libyen und Israel in die ugandische Hauptstadt Kigali hinweist, die vom UNHCR organisiert worden seien.

Mai 2022

Mit 100 Millionen Menschen weltweit sind laut Angaben des UNHCR mehr als 1 % der Weltbevölkerung und damit so viele Menschen wie noch nie auf der Flucht. Für den Anstieg des Jahres 2021 seien vornehmlich Gewaltkonflikte in Staaten wie Äthiopien, Burkina Faso, Myanmar, Nigeria, Afghanistan und der Demokratischen Republik Kongo verantwortlich. 2022 sei der Ukraine-Krieg als neuer wesentlicher Faktor hinzugekommen.

Die Internationale Organisation für Migration (IOM) berichtet über die katastrophale humanitäre Situation im Jemen. IOM plant zusammen mit der EU, vertriebene Menschen im Jemen mit Hilfsgütern zu unterstützen. Das Programm zielt vor allem auf die mehr als 325 000 »Binnenvertriebenen«, die aufgrund des Konflikts ihr Zuhause verlassen mussten und einen weniger gefährlich erscheinenden Ort im Jemen aufsuchten.

Juni 2022

Zu Beginn des Amerika-Gipfels machen sich mehr als 6000 Migrant:innen in der südmexikanischen Stadt Tapachula auf den Weg nach Norden in Richtung USA, um ein Zeichen gegen eine in ihren Augen menschenverachtende Migrationspolitik zu setzen, die auf dem Gipfel neu verhandelt werden soll. Während des Gipfeltreffens drängt die USA die anderen Länder zu einer Erklärung, mit der eine Zusammenarbeit der Staaten im Kampf gegen Schlepperbanden, für die Erleichterung der

Arbeitsmigration und eine Verbesserung der Lebensbedingungen in den Herkunftsländern erreicht werden soll. Mit Kuba, Nicaragua und Venezuela wurden jedoch bereits im Vorfeld diejenigen Staaten vom Treffen ausgeschlossen, aus denen ein großer Teil der Migrant:innen innerhalb der Amerikas stammt.

Bundesinnenministerin Nancy Faeser stellt den ersten Referentenentwurf der Ampel-Koalition im Bereich Migration vor. Mit dem sogenannten Chancenaufenthaltsrecht sollen »gut integrierte Geflüchtete mit Duldungsstatus«, die zum Stichtag 1. Januar 2022 seit fünf Jahren in Deutschland lebten, eine Aufenthaltserlaubnis für ein Jahr auf Probe erhalten, um die Voraussetzungen für ein Bleiberecht zu erfüllen.

In Melilla, der nordafrikanischen Exklave Spaniens, sollen bei einem Sturm auf die Grenzanlagen von ca. 2000 Migrant:innen, die laut Human Rights Watch größtenteils aus dem Sudan und dem Südsudan stammen, mindestens 23 Menschen ums Leben gekommen sein. Marokkanische und spanische Sicherheitskräfte wendeten Gewalt an, um die Migrant:innen aufzuhalten, die die 6–10 Meter hohen Grenzzäune zu überklettern versuchten. Bereits Anfang März hatten Migrant:innen vermehrt versucht, die marokkanisch-spanische Grenze in Melilla zu überwinden. Daraufhin intensivierten beide Regierungen ihre Zusammenarbeit im Grenzschutz.

Juli 2022

Die Menschenrechtsorganisation Amnesty International weist für Kolumbien und Peru auf einen zunehmenden Anstieg geschlechtsspezifischer Gewalt an geflüchteten Frauen aus Venezuela hin. Während die Zahl der registrierten Fälle in Kolumbien zwischen 2018 und 2021 um 71 % angestiegen sei, lasse sich in Peru ein Anstieg von 31 % konstatieren. Die Situation der geflüchteten Frauen sei doppelt prekär, da sie sowohl während der Flucht als auch nach der Ankunft von sexueller Gewalt und Ausbeutung betroffen seien.

Mit den »Guiding Principles for Children on the Move in the Context of Climate Change« verabschiedete die IOM zusammen mit UNICEF Richtlinien, die dem Schutz von Kindern dienen sollen, die aufgrund des Klimawandels fliehen müssen. Unter diese Kategorie fielen nach IOM-Angaben im Jahr 2020 bereits 10 Millionen Kinder.

August 2022

Der Europäische Gerichtshof urteilt, dass italienische Behörden Rettungsschiffe ziviler Hilfsorganisationen in ihren Häfen nicht kontrollieren dürfen, solange keine Anhaltspunkte für eine Gefahr vorliegen. Dabei stelle die Anzahl der Passagiere, selbst wenn sie nach Rettungseinsätzen weit über der für das Schiff zulässigen Anzahl liegen sollte, keinen gerechtfertigten Grund für eine Kontrolle dar.

Das UN-Welternährungsprogramm WFP weist gemeinsam mit dem UNHCR auf die prekäre Situation von Schutzsuchenden in Äthiopien hin und warnt diesbezüglich davor, dass spätestens im Oktober die Reserven des WFP in Äthiopien aufgebraucht sein werden. Infolgedessen drohe für insgesamt 750 000 Schutzsuchende eine akute Nahrungsmittelknappheit. Dabei hätten die für sie gedachten Nahrungsmittelrationen bereits im Juni um 50 % gekürzt werden müssen.

September 2022

Das UNHCR berichtet über die Situation senegalesischer Geflüchteter in Gambia, die aufgrund von Kämpfen zwischen dem Senegal und der separatistischen Bewegung der Movement of Democratic Forces of Casamance (MFDC) über die Grenze geflohen sind. Zusammen mit der IOM nutzt das UNHCR diesen Fall, um auf die Traumata geflüchteter Menschen und die Notwendigkeit psychosozialer Betreuung hinzuweisen.

Die Menschenrechtsorganisation Josoor und der *Spiegel* weisen auf die systematische Abschiebung von Schutzsuchenden aus der Türkei hin. Sie würden von den dortigen Behörden in Abschiebungsgefängnissen festgehalten und unter Druck zur Rückkehr genötigt.

Neben Großbritannien strebt nun auch Dänemark eine Zusammenarbeit mit Ruanda an, um die Verantwortung für Asylverfahren und die Aufnahme von anerkannten Geflüchteten zu externalisieren. Dies geht aus einer gemeinsamen Erklärung beider Staaten hervor. Das UNHCR und die EU-Kommission kritisieren diesen Schritt und sehen in ihm einen Verstoß gegen internationale beziehungsweise europäische Verpflichtungen.

Die russische Teilmobilmachung im Krieg gegen die Ukraine führt zu einer neuen Dynamik der Ausreise junger, wehrpflichtiger Russen, die vor allem nach Georgien, Armenien, Kasachstan, in die Türkei und nach Serbien flüchten, um dem Militärdienst zu entgehen. Diese Staaten werden von den Flüchtenden vor allem deshalb gewählt, weil sie dort ohne Visum einreisen können. Die kasachische Regierung verzeichnet 100 000 Einreisen und das georgische Innenministerium 53 000.

Oktober 2022

Carlos Camargo, der kolumbianische Ombudsmann für Menschenrechte, macht auf die prekäre Situation von Venezolaner:innen in Kolumbien aufmerksam. Ca. 9000 Migrant:innen, größtenteils aus Venezuela, warteten derzeit im Nordwesten des Landes darauf, den Golf von Urabá mit Booten überqueren zu können, um anschließend durch den Dschungel des sogenannten Darién Gap nach Panama und schließlich in die USA zu gelangen. Auch wenn die kolumbianische Regierung geflüchteten Venezolaner:innen mittlerweile einen zunächst auf zehn Jahre begrenzten Aufenthaltsstatus garantiert, sollen seit Anfang des Jahres bereits 150 000 Menschen diese Route gewählt haben.

Ein Ermittlungsbericht der EU-Antibetrugsagentur OLAF weist darauf hin, dass die europäische Grenzschutzagentur Frontex nicht nur in der Ägäis, sondern auch vor der libyschen Küste in sogenannte Pushbacks verwickelt war. Konkret geht es um vier Flüchtlingsboote, die im April 2020 von Libyen nach Malta fuhren und nach internen Einschätzungen in Seenot gerieten. Frontex-Beamt:innen beobachteten, wie die maltesische Küstenwache sich tagelang weigerte, die Flüchtenden zu retten, und sie stattdessen nach Tripolis zurückdrängte. Als die Beamt:innen diesen Vorfall, bei dem mindestens 12 Menschen starben, an die Frontex-Grundrechtsbeauftragte melden wollten, wurde dies laut Ermittlungsergebnissen von ihren Vorgesetzten verhindert.

Die US-amerikanische Regierung schließt mit der mexikanischen Regierung ein Rücknahmeabkommen, wonach sich Mexiko bereit erklärt, Migrant:innen aus Venezuela, die beim Überschreiten der Grenze gefasst werden, aufzunehmen. Während Berichte über Wanderungsbewegungen zunehmen und die mexikanische Regierung vor der Bildung von »Karawanen« warnt, sollen US-Behörden bereits mit ersten Massendeportationen begonnen haben.

November 2022

Nach Berichten des European Council on Refugees and Exiles (ECRE) spitzt sich die Situation für Asylsuchende in Belgien zu. Demnach habe der Europäische Gerichtshof für Menschenrechte gegenüber den belgischen Behörden bereits die zweite einstweilige Anordnung erwirkt, für eine angemessene Unterbringung von Asylsuchenden zu sorgen. Medien berichten, dass vor allem Asylsuchende aus Afghanistan unter den prekären Bedingungen leiden, die das Belgische Rote Kreuz als unmenschlich, inakzeptabel und entwürdigend beschreibt.

Im Rahmen der Klima-Konferenz im ägyptischen Sharm el-Sheikh setzen sich IOM und das UNHCR dafür ein, Vertreibungsprozesse, die im Zusammenhang mit dem Klimawandel stehen, auf die Agenda zu setzen. So rät die IOM in einem Sonderbericht dazu, Lösungen zu finden, damit Menschen ihr Zuhause gar nicht erst verlassen müssen. Die teilnehmenden Staaten des Gipfels einigen sich darauf, einen Fonds zur Bewältigung klimabedingter Schäden aufzubauen, der vor allem für Menschen in ärmeren Staaten gedacht ist, die nach Prognosen besonders unter den Folgen des Klimawandels leiden werden.

Tom Andrews, der UN-Sonderbeauftragte für die Menschenrechtssituation in Myanmar, lobt die südkoreanische Regierung dafür, Abschiebungen nach Myanmar ausgesetzt zu haben. Gleichzeitig drängt er die Regierung dazu, ihren politischen Einfluss zu nutzen, um auch andere Staaten der Region davon zu überzeugen, Abschiebungen nach Myanmar auszusetzen.

Einen Monat zuvor noch hatte das UNHCR die Praxis der malaysischen Regierung kritisiert, Schutzsuchende aus Myanmar zu deportieren.

Dezember 2022

Die deutsche Bundesregierung bringt das sogenannte Chancenaufenthaltsgesetz auf den Weg: Geflüchtete, die seit mindestens 5 Jahren in Deutschland geduldet sind, sollen die Möglichkeit erhalten, innerhalb von 18 Monaten die notwendigen Voraussetzungen für ein dauerhaftes Bleiberecht zu erfüllen. Innenministerin Nancy Faeser beabsichtigt damit vor allem, die bisherige Praxis der Kettenduldungen zu beenden. Davon sollen rund 136 000 Geflüchtete profitieren.

Mehr als 40 Tage lang müssen 200 flüchtende Rohingya auf einem Boot ausharren, als sie versuchen, von Bangladesch über die Andamanensee nach Indonesien zu gelangen. Laut Angaben eines Überlebenden sterben 26 Menschen an Bord. Bereits Anfang Dezember ist das UNHCR auf das Boot aufmerksam geworden und hat die Staaten in der Region aufgefordert, die Flüchtenden zu retten. Erst mehr als drei Wochen später retten indonesische Fischerboote und lokale Behörden sie schließlich.

Januar 2023

Die USA verschärft die Grenzschutzmaßnahmen für Migrant:innen aus Nicaragua, Haiti und Kuba. Dabei wendet die US-Regierung jenes Regelwerk an, das zwei Monate zuvor bereits für Venezolaner:innen eingeführt wurde. Pro Monat soll zukünftig 30 000 Antragssteller:innen aus den jeweiligen Ländern die Einreise gestattet werden. Zugleich verpflichtet sich die mexikanische Regierung dazu, monatlich 30 000 abgeschobene Migrant:innen aufzunehmen, die aus Nicaragua, Haiti und Kuba in die USA eingereist sind.

Für große mediale Aufmerksamkeit sorgt ein Prozess gegen 24 Seenotretter:innen in Griechenland. Alle 24 Angeklagten stehen in Verbindung mit dem Emergency Response Centre International (ERCI). Dazu zählt auch Sarah Mardini, deren Flucht aus Syrien in der Netflix-Produktion *Die Schwimmerinnen* verfilmt wurde. Gleichzeitig beendet die griechische Regierung das Programm ESTIA, das Asylsuchenden eine temporäre Unterkunft außerhalb von Flüchtlingscamps ermöglichte. Zudem stuft Griechenland die Türkei weiterhin als einen sicheren Drittstaat ein. Der European Council on Refugees and Exiles (ECRE) kritisiert dies, weil sich die Situation für syrische Geflüchtete angesichts der Verhandlungen zwischen dem Assad-Regime in Syrien und der Türkei dort zuspitze.

Der britische High Court of Justice hat die Pläne der britischen Regierung, Asylsuchende systematisch nach Ruanda abzuschieben, im Dezember für rechtmäßig befunden. Jetzt gibt er einer von Asylsuchenden eingelegten Berufung statt. Das Gericht will nun unter anderem die Frage klären, ob Ruanda als ein sicherer Staat eingestuft werden kann.

Die Autor:innen

Mustafa Alio, Mitgeschäftsführer, Refugees Seeking Equal Access at the Table (R-SEAT), Kanada

Britta Behrendt, LL. M., Ministerialrätin im Bundesministerium des Innern und für Heimat, Berlin

Petra Bendel, Prof. Dr., Forschungsbereich Migration, Flucht und Integration (MFI) der Friedrich-Alexander-Universität Erlangen-Nürnberg

Marcel Berlinghoff, Dr., Institut für Migrationsforschung und Interkulturelle Studien (IMIS) der Universität Osnabrück

Herbert Brücker, Prof. Dr., Berliner Institut für empirische Integrations- und Migrationsforschung (BIM) der Humboldt-Universität zu Berlin und Institut für Arbeitsmarkt- und Berufsforschung (IAB), Nürnberg

Jörg Dollmann, Dr., Deutsches Zentrum für Integrations- und Migrationsforschung (DeZIM), Berlin

Franck Düvell, Dr., Institut für Migrationsforschung und Interkulturelle Studien (IMIS) der Universität Osnabrück

Marcus Engler, Dr., Deutsches Zentrum für Integrations- und Migrationsforschung (DeZIM), Berlin

Kamila Fiałkowska, Dr., Centre of Migration Research (CMR) der Universität Warschau

Merlin Flaig, M. A., German Institute of Development and Sustainability (IDOS), Bonn

Christiane Fröhlich, Dr., German Institute for Global and Area Studies (GIGA)/Leibniz-Institut für Globale und Regionale Studien, Hamburg

Rez Gardi, LL. M., Mitgeschäftsführerin, Refugees Seeking Equal Access at the Table (R-SEAT), Kanada

Jörn Grävingholt, Dr., German Institute of Development and Sustainability (IDOS), Bonn

Thomas Groß, Prof. Dr., Institut für Migrationsforschung und Interkulturelle Studien (IMIS) der Universität Osnabrück

Yaatsil Guevara González, M. A., Institut für Ethnologie und Afrikastudien der Johannes Gutenberg-Universität Mainz

Volha Hapeyeva, Schriftstellerin, Berlin

Jannes Jacobsen, Dr., Deutsches Zentrum für Integrations- und Migrationsforschung (DeZIM), Berlin

Marta Kindler, Dr., Faculty of Applied Social Sciences and Resocialisation, Centre of Migration Research (CMR) der Universität Warschau

Ulrike Krause, Prof. Dr., Institut für Migrationsforschung und Interkulturelle Studien (IMIS) der Universität Osnabrück

Iryna Lapshyna, Prof. Dr., Department for Public Governance der Ukrainian Catholic University (UCU), Lviv

Laura Lotte Lemmer, M. A., Institut für Migrationsforschung und Interkulturelle Studien (IMIS) der Universität Osnabrück

Katharina Lumpp, Vertreterin des Hohen Flüchtlingskommissariats der Vereinten Nationen (UNHCR) in Deutschland

Sabrina J. Mayer, Prof. Dr., Institut für Politikwissenschaft der Universität Bamberg

Katja Mielke, Dr., Bonn International Centre for Conflict Studies (BICC), Bonn

Ma'an Mouslli, Dokumentarfilmer, Osnabrück

Khangelani Moyo, Dr., University of the Free State, Südafrika

Abdirahman A. Muhumad, Prof. Dr., Sociology Department der Jigjiga University

Jochen Oltmer, Prof. Dr., Institut für Migrationsforschung und Interkulturelle Studien (IMIS) der Universität Osnabrück

Andreas Pott, Prof. Dr., Institut für Migrationsforschung und Interkulturelle Studien (IMIS) der Universität Osnabrück

Dominic Sauerbrey, B. A., Institut für Migrationsforschung und Interkulturelle Studien (IMIS) der Universität Osnabrück

Albert Scherr, Prof. Dr., Institut für Soziologie der Pädagogischen Hochschule Freiburg i. Br.

Conrad Schetter, Prof. Dr., Bonn International Centre for Conflict Studies (BICC), Bonn

Helen Schwenken, Prof. Dr., Institut für Migrationsforschung und Interkulturelle Studien (IMIS) der Universität Osnabrück

Maurice Stierl, Dr., Institut für Migrationsforschung und Interkulturelle Studien (IMIS) der Universität Osnabrück

Johanna Ullmann, M. A., Institut für Migrationsforschung und Interkulturelle Studien (IMIS) der Universität Osnabrück

Franzisca Zanker, Dr., Arnold-Bergstraesser-Institut (ABI) an der Universität Freiburg i. Br.

Katja Riemann
Jeder hat. Niemand darf.
Projektreisen

»Weltoffen, auf Menschen zugehend und ohne Zögern jederzeit bereit zu handeln: So kenne ich Katja Riemann im Einsatz für die Menschenrechte.«
Markus N. Beeko, Generalsekretär Amnesty International Deutschland

Katja Riemann ist seit 20 Jahren in der Welt unterwegs, sie ist vor Ort, sie schaut hin. Sie beschreibt die Arbeit von Nichtregierungsorganisationen und erzählt von Menschen, die sie bewundert, weil sie etwas bewegen.

400 Seiten, gebunden

Weitere Informationen finden Sie auf
www.fischerverlage.de

AZ 10-397313/1

Ilija Trojanow

Nach der Flucht

128 Seiten. Gebunden

Ilija Trojanow ist als Kind zusammen mit seiner Familie aus Bulgarien geflohen, eine Erfahrung, die ihn bis heute nicht loslässt. Virtuos, poetisch und sehr persönlich erzählt Ilija Trojanow von seinen Prägungen als lebenslang Geflüchteter. Von der Einsamkeit, die das Anderssein für den Flüchtling tagtäglich bedeutet. Davon, wie wenig die Vergangenheit des Geflüchteten am Ort seines neuen Daseins zählt. Was das Existieren zwischen zwei Sprachen mit ihm macht. Welche Lügengeschichten man als Geflüchteter den Daheimgebliebenen auftischt. Und dass man vor der Flucht wenigstens wusste, warum man unglücklicher war.

»Ein wunderbares Buch, in dem dieser Autor in meinen Augen ein neues, ein unerhörtes Niveau erreicht. Er verblüfft mich immer wieder, dieser Trojanow.«
Denis Scheck, Südwestrundfunk

»Alle Selbstverständlichkeiten […] gehen dem Geflüchteten ab, und nie habe ich das so eindrucksvoll und unprätentiös gelesen wie in Trojanows Buch.«
Harald Welzer, Futurzwei – Magazin für Zukunft und Politik

»Sein literarisches Schreiben ist beeindruckend und zugleich ethische Handlung.«
Tageblatt

Liao Yiwu
Drei wertlose Visa und ein toter Reisepass
Meine lange Flucht aus China

Es gibt Tage, die einem das ganze Leben über immer wieder in Erinnerung kommen. Bei Liao Yiwu gehört der 2. Juli 2011 zu diesen Tagen: als es ihm gelang, den Grenzfluss zwischen China und Vietnam zu überqueren. Nach vielen vergeblichen Versuchen der Flucht war das der entscheidende Schritt, der ihn letztendlich in sein Exil nach Deutschland führte. Die Geschichte seiner langen Flucht bildet den Rahmen seines neuen sprachgewaltigen Buches, in den er Erzählungen aus seiner Vergangenheit in China einbettet und geschickt miteinander verwebt. Ein bewegender Bericht und große Erzählkunst.

Aus dem Chinesischen von
Brigitte Höhenrieder und
Hans Peter Hoffmann
528 Seiten, gebunden

Weitere Informationen finden Sie auf
www.fischerverlage.de

AZ 10-397288/1

Grundrechte-Report 2022

Auseinandersetzungen um den Klimaschutz und zunehmende Repression gegen die Klimagerechtigkeitsbewegung prägten das Jahr 2021 entscheidend mit. Im öffentlichen Fokus stand auch der beschämende Umgang mit ehemaligen Ortskräften der Bundeswehr in Afghanistan. Zu den knapp 40 Themen im neuen Grundrechte-Report 2022 gehören daneben staatliche Pandemie-Maßnahmen, Verschärfungen im Strafprozessrecht oder der Umgang mit Rechten in Polizei und Justiz.

»Einschränkungen von Grundrechten treffen meist die schwächsten und vulnerabelsten Gruppen in unserer Gesellschaft.« Naika Foroutan bei der Präsentation des GrR 2021

224 Seiten, broschiert